TEACHER'S RESOURCE BOOK

Nelson

DAVID MEE & MIKE THACKER

Thomas Nelson and Sons Ltd
Nelson House Mayfield Road
Walton-on-Thames Surrey
KT12 5PL UK

Thomas Nelson Australia
102 Dodds Street
South Melbourne
Victoria 3205 Australia

Nelson Canada
1120 Birchmount Road
Scarborough Ontario
M1K 5G4 Canada

I(T)P Thomas Nelson is an
       International Thomson Publishing Company
I(T)P is used under licence

© David Mee, Mike Thacker 1996
First published by Thomas Nelson and Sons Ltd 1996

ISBN 0-17-449142-5
NPN 9 8 7 6 5 4 3 2

All rights reserved. No paragraph of this publication may be reproduced, copied or transmitted save with written permission or in accordance with the provisions of the Copyright, Design and Patents Act 1988, or under the terms of any licence permitting limited copying issued by the Copyright Licensing Agency, 90 Tottenham Court Road, London W1P 9HE.
Any person who does any unauthorised act in relation to this publication may be liable to criminal prosecution and civil claims for damages.

The publisher grants permission for copies of pages 81 to 176 inclusive to be made without fee as follows:
Private purchasers may make copies for their own use or for use by their own students; school purchasers may make copies for use within and by the staff and students of the institution only.
This permission to copy does not extend to additional institutions or branches of an institution, who should purchase a separate master copy of the book for their own use.
For copying in any other circumstances prior permission must be obtained in writing from Thomas Nelson & Sons Ltd.

Printed in Croatia.

Commissioning and development   Clive Bell
Marketing   Jennifer Clark
Editorial   Keith Faulkner
Production   Mark Ealden
Administration   Claire Trevean

Acknowledgements
The publisher and authors would like to thank the following for their contribution to the preparation of the manuscript for this new edition:
Teaching consultants:
   Catherine Dickinson
   Jenny Cuthbertson
Language consultant:
   Pilar Muñoz

Isabel de Alfonsetti
Cristina Barber
Silvia del Castillo Gomariz
Pilar García
Teresa González
Fernando Latorre
Manuel López
Kathryn Mee
María Isabel Miró
Vicente Sanchís (Headteacher) and the students of
   I.B. Peset Aleixandre, Paterna, Valencia
Pedro Sirvent
Hannah Thacker
Brian Young
Dolores Vázquez

Illustrations
Ray Corbishley (CM26 page 104, right-hand column)

Articles and original material
Prior to publication of this impression, every effort has been made to identify and trace the copyright holders of material reproduced in this book and on the Class and Students' cassettes.
In the event of any unintentional omission in this process, the publisher will be pleased to make the necessary arrangements on application, and due acknowledgment of the source will be made on this page at the next reprint.

The authors and publisher are grateful to the following for permission to reproduce copyright material:

Alta Velocidad Española (page 26, Class cassette unidad 3, texto K; Students' cassette unidad 3, Para terminar)

Antena 3 Televisión (CM73 page 141, CM79 page 144, Class cassette unidad 3, texto E; unidad 8, texto D; unidad 9, texto I; unidad 10, texto D: Students' cassette unidad 9, texto K; unidad 10, texto E)

EMI Music Publishing SPAIN (CM100 page 163, Students' cassette unidad 12, texto I [Dama, dama])

IBM Corp (page 53, Class cassette unidad 9, texto C)

Karen Publishing SL (CM118 page 176, Students' cassette unidad 15, Para terminar)

¡Al tanto! nueva edición OUTLINE

Unit	Topics	Grammar

1 Estás en tu casa	La casa
	El chabolismo
		Present tense
		   radical changes
		   spelling changes
		Preterite tense
		Reflexives

2 Hogar, ¿dulce hogar?	Los hijos Los padres La barrera generacional Los secretos de la vida	Imperfect tense Personal pronouns Introduction to subjunctive (1)
3 De viaje	Viajando en coche Los accidentes – causas y consecuencias Viajando en tren El AVE – una nueva forma de viajar	Imperative Future tense Conditional tense Introduction to subjunctive (2)
4 Unas páginas deportivas	Haciendo ejercicio El «doping» Dos estrellas españolas	Compound tenses Negation
5 Enseñanza de primera y segunda clase	Temas generales Los Consejos Escolares Manifestaciones estudiantiles	Past participles (1) *ser* and *estar* Past participles (2)
6 ¿En qué piensas trabajar?	Los oficios y las profesiones El Plan de Empleo Juvenil Cómo conseguir un empleo La carta de solicitud El triunfo ¿Y el futuro?	Subjunctive (1) Subjunctive (2)
7 ¡Salud y suerte a todos!	El tabaco La droga y el SIDA: dos plagas modernas Los avances quirúrgicos La higiene En forma	Subjunctive (3)
8 Hacia el siglo veintiuno	¿Cómo conservar el medio ambiente? El *Mar Egeo* Hacia el futuro Los bosques en peligro El Coto Doñana	Uses of *se*
9 El mundo tecnológico	Las máquinas Ladrones del siglo XXI La interactividad El coche del futuro	Uses of the infinitive
10 Los marginados	Los vagabundos Los emigrantes Los gitanos	The gerund *por* and *para*
11 Dos mundos distintos: España e Inglaterra	Aspectos geográficos Distancias físicas y personales «Disfrutar del día y fiaros lo menos posible del futuro» La otra cara de la moneda	Conditional sentences Subjunctive in main clauses
12 Unos son más iguales que otros	Las mujeres Las minorías étnicas	Revision
13 Federico García Lorca	Niñez y juventud, 1898-1919 Madrid, 1919–1929 Los últimos años, 1929–1936	Revision
14 La sociedad española contemporánea	La guerra civil española y la dictadura del General Franco (1936–1975) La transición a la democracia (1975–1982) La época socialista (1982–)	Revision
15 Temas latinoamericanos	Los indios México Chile: bajo la dictadura La Cuba de Fidel Castro	Revision

Introduction

¡Al tanto! nueva edición has given us the opportunity to respond to suggestions made by teachers and students who have worked with the first edition. Despite a number of new features, the essence of the first edition has been maintained.

The course is written in Spanish and topic-based. The method of learning encourages the students to discover and create language individually, in pairs and in groups. A clear 'backbone' of integrated grammar informs the course. Coursework is stimulated in varied ways and the exercises give a wealth of examination practice.

The new features of *¡Al tanto! nueva edición* are:
- three completely new chapters.
- substantial re-writing of existing chapters, reducing some articles and including new and updated material.
- three listening tapes, (one of which is for self-study), containing a much wider range of material.
- a Teacher's Resource Book containing copymasters, transcripts, solutions and theme-based vocabulary lists for each unit.
- advice to the student on specific study techniques and A level work in general.
- a more gradual approach to the teaching of the Spanish subjunctive.

The structure of *¡Al tanto! nueva edición*

The first five *unidades* aim to overcome the problem of the transition between GCSE and A/AS level, revising and extending grammatical knowledge acquired at GCSE and using familiar topic areas studied at that level.

The set exercises move gradually from more directed ones to open-ended ones encouraging students to interpret, evaluate and give their own opinions.

Unidades 6-15 build on the earlier chapters, developing greater autonomy in the student and introducing more advanced grammar structures. The last four chapters offer a final revision of the major areas.

There follows a reading section which consists of appealing passages with suggested activities, linked to each chapter thematically, and aiming to encourage reading for pleasure.

The self-study cassette (which may be copied for your students) consists of off-air recordings, poems and songs and accompanying activities. Occasionally this tape contains particularly difficult passages in terms of the spontaneity, speed and register of the recording. We feel that students should sometimes be allowed to hear such truly 'authentic' items, though they should be encouraged to grasp one or two isolated words or ideas from these items rather than feel that they need to understand every word. Photocopiable transcripts of the passages are provided in this Teacher's Resource Book.

At the end of the Students' Book, a Grammar Summary is included. This Grammar Summary is not intended to be an exhaustive survey of all Spanish grammar, nor indeed of any of the individual points that are examined therein.

The grammar sections of the various chapters of the Students' Book deal with specific points highlighted in the texts that have been studied, and we have usually not wished to repeat in the summary explanations that were part of those chapters.

Study skills

It is important to stress to students that the course aims to develop good language-learning habits, in particular:

- Lessons will be essentially 'active' sessions, often conducted entirely in Spanish and in which they must be prepared to participate. Activities designed to prepare for and 'follow up' such lessons will be for private study.
- They must not be afraid of making mistakes in the language, since making mistakes is a fundamental part of learning. Fluency of speech is at times as important as linguistic accuracy.
- Improvement in the language may seem slow at times, but the course must be seen as a two-year process.
- Regular systematic reading of and listening to a wide variety of material is vital; this may take the form in the earliest stages of brief spells each week looking at or listening to short and fairly simple items.
- They should learn how to use a dictionary.

Special features

The following features and symbols appear as a guide to teacher and student:

 Copymaster activity on photocopiable worksheet

 Class cassette activity

 Self-study cassette activity

 Extra reading passage

An overview of each chapter is provided in the Teacher's Resource Book. Students' Book page references given in these overviews and elsewhere in this Teacher's Resource Book ALWAYS REFER TO THE PAGE ON WHICH THE PARTICULAR *TEXTO* OR SECTION HEADING IS TO BE FOUND. <u>It is quite possible that individual questions or the reading material referred to is on an adjoining page.</u>

Our main aim is to enable students to gain a good command of Spanish, acquiring confidence as they progress. We believe that the learner who enjoys the language-learning process is more likely to succeed that one who does not. Our success will be measured by how much your students enjoy using the book and by how far they gain confidence and expertise in using the language.

One-off activities

Like any coursebook, ¡Al tanto! nueva edición cannot include everything required in an A/AS level course. It sets out to provide strategies and ideas for treating material on the topics covered. We believe, however, that periodic relief from topic work is desirable. We have therefore included a list of 'one-off' activities which can be used at any time throughout the course. They can be used individually in lessons, or form the content of one or two weeks of lessons 'away' from the coursebook. The collection attempts to compile a list of some of the very best inventions of teachers and teacher-trainers that we have come across. It is divided for convenience into various skill areas, though some can combine two or three of these and may even involve all four.

Speaking activities

- USE OF VISUALS Any interesting or provocative material can be used to stimulate the formation of questions or the telling of stories. If pictures containing more than one person are presented, students can act out imaginary conversations between these characters.

- USE OF OBJECTS Put any three objects in front of students who explain how they are connected.

- WHO AM I? Send a student out of the room while the class decide on an 'identity' for her/him (or pin a label to his/her back with a name on). This student must then discover their 'identity' by questioning the rest of the class. If desired, limit the number of questions.

Reading activities

- PAIRING Newspaper headlines are cut in half, mixed up, then paired by the students.

- ROLE PLAYS The teacher writes out one half of the conversation, the student completes the other side of the conversation orally or in writing.

- SPEED READ This develops fast-reading skills. For instance a class of six is divided into two teams, A and B. The teacher prepares 3 different sheets of magazine/newspaper articles X Y and Z, and gives a copy of X to team members A1 and B1, Y to A2 and B2, and Z to A3 and B3. The students are then allowed a short time to 'read' their sheets, so that they only get the chance to scan the headlines and bold print. The teacher then reads out short phrases or sentences which encapsulate the content of any article on the sheet, and the student who recognises the article the teacher is referring to should read out the relevant headline to earn a point for his/her team. The game can be made more demanding by allowing a little more time at the 'reading' stage so that students can get some way into the texts' main body, and awarding extra points to students who can add a short (time-limited, if desired) summary of the article on recognising it.

Listening activities

- MATCH DETAILS HEARD ON TAPE TO English sentences, Spanish headlines, press pictures.

- IDENTIFYING THE SPEAKER Careful selection of listening passages will enable students to pick out the speaker from a choice of possibilities by recognising certain key phrases, for example a reference to a visit abroad by *"la reina y yo"* is likely to be spoken by Juan Carlos.

- SONGS Theses can be used in many ways including highlighting grammatical structures.

- LISTENING GRIDS To aid their understanding, students enter details under pre-determined categories such as repeated words, political words, sporting words, number of questions etc.

- USE OF VIDEO
1 Separate the sound track from the video. Half the class listens to the sound track on audio cassette, the other half watch the video with the sound track muted. Those who have heard the sound track discuss together and try to create a visual description of the scene. Those who have seen only the visual aspect discuss together and create their own version of the content of the sound track. Students from either group are then paired off. They then confer and re-create an idea of the whole programme.

2 Use the pause button. Students then either summarise what has just happened, or predict what is going to happen. Students can be encouraged to be absurdly inventive as well as sensible and factually analytical.

Writing activities

- MOST OF THE ABOVE ACTIVITIES can lead quite naturally to a written summary task.

- REPORTING TASK This task was invented by Rob Rix, and effectively combines all four skills into a communicative and fun activity. The class is divided into two groups A and B. Group A students are given cards each containing the full version of a news item. Group B students are given equivalent cards containing a few words or phrases from the same stories. Group A students are then given a time limit in which to read and remember the details of the full versions, Group B students use the time to invent a story around the words they have been given. Group B students read out their versions of the full story, the Group A student with the real full version comments when there is correlation; the wild inaccuracy of Students B's story is often amusing. Group A and B students then pair off. The Group B student is then the reporter who wishes to factually correct his/her version of the story from the 'witness' Group A student. Group A students should take care ONLY TO ANSWER THE QUESTIONS of the Group B students who then write their newspaper report in private study time. Later Group A students read this and subsequently write a criticism of the report commenting on any inaccuracies of the report against their original version.

UNIDAD 1 — *Estás en tu casa*

Overview

Component page reference	Title of item	Description	Teacher's Resource Book – additional information
Introductory sequence			
SB p.5	Estás en tu casa	Speaking activity stimulated by collage of images related to unit theme	Further Notes on exploitation, TRB p.7
TRB p.81, CM1	Unidad 1: vocabulario	Key vocab. for unit on CM	
SB p.5	Para empezar:	Three introductory speaking activities	
Primera parte: la casa			
SB p.6	Texto A Donde vivo	Listening-based 3-stage activity for 3 groups	Class cass. transcript TRB p.10
TRB pp.82–83, CM2a and 2b	How to listen to Spanish	Advice on listening strategies and record keeping on CM Extra listening record	
SB p.7	Texto B Tu familia, tu casa ...	Reading strategy activity, followed up by speaking and writing activities	Sol.#1, TRB p.8
SB p.8	Texto C Pisos de alto nivel	Creative writing/design activity supported by stimulus of a real advert.	
SB p.8	Texto D Las habitaciones	Listening-based 3-stage activity sequence with guided written response	Class cass. transcript, TRB p.11 #1 CM3a, TRB p.84; Sol. #1, TRB p.8; #2 CM3b, TRB p.84; Sol.#2, TRB p.8
SB p.9	Texto E Rehavi reparaciones	Reading-based activity with speaking follow-up	
SB p.10	Texto F Vacaciones blindadas	Reading-stimulated speaking work preceded by voc. study, followed by written grammar study on use of infin. in commands	Sol. #1, TRB p.8
SB p.11	Texto G Casas en venta	Speaking and writing activities stimulated by reading and photos, supported by model dialogue for individual study	Stud. cass. transcript, CM4a, TRB p.85; Further Notes on planning written responses, TRB p.7, further supported by grid on CM4b, TRB p.86
SB p.12	Texto H Algunos españoles hablan de la casa y la localidad en que viven	Series of listening activities inviting spoken and written responses	Class cass. transcript, TRB p.11; (#2) Stud cass. transcript, TRB p.89, CM10; (#3) Stud cass. transcript, CM5, TRB p.87; Sol.#3, TRB p.8
SB pp.13 and 230	1 La casa del 2010	Optional extra reading item, inviting open-ended spoken/written reaction	
SB p.13	Texto I Dos familias viven bajo un puente	Reading-based activity sequence, incorporating dictionary skills, comprehension Qs, speaking work, grammar study (relative pronouns and first person plural of verbs) and vocab. study, translation, analysis of style	Sol.#5, TRB p.9; #7 CM6, TRB p.85; Sol.#7/CM6 TRB p.9; #12 CM7, TRB p.87; Sol.#12/CM7 TRB p.9
SB p.16	Grammar The present tense: radical-changing verbs and irregular spellings	Study, discovery and practice of the grammar point	
Segunda parte: el chabolismo			
SB p.16	Introductory paragraph		
SB p.17	Texto J Oposición al realojamiento de los chabolistas (1)	Listening-based activity, with comp. tasks, preceded by vocabulary study	Class cass. transcript, TRB p.12; #3 CM8, TRB p.88; Sols.#1, #2 and #3, TRB p.9
SB p.17	Texo K Oposición al realojamiento de los chabolistas (2)	Comparison between content of previous listening item with this reading item, preceded by vocab. study. Responses used as stimulus for speaking activity, consolidated and extended by writing activities	#2, CM9, TRB p.88; Sol.#2/CM9, TRB p.9
SB p.19	Grammar Summary The preterite tense and reflexive verbs	Study, discovery and practice of the grammar points	Sol. Práctica #1, TRB p.9
SB p.20 and 231	2 Comprar una chabola cuesta 80.000 pesetas	Optional extra reading item, inviting open-ended written response	
SB p.20	Desarrollando el tema	Questions designed to stimulate further research by the student into the unit topic	
SB p.20	Para terminar: En nuestra casa	Song followed by questions inviting open-ended spoken/written response	Stud. cass. transcript CM10, TRB p.89

Further Notes

Estás en tu casa – image collage
Students' Book page 5

To get students talking, teachers could ask one or two general questions about the photos that make up the collage on page 5. These can of course be based on factual details as seen in the drawings and photographs, though it would be useful at this stage to encourage students to use their imaginations and say anything at all: questions to which there are no right or wrong answers are best in these situations. Here, students could be asked questions for example about the photos/drawings of houses, e.g.

¿Quién vive en esta casa?
¿Cómo es el interior de la casa?
¿Dónde está esta casa?

or about any of the people that students imagine live in the houses/flats or are seen in the photos, e.g.

¿Cómo se llama este señor/esta mujer?
Describe su familia, su casa y su empleo.
¿Dónde y en qué trabaja?
¿Qué hacen estas personas en esta casa?

Casas en venta: 2 Carta escrita
Texto G – Students' Book page 12

The *carta escrita* exercise linking with Texto G is accompanied in the Students' Book by a paragraph which attempts to get students to think about the way they plan and structure a written letter.

Copymaster 4b offers them a little advice and gives them the chance of filling in a planning grid with their own ideas. Given that this is the first time students have been asked to do this, and also that there will be many times during the A Level course when they will need to plan such a letter or an essay, we would recommend that teachers spend time at this point discussing the letter's structure, listening to students' ideas and helping them with others that could be included in the relevant section of the grid/letter. The following is an example of how the grids might be filled in for the letter in question:

Introducción
El primer párrafo tiene que ser una introducción muy general: hay que escribir por ejemplo una frase para decir dónde has pasado las vacaciones, otra para describir la situación y la apariencia exterior de la casa en sólo dos o tres palabras y una tercera quizás para expresar tu reacción general al tamaño o a la situación de la casa cuando la viste por primera vez.

Ampliación – primera parte
Ahora puedes añadir más detalles del exterior de la casa: cuántas plantas tiene/tenía, si es/era de ladrillo o de madera, cómo es/era la entrada principal, si tiene/tenía jardín o piscina.

Ampliación – segunda parte
En el siguiente párrafo, puedes entrar en la casa para describir cada habitación de la planta baja y después del primer piso (si lo hay): será mejor quizás limitar la descripción de cada cuarto a una o dos frases, así que tienes que pensar en los detalles más importantes.

Conclusión
Para terminar, hay que pensar en una conclusión efectiva: puedes por ejemplo escribir tres frases para resumir tus reacciones al volver a tu propia casa; o bien puedes recomendar la casa a tu amigo, dándole tres razones esenciales por las cuales tiene que intentar reservarla el año que viene. Y ¡cuidado! – aquí no debes ni repetir palabra por palabra ninguna frase ya escrita ni inventar algo completamente nuevo ...

Dos familias viven bajo un puente
Texto I – Students' Book page 13

There are 15 activities accompanying this text. Nowhere else in the course is the exploitation of any text as intense; here it serves to emphasise the range and extent of activity types that the teacher may wish to apply to any of the other texts in the course.

question 7
The teacher could read aloud the sentences on Copymaster 6; the students say the endings of the sentences aloud. Students then take turns with their partners or the teacher to read the sentences in random order, and to complete them without looking at the text or their notes.

question 10
After writing their summaries, students could compare them with what other students have written, reading them aloud.

question 11
When students have practised the interview, they read it aloud in front of the other students. The teacher could record it.

Solutions

Tu familia, tu casa ...
Texto B – *Students' Book page 7*

question 1

palabra	sentido	raíz
amueblado	furnished	mueble
deportivo	sporting	deporte
ajardinado	with gardens	jardín
vivienda	dwelling	vivir
calefacción	heating	calor
inmejorable	unbeatable	mejor
cercanías	neighbourhood	cerca
aislamiento	insulation	isla

Las habitaciones
Texto D – *Students' Book page 8, question 1*

Copymaster 3a

Horizontales 2 bodega 5 sed 7 sala 9 baño 10 piso 11 garaje 12 cocina *Verticales* 1 terraza 3 día 4 guardilla 6 patio 8 sótano 11 gas

question 2

Copymaster 3b

casa/piso	garaje	bodega	dos baños	terraza	lavadero	jardín	estudio
Vigo			X				
Banjón	X	X	X	X			
Granada			X	X			
Barcelona	X	X			X		
Madrid	X		X			X	X

Vacaciones blindadas
Texto F – *Students' Book page 11, question 1*

recoger el correo	to collect the mail
regar las plantas	to water the plants
el contestador	answering machine
la fecha de caducidad	the sell-by date
tirar la basura	to throw out the rubbish
el felpudo	doormat
la maceta	flower-pot
se tuesta al sol	you get a tan
el abecé	the ABC
insólito	unusual
saquear	to ransack
el tránsito	transit, thoroughfare
agobiado	overwhelmed
la patrulla	patrol
dejar de ser	to stop being ...
imprescindible	essential
desvalijado	burgled
engañar	to deceive
el chorizo	thief (slang)
la caja fuerte	strong-box, safe
el botín	spoils, booty
gotear	to drip
la polilla	moth
la pesadilla	nightmare
la cucaracha	cockroach
el bicho	creature
la cal	lime

Algunos españoles hablan de la casa y la localidad en que viven: Ana e Isabel
Texto H – *Students' Book page 13*

question 3 – Copymaster 5

Ana: Y tú Isabel, en España ¿dónde vives?

Isab: Bueno ahora vivo con (1) mis padres; mis padres viven en Alicante, en un piso en la (2) zona vieja de Alicante, que antes era el centro pero ahora el centro parece haberse desplazado un poco. El piso está en una (3) primera planta: hay cuatro dormitorios, un salón, un comedor, una cocina y un cuarto de baño. Además tenemos (4) una terraza muy grande en la parte (5) de arriba de la casa; y el piso está muy cerca de la playa – está a 5 minutos del puerto.

Ana: ¿Vas a la playa cuando estás en casa?

Isab: Sí, mucho; aprovecho siempre. Pero los últimos seis años los (6) he pasado en Granada. He estado estudiando allí, he hecho la carrera en Granada, y vivía con (7) otros estudiantes en un piso. El piso estaba también en una zona (8) céntrica de Granada, y estaba en la segunda planta. Teníamos cuatro dormitorios, un cuarto de baño, una cocina y un (9) cuarto de estar, cuarto de estar-comedor ... Y tú, ¿dónde vives en España?

Ana: Yo vivo en Móstoles, y bueno vivo con mis padres y (10) mi hermana y tenemos un piso. Tiene tres habitaciones, un salón, dos cuartos de baño, la cocina y creo que tiene una terraza pero como no voy mucho ... como no voy mucho a la terraza tampoco sé cómo ... Bueno es un piso pequeño ... antes vivíamos en Orense y teníamos (11) un piso más grande y tal ... pero bueno en Madrid ... como la vivienda es tan cara.

Isab: Pero ¿vas a Orense?

Ana: Sí, … voy en el verano; ya no tenemos el piso pero a mí me gusta ir y me quedo con mis tíos o cualquiera que se deje …

Dos familias viven bajo un puente
Texto I – *Students' Book page 14*

question 5
a	la casa es relativamente espaciosa	e	de noche
b	un mantel de cuadros	f	el alumbrado
		g	de albañil
c	completa la instalación un butanillo	h	optó por mantener a su familia
		i	su sueldo … no basta
d	montones de ropa	j	un sentido del humor

question 7 – Copymaster 6
a el centro de la ciudad; **b** de arena; **c** viejos colchones; **d** es gratis; **e** San Fernando de Henares; **f** mantener a su familia; **g** situación injusta; **h** vuelven abajo; **i** las cuatro comidas del día; **j** judías blancas con chorizo, y patatas con carne para la cena; **k** «un hogar digno»

question 12 – Copymaster 7
… espaciosa … ser … colchones … puertas … platos … butanillo … maletas … natural … público … residía … piso … alquiler

Oposición al realojamiento de los chabolistas (1)
Texto J – *Students' Book page 17*

question 1
oponerse a	to oppose
una familia marginal	an underprivileged family
cercano a	close to
una medida	a measure
un corte de tráfico	closing a road to traffic
entrevistarse con	to meet with
alcanzar un acuerdo	to reach an agreement
un ambiente de tensión	a tense atmosphere
presidir	to dominate
una queja	a complaint
perjudicado	unfairly treated
un drogadicto	a drug addict
una concejala	a town councillor
edificable	available for building
integrar en	to fit into
una denuncia	an accusation
manifestar	to show/demonstrate
un ciudadano	a citizen

question 2
a	mentira	b	mentira	c	verdad
d	mentira	e	verdad	f	verdad

question 3 – Copymaster 8
See underlined parts of class cassette transcript on page 12 of this book

Oposición al realojamiento de los chabolistas (2)
Texto K – *Students' Book page 18*

question 2 – Copymaster 9

	texto grabado	artículo escrito
300 familias marginadas	X	X
edificio cercano a la M30	X	X
cortes de tráfico	X	X
entrevista con la Presidenta	X	
chabolismo y droga en Hortaleza	X	
críticas contra el estilo del edificio		X
ambiente de tensión	X	X
quejas por falta de información	X	X
360 viviendas		X
perjudicados económicamente	X	
drogadictos y delincuentes	X	X
una explosión de xenofobia		X
programas de escolarización		X
zona edificable	X	
tiempo suficiente para modificaciones	X	
integración en el distrito	X	
poner equipamientos necesarios	X	

Grammar Summary
Students' Book page 19, Práctica

question 1
a	manifestó	b	Se puso	c	se desarrolló
d	acordaron	e	se dirigieron		

Class cassette transcripts

Donde vivo

Texto A – *Students' Book page 6*

Primer grupo – Ángela

– Ángela, dime dónde vives.
– Ah pues vivo en Oxton con una familia muy simpática y en la casa tengo una habitación que es bastante pequeña pero que me gusta mucho. La casa en general es bastante grande.
– ¿Utilizas toda la casa?
– Sí, sí ... puedo utilizar la casa como si fuera mía, ¿no?
– ¿Cuántos pisos hay?
– Pues, hay dos pisos ... mi habitación está en el piso de arriba y luego la cocina, el comedor y la sala de estar están abajo. En la parte de atrás de la casa hay un jardín muy pequeño, pero que ahora con este tiempo pues no se utiliza, claro. Y luego mi cuarto está ... da a la fachada de la casa. Lo que pasa es que es muy curioso porque hay un árbol que tapa toda la puerta principal, ¿no? Entonces lo único que se ve es la ventana.
– ¿Pero la casa tiene bastante luz a pesar de los árboles y todo?
– Sí sí ... tiene bastante luz porque las ventanas son muy ... son muy amplias ...
– Sí ... mi habitación está también empapelada. Es un tono rosa muy pálido. Hay un cuadro muy pequeño de un ramo de flores muy bonito.
– ¿Qué tipo de calefacción tienes?
– Ah pues es calefacción central, ¿no? Y está muy bien ...
– ¿Es de gas?
– Sí es de gas, ¿no? Normalmente la ponemos cuando llegamos del colegio sobre las dos y media, las tres ¿no? Y entonces está un poco calentada la casa, pero como es una casa muy ... en realidad es un poco pequeña, pues ... se calienta en seguida ... Nosotros tenemos moqueta sólo en el piso de arriba; en el piso de abajo hay parquet.
– ¿Tenéis jardín? ... Ah sí ya me has dicho.
– Sí, ya te he dicho antes que hay un jardín muy pequeño en la parte de atrás de la casa y luego hay otro jardín más pequeño todavía en la parte de delante. Pero los niños con los que vivo normalmente suelen salir a jugar a la calle con sus amigos; no se quedan en el jardín porque es bastante pequeño.

Segundo grupo – Elena

– ¿Y tú? ¿Dónde vives?
– Yo vivo en Port Sunlight que es ... una zona muy bonita.
– ¿Sí? ¿Te gusta?
– Sí ... las casas pertenecen a ese estilo 'Tudor' ...
– Ah sí, blanco ... y luego la madera negra.
– Sí ... blanco y negro, son bastante bonitas ...
– ¿Con quién vives?
– Vivo con dos profesores ... comparto la casa con dos profesores. Uno de ellos es el dueño de la casa y es una casa muy muy pequeña, pero es muy acogedora ... muy agradable ... Yo vivo ... o sea mi habitación está en el segundo piso ... es una habitación muy pequeña pero ... tengo bastante espacio para guardar cosas ... tengo bastantes aparadores y armarios y en fin ... todas estas cosas. No sé ... estoy bastante contenta.
– Sí ... ¿y la casa está cerca del colegio donde vas? ... ¿o no? ... ¿o tienes que coger el autobús?
– Bueno ... tengo que coger el autobús para ir a algunos colegios, pero generalmente no tengo que cogerlo porque vivo cerca.
– ¿Y qué es lo que tienes en tu habitación?
– ¿Qué tengo?
– Sí, quiero decir ¿qué muebles tienes? ¿Tienes algún armario o ... ?
– Sí tengo un tocador, tengo una cómoda con cajones, dos armarios ...
– ¿Y tienes algún sitio donde guardar libros?
– No, bueno, los guardo en los cajones.
– Sí.
– Luego está la cama ... no sé. No tengo ningún póster ni nada ...
– ¿No tienes nada colgado en las paredes?
– No.
– Y ... ¿las paredes están pintadas de blanco o de algún otro color?
– Están empapeladas.
– ¿Están empapeladas?
– Sí ... un papel blanco ... bastante bonito.
– Nosotros tenemos una estufa de gas abajo en el cuarto de estar. En mi habitación tengo un aparato eléctrico, y lo que menos me gusta es que en el baño no hay calefacción.
– ¿No? entonces ¿qué es lo que haces?
– Hay calentador de agua pero no hay radiador o algo para calentar el ambiente.
– Entonces te ducharás de prisa y corriendo ¿no?
– Muy de prisa, claro. No sé ... bueno hay moqueta en toda la casa, o sea que ... es bastante caliente en general.
– ¿Y tú? ¿tienes jardín en tu casa?
– No.
– Pero ¿no tienes ni flores ni árboles?
– Hay un pequeño trozo de tierra pero parece que no es nuestro; es de toda la comunidad.
– O sea que no tienes flores ni árboles ni nada ...
– No.
– ¡Qué pena!

Tercer grupo – Conchita

Conchita describe el piso de sus padres
– ¿Dónde vives?

– En un piso en una ciudad.
– ¿Y es un piso grande?
– Sí. Es antiguo y es muy grande.
– ¿Y cuántas habitaciones tiene?
– Tiene un cuarto de estar, una habitación para los hijos que llamamos cuarto de música, que era el antiguo despacho de mi padre, un comedor, cocina, una habitación donde se hace la plancha y donde hay muchos armarios para guardar ropa de la casa, zapatos ... una habitación para la pila de lavar y la lavadora, cuatro cuartos de baño, y cuatro dormitorios.
– ¿Y sois mucha gente en el piso?
– Bueno, somos seis hermanos y mis padres.
– Sí, son muchos, ¿no?
– Sí. Bueno, ahora no vivimos todos en casa, pero realmente todos tenemos allí una cama.
– Y la cocina, por ejemplo, ¿me puedes decir lo que hay en la cocina?
– Sí. Hay una cocina, una pila, un friegaplatos, una campana de extracción de humos y muchos armarios. La nevera no está en la cocina en casa de ... en mi casa. Está en una habitación aparte, que utilizamos normalmente para desayunar y que le llamamos el 'office'.
– Ah, vale, ¿Y no hay mesa en la cocina?
– Sí, sí. Hay una mesa y la tenemos plegada; normalmente no la utilizamos porque hacemos, como he dicho, el desayuno y a veces también alguna cena rápida en esta habitación, en el 'office'.
– Sí. Y dime, ¿prefieres vivir en una casa o en un piso?
– Eso es un problema bastante complejo porque un piso en una ciudad tiene muchas ventajas a la hora de la vida de todos los días, durante la semana por ejemplo porque está cerca del trabajo, de los colegios, de las tiendas; sin embargo es muy ruidosa y no tienes el contacto con la naturaleza que tienes en una casa. Normalmente en ciudades del tamaño de la mía, lo que suele suceder es que muchas familias tienen un piso en la ciudad y una casa en el campo, donde pasan los fines de semana y el verano.

Las habitaciones

Texto D – *Students' Book page 8*

Silvia: Dolo, ¿cómo es la casa donde viven tus padres?

Dolores: ¿La casa de Vigo, el piso de Vigo, dices? Bueno, pues en Vigo el piso ... eh ... vivimos en un quinto y tiene ... eh ... cuatro dormitorios, un salón, dos baños y una cocina.

Silvia: Es bastante grande, ¿no?

Dolores: Está bien para nosotros. Somos cuatro en casa ... entonces ... está bien. En Banjón tenemos una casa que tiene en el sótano un garaje. Lo de mi padre tiene también el sótano, una bodega con sus vinos y ... en el primer piso hay un salón, dos habitaciones y un baño, y en el segundo piso está la habitación de mi hermano con una terraza, otro baño y la habitación de mi hermana y mía, con otra terraza. Eh ... eso es todo. ¿Y tu casa?

Silvia: Pues, el piso donde vivimos en Granada es ... es bastante grande, más o menos como el tuyo. Hay cinco dormitorios, un salón, una cocina, dos cuartos de baño y una terraza, que rodea todo el piso.

Dolores: Está bien ¿no?

Silvia: Sí, y la casa de Barcelona tiene tres plantas. En la de abajo hay un garaje, una bodega sin vinos ...

Dolores: ¿Sin vinos? Si ... una bodega.

Silvia: Pues, fruta.

Dolores: Muy sano.

Silvia: Muy sano, sí. Eh ... una habitación grande, el lavadero. En la segunda planta hay seis habitaciones, una cocina, un salón, y en la planta de arriba tengo yo mi habitación, que es muy pequeñita, que es la guardilla.

Dolores: Ah, muy bien, es bastante grande.

Silvia: ¿Y Pedro, tú?

Pedro: Bueno, yo, como te he dicho anteriormente, vivo en Inglaterra pero el tiempo que estuve viviendo con mis padres ... la casa de mis padres es bastante grande ... eh ... y tiene ... viven en un piso pero viven en la planta baja y parece una casa porque tiene jardín en la parte de delante y la parte de atrás. Tienen garaje ... eh ... la casa tiene cinco dormitorios, tiene dos cuartos de baño, un servicio, la cocina, un salón-comedor, un salón (de) estar y luego tiene también un despacho o un estudio pequeñito. Y es bastante grande. Viven cerca del aeropuerto de Madrid.

Algunos españoles hablan de la casa y la localidad en que viven: Maribel y Fernando

Texto H – *Students' Book page 12*

Maribel: Vivimos en el campo a unos 8 km. de Valencia, en una casa adosada que tiene un jardín común, de 10 vecinos con una piscina y una pequeña zona privada de ... de jardín. La casa es una casa adosada normal – es un tipo muy normal de casa – tiene tres habitaciones, cuatro cuartos de baño – eso no es normal: tiene dos más de lo normal – tiene una cocina, un salón-comedor y tiene una habitación para estudiar donde tenemos libros y el ordenador. Hay gente que vive en casas independientes con un jardín propio, que tiene otras ventajas, pero la mayoría de la gente en España vive en pisos en las ciudades. Lo mejor ... lo que normalmente la gente quiere es vivir en piso y en el centro de la ciudad – cuanto más en el centro mejor – si es posible en la calle principal o si es posible en la Plaza del Ayuntamiento – y es justo lo contrario de lo que suele pasar en Gran Bretaña donde la gente prefiere vivir en la periferia en zonas de campo; aunque estos últimos años hay una tendencia de la gente joven que se casa o que tiene niños pequeños a vivir en el campo, lejos de la ciudad.

Fernando: Bueno la explicación es bastante sencilla: en Inglaterra las vías de comunicación son muy rápidas y eficaces; por ejemplo hay un metro y te puede llevar a unos 70 km. de Londres, y aquí en España eso no existe o sea aquí nosotros vivimos en el campo pero tenemos que tener dos coches – es imprescindible porque la parada de metro más cercana está a media hora andando; entonces claro la gente a veces huye del campo porque les supone mucha incomodidad en los transportes, aunque eso está mejorando poco a poco.

Maribel: Yo creo que también es un factor cultural ¿eh? Queda muy bien eso de vivir en la calle principal sobre todo porque los demás vean que estás viviendo ahí donde los pisos son más caros y los solares valen auténticas barbaridades ... Vivimos en Campo Olivar que es como la zona de campo de un pueblo que se llama Godella y ... es una zona en la que solamente había chalets que eran viviendas secundarias – se empezaron a construir hace 40 años aproximadamente – y eran de pues de la gente de Valencia de las familias de Valencia que tenían muchísimo dinero – normalmente eran empresarios importantes; se construían aquí sus casas para los fines de semana o para el verano. Pero últimamente viene gente de clase media que lo que busca es vivir aquí todo el año porque es una zona de campo muy bonita – realmente es un bosque de pinos donde el ecosistema está bastante protegida ...

Fernando: Hay muchas ardillas, por ejemplo ...

Maribel: ... hay muchas ardillas y es una zona bastante diferente a las que hay en las periferias de las ciudades, por ejemplo ...

Fernando: Por ejemplo donde vivimos nosotros el arquitecto aquí era inteligente: en lugar de cortar todos los pinos para edificar, respetó todos los pinos que pudo, y de hecho vivimos integrados en un bosque. Vamos, frente a mi casa estoy ahora viendo un pino que tendrá 30 metros de alto y un tronco de un diámetro de dos metros – un pino muy antiguo – y es una pena, una barbaridad cortarlo.

Maribel: Hay otras zonas de casas adosadas y de chalets pero siempre dicen que Campo Olivar es la que tiene mayor solera porque es la que ... el sitio que empezó a buscar la gente que buscaba tener una vivienda en el campo. Las otras zonas urbanizadas a mí personalmente me gustan mucho menos porque no tienen árboles: entonces aunque cada uno se ponga árboles en su jardín, salvo algunas especies pues tardan bastantes años en crecer entonces se convierten en zonas con casitas – ves mucho cemento pero no ves vegetación. Y bueno hay otras urbanizaciones que quizá ahora están más de moda que Campo Olivar pero no tienen el encanto de lo ... el tipo de zona verde que es.

Oposición al realojamiento de los chabolistas (1)

Texto J – *Students' Book page 17*

Vecinos del distrito de Moratalaz que se <u>oponen</u> al realojamiento de más de <u>300</u> familias marginales del Pozo del Huevo en un edificio <u>cercano</u> a la M30 decidirán hoy medidas de <u>presión</u> como cortes de tráfico <u>en contra</u> de la decisión municipal. Anoche estos mismos vecinos <u>se entrevistaron</u> con la Presidenta del distrito Pilar García Peña y con los <u>representantes</u> de la Oposición sin que se alcanzara ningún <u>acuerdo</u>. Mientras tanto, en el distrito de la Hortaleza que <u>también</u> preside Pilar García Peña, el chabolismo y la <u>droga</u> han originado en los últimos días nuevas <u>protestas</u> vecinales.

– Un ambiente de tensión presidió anoche el encuentro entre unos 300 vecinos y los representantes políticos de la Junta de Moratalaz. Los primeros expresaron sus quejas por la falta de información que ha rodeado el proyecto y se manifestaron perjudicados social y económicamente por el realojamiento de los chabolistas del Pozo del Huevo a los que calificaron en su mayoría de drogadictos y delincuentes. Por su parte la concejala Pilar García Peña afirmó que la zona está calificada como edificable desde 1985 y aseguró que hasta la puesta en práctica del plan en 1990 queda tiempo suficiente para introducir las modificaciones que se consideren necesarias ...

– Yo creo que es un tema que más adelante debemos de dejar claro y también en esas sucesivas reuniones en las que yo me he comprometido con esta ... con esta ... bueno pues grupo de vecinos que salga en representación de ellos, pues iremos viendo de qué forma los vecinos que vienen a Moratalaz pues se integran en el distrito y tratamos de poner los equipamientos necesarios para que ni los vecinos ni las personas que vengan aquí se sientan perjudicados.

– Problemas para Pilar García Peña en Moratalaz y también en Hortaleza, el otro distrito madrileño bajo su presidencia. Vecinos del barrio del Carmen han criticado la actitud de la concejala ante sus denuncias de que se va a abrir en la zona un club que en realidad dicen que se convertirá en un centro de distribución de droga. Los afectados afirman que Pilar García Peña ha manifestado reconocerlos como vecinos pero no como ciudadanos.

The Student cassette transcripts for this unit appear on Copymasters 4a, 5 and 10.

UNIDAD 2 *Hogar, ¿dulce? hogar*

Overview

Component page reference	Title of item	Description	Teacher's Resource Book – additional information
Introductory sequence			
SB p.21	Hogar, ¿dulce? hogar	Speaking activity stimulated by collage of images related to unit theme	Further Notes on exploitation TRB p.15
TRB p.90, CM11	Unidad 2: vocabulario	Key vocab. for unit on CM	
SB p.21	Para empezar:	Four introductory speaking activities	
SB p.22	Texto A La apariencia física	Listening item consolidated by comp. ex.	Class cass. transcript, TRB p.19; CM12, TRB p.91; Sol. TRB p.15
TRB pp.92-93, CM13	Cómo utilizar y entender un diccionario bilingüe	Advice on bi-lingual dictionary use	
Primera parte: Los hijos			
SB p.22	Texto B La influencia del orden de nacimiento	Reading activity, preceded and followed by vocab. study, followed up by Qs inviting open-ended spoken and written responses	#3, CM14, TRB p.91; Sols.#3, #4, TRB p.16
SB p.23	Texto C Maribel y Fernando hablan de sus hijos	Listening-based activity followed by guided content analysis task	Class cass. transcript, TRB p.19; Sol. TRB p.16
Segunda parte: Los padres			
SB p.24	Texto D ¿Quién manda en casa?	Listening item followed up by dictionary skills ex., vocabulary study and Qs inviting open-ended spoken and written responses	Class cass. transcript, TRB p.20; Sols.#1, #2, TRB p.16
SB p.25	Texto E Carlos, 17 años, estudiante	Reading-based task preceded by vocab. study, followed by comp. Qs and translation	Sols.#1, #2, #3, TRB p.17
SB p.26	Grammar The imperfect tense	Study, discovery and practice of the gramm. points	Sol. Discovery, TRB p.17
SB p.27	Texto F Hombres difíciles	Reading-based tasks, inviting open-ended spoken and written responses	
SB p.28	Texto G «Aunque quieran ayudar, nunca han aprendido»	Listening item consolidated by comp. ex. followed up by Qs inviting open-ended spoken response	Class cass. transcript, TRB p.21; #1 CM15, TRB p.94; Sols.#1, #3, TRB p.17
SB p.28	Texto H ¿Por qué se separan?	Introductory paragraph, then reading-based activity followed by translation task and written consolidation	Sol.#1, TRB p.17
SB p.29	Texto I Divorciarse por una cuestión de apellidos	Reading-based activity sequence preceded by vocab. study, followed up by summary writing and gramm. analysis tasks	Sol.#3, TRB p.17
Tercera parte: La barrera generacional			
SB p.29	Texto J Tres españoles hablan del carácter de su familia	Listening-based activity sequence supported by written comp. and content analysis ex.	Class cass. transcript, TRB p.21; #1, #2, CM16 TRB p.95; Sols.#1, #2, TRB p.17
SB p.30	Texto K Padres	Reading-based activity sequence preceded by oral preparation, followed by content analysis tasks, and Q inviting open-ended written response	Sol.#2, TRB p.18
SB p.31	Texto L Los padres de hoy ¿son tolerantes?	Reading-based activity sequence, preceded by vocab. study, supported by comp. ex., followed up by Qs inviting open-ended spoken response, and listening-based further study on the theme	Sol.#2, TRB p.18; #4 Stud. cass. transcript, CM17, TRB p.94; Sol.#4, TRB p.18
SB p.32	Texto M Llegar a las tantas ...	Reading-based activity sequence preceded by vocab. study, supported by an intro. paragraph followed by Qs inviting open-ended oral/written response	Sol.#4, TRB p.18
SB p.34	Texto N Psicología	Reading-based activity sequence preceded by vocab. study, followed up by vocab. and content analysis tasks, translation, and tasks inviting open-ended oral and written response	Sol.#2, TRB p.18
SB p.35	Texto O ¿Cuándo piensas marcharte de casa?	Listening-based activity sequence preceded by vocab. study, and followed up by tasks inviting open-ended written and spoken response	Class cass. transcript, TRB p.22; Sol.#2, TRB p.18
TRB pp.96-97, CM18	Writing summaries	Advice on writing summaries	
SB pp.36 and 232	3 ¡No te enteras, carroza!	Optional extra reading item followed up by summary writing task	

Component page reference	Title of item	Description	Teacher's Resource Book – additional information
SB p.36	Grammar Personal pronouns	Study, discovery and practice of the gramm. points	Sol. Discovery, TRB p.19
SB p.36	Texto P ¿Qué va a ser de ti ...?	Listening-based item for self-study (song) followed by summarising task	Stud. cass. transcript, CM19, TRB p.98; Sol. TRB p.19
SB p.37	Texto Q María-José, Miriam, Emilio y Nuria hablan de sus familias	Listening-based activity with explan. paragraph on listening for essential content	Stud. cass. transcript, CM20, TRB p.99
Cuarta parte: Los secretos de la vida			
SB p.37	Introductory paragraph supported by Lluisot cartoon, thematic reading for entertainment		
SB p.38	Texto R Dime	Reading item on CM with Q inviting open-ended response	CM21, TRB p.100
SB p.38	Texto S Ventanas sobre la llegada	Listening-based item (poem) and Q to invite open-ended response	Class cass. transcript, TRB p.22
SB p.38	Desarrollando el tema	Questions to stimulate further research into the unit topic by the student	
TRB p.101, CM23	Introduction to the subjunctive (1)	Form and uses: Prelim. study before intro. in Unidad 6	
SB p.38	Para terminar: Palabras para Julia	Listening-based item (song) followed by comp. ex. and Qs inviting open-ended written/oral response	Stud. cass. transcript/#1, CM22, TRB p.98; Sol.#1, TRB p.19

Further Notes

Hogar, ¿dulce hogar? – image collage

Students' Book page 21

The various visuals that make up the collage on page 21 can again be exploited by the teacher in class. As previously suggested, the main aim in these early stages is to get all of the students talking as much as possible. Questions to which there are no right or wrong answers are therefore to be recommended, as responses based on students' imaginations can be as simple or as complicated, as long or as short, as sensible or as absurd as one wishes. Just about any answer is therefore acceptable and students should be encouraged and praised for their contributions to discussions/ideas, however ordinary or unimaginative they may in fact be. In terms therefore of the cartoon and photographs making up the collage for Unidad 2, students could be asked to offer any information at all about the people in the pictures e.g. ¿Cómo se llama(n)? ¿Dónde vive(n)? ¿Cuál es la relación entre estas personas? (encouraging them perhaps not to state the obvious here), ¿Qué tiene(n) en los bolsillos? ¿Qué hizo/hicieron anoche? ¿Qué va(n) a hacer mañana?

The textual joke shown in the collage is not terribly sophisticated in term of language – do students perhaps know others?

Solutions

Solutions are only given to questions or parts of questions where there is no scope for interpretation and discussion

La apariencia física

Texto A – *Students' Book page 22*

Copymaster 12

	pelo	ojos	tez	piel	estatura
El padre de Pedro	rojizo	azul muy oscuro / azul marino	blanca	-	-
José Luis	rojizo	azul muy oscuro	blanca	-	-
La madre de Pedro	oscuro/ azabache	oscuros	morena	-	-
Raquel	rizado	oscuros	morena	-	-
Pedro	liso, oscuro	marrones	morena	-	-
El padre de Dolores	moreno / negro	marrones		bastante oscura	bajo
Elena	castaño	castaños	-	oscurilla	bajita
Dolores	negro	tirando a negros	-	bastante oscura	baja

La influencia del orden de nacimiento

Texto B – *Students' Book page 22*

Copymaster 14, question 3

El primogénito: mimado(?), convencional, maduro, protector, autoritario, fuerte, responsable, decisivo.

El benjamín: mimado, débil, protegido, frágil, caprichoso, dependiente.

El hijo único: mimado, débil, torpe, protegido, temeroso, frágil, caprichoso, distinto(?), dependiente, inteligente.

El segundón: creativo, débil, temeroso(?), frágil(?), caprichoso, distinto, indisciplinado, celoso.

question 4

convencional: convencer – convención/convencionalismo; maduro: madurar – madurez; débil: debilitar – debilidad/debilitación; torpe: entorpecer – torpeza; protegido & protector: proteger – protección/protegido/protector/protectorado; temeroso: temer – temor; frágil: _____ – fragilidad; autoritario: autorizar – autorización/autoridad; fuerte: forzar/fortalecer/fortificar – fortaleza/fortificación/fuerza; caprichoso: _____ – capricho; distinto: distinguir – distinción; dependiente: depender – dependencia/dependiente; responsable: responsabilizar – responsabilidad; indisciplinado: (in)disciplinar(se) – (in)disciplina; inteligente: _____ – inteligencia/intelectiva/intelecto/intelectualidad/inteligibilidad; decisivo: decidir – decisión; celoso: _____ – celos/celosía.

Maribel y Fernando hablan de sus hijos

Texto C – *Students' Book page 23*

a Fernando es catedrático de geografía e historia y jefe de departamento en un instituto; Maribel es catedrática de inglés y jefa de seminario en otro instituto.

b Fernando es teóricamente el cabeza de familia, pero él y Maribel creen que es una tarea compartida, sobre todo cuando la mujer trabaja. Comparten la educación de los hijos.

c Los 4 abuelos viven y colaboran mucho; miman a los niños, dándoles todo lo que quieren y destrozando lo que hacen los padres; les gusta recibir a los niños en casa; el padre de Fernando tiene 82 años y era policía; su madre siempre ha sido ama de casa; los padres de Fernando prefieren al hijo mayor; los de Maribel al pequeño.

d Son muy diferentes; no parecen hermanos; nunca reaccionan del mismo modo; tampoco les gustan los mismos juegos; El pequeño, Guillermo, es muy activo, más malo, y travieso que su hermano mayor, Fernando, que es más quieto y pacífico; Fernando tiene el físico de su padre y el carácter de su madre; Guillermo tiene el físico de Maribel y el carácter de su padre Fernando.

e A los padres les gusta viajar y esquiar; los 4 saben esquiar y les gusta la nieve; en casa todos juegan al ajedrez, a la oca, al parchís; a los dos hijos les gusta la tele; todos salen en bicicleta; los hijos hacen deportes como la natación, el baloncesto, el kárate, el atletismo.

¿Quién manda en casa?

Texto D – *Students' Book page 24*

question 1

Grupo A: b a b   a a b   b b b   b b b   a b a
Grupo B: b b a   b b b   b b b   b b a

question 2

Grupo A:

a es mi mujer quien decide los gastos que debemos ahorrar
b pienso que soy una marioneta
c pone mala cara
d no lo puedo aguantar
e cuando la veo así
f me tiene en un puño
g no me puedo ni arrimar a ella
h me tengo que poner lo que ella quiera
i me tengo que aguantar
j dice que ... todo lo hace por mí

Grupo B:

a el que manda es él
b Me da vergüenza confesar que
c siempre me da lo que pido
d Él no se mete en eso
e Acostumbro a salir un día en semana
f se arma una bronca tremenda
g mi obligación es estar en casa
h no le puedo llevar la contraria
i él tiene pocos estudios
j siempre me salgo con la mía

Carlos, 17 años, estudiante
Texto E – *Students' Book page 25*

question 1

convencido – convinced; grabado – engraved (on my memory); administrar – to control; darse cuenta de – to realise; mangonear – to wear the trousers; un crío – a child; sentir rencor – to feel resentful; castigar – to punish

question 2

a Mother always seemed to suggest that they would do whatever father said; always told Carlos to ask father for permission.
b because only father would be able to say if they had enough money;
c when he was 14
d he wanted to go on end-of-year school trip and asked father for permission, but overheard parents discussing trip and while father seemed to support him, mother did not want him to go. When father subsequently told him that he could not go, Carlos realised mother had made decision.
e he felt resentful towards both of his parents though gradually got over it, still however aware of mother's dominance and does not like way in which she seems to punish father whenever they have row.

question 3

a I always asked <u>him</u> for permission.
b Whatever your father says goes.
c My mother was the one wearing the trousers/in charge.
d My father was happy for me to go on the trip.
e She thought anything might happen.
f I have gradually got over it.
g It's not right to use those methods/to behave like that.

Grammar The imperfect tense
Students' Book page 26, Discovery

Cuando era pequeño estaba convencido ... padre mandaba ... le pedía ... madre decía ... él contestaba era lo mismo ... contestaba mi madre. ... le pedía a mi madre ... decía que lo tenía que ... cómo andábamos de dinero. Y era ... que administraba todo ... padre pedía ... que era mi madre quien mangoneaba ... Quería ir a ... si me daba permiso ... Mi padre estaba de acuerdo ... decía que era un crío; por otro, no le gustaba porque iban también ... ella pensaba que podía pasar ... Y parecía que estaba totalmente convencido de que era eso lo que pensaba, y yo sabía que era porque lo ...

«Aunque quieran ayudar, nunca han aprendido»
Texto G – *Students' Book page 28, question 1*

Copymaster 15

See underlined and numbered parts of relevant class cassette transcript, TRB p.21

question 3

Fernando piensa que por lo general el hombre español hace muy poco en casa, aunque él intenta ayudar cuando puede. Maribel opina que los hombres no hacen casi nada y que no saben ayudar; incluso están orgullosos de esta situación.

¿Por qué se separan?
Texto H – *Students' Book page 28*

question 1

Inability to get on; verbal abuse; physical abuse; marital infidelity; non-fulfilment of parental duties; unwarranted desertion (neglect) of the home; other sources of unacceptable behaviour; alcoholism; cessation of marital coexistence; mental disorders; drug addiction; prison sentence; other causes.

Divorciarse por una cuestión de apellidos
Texto I – *Students' Book page 29*

question 3

se divorció; amenazaba; concedió; era

Tres españoles hablan del carácter de su familia
Texto J – *Students' Book page 29, Copymaster 16*

question 1

See underlined text in the class cassette transcript, TRB p.21

question 2

El hermano de Pedro: independiente, cariñoso(?), casero; Ester: seria, independiente(?); El padre de Dolores: cariñoso(?), tranquilo, casero(?); El hermano de Dolores: de mal genio(?), fuerte; Helena: cariñosa, casera, fuerte(?), seria(?); El padre de Silvia: fuerte, de mal genio; La madre de Silvia: cariñosa, tranquila(?)

Padres
Texto K – *Students' Book page 30*

question 2

Father: seen as authoritative, dictatorial; rarely accepts he has made a mistake; does not practise what he preaches; never has time to listen to his children's problems; does not trust children; tends to help if son/daughter seems depressed though rarely praises him/her if something has gone well; not very affectionate physically.

Mother: tends to pass all responsibility over to the father and to paint him as the family ogre who will get annoyed if child steps out of line.

The relationship between the parents: tends to turn the father into a hard repressive figure incapable of love or feelings. Children want someone to turn and talk to, not just someone to get permission from.

Los padres de hoy ¿son tolerantes?
Texto L – *Students' Book page 31*

question 2

a Laura ("Hay de todo. Todavía quedan padres muy autoritarios y muy cerrados"); **b** Alfredo ("están acogotados por mogollón de fantasmas"); **c** Laura ("aún perdura una discriminación tremenda hacia las chicas. A los chicos se les sigue dando mucha más libertad"); **d** Isabel ("Yo tengo varios hermanos que me han allanado el camino....."); **e** Alfredo ("Cada vez que quieres salir te leen la cartilla"); **f** Isabel ("En vez del miedo, las amenazas y los castigos, los padres de hoy utilizan el diálogo."); **g** Laura ("Con mi madre tengo más confianza"); **h** Isabel ("tengo derecho a mi intimidad"); **i** Alfredo("¡Y la vamos a vivir por muchos sermones que se empeñen en soltarnos!"); **j** Laura ("queda camino por andar").

question 4

Sus hermanos: Isabel tiene dos hermanos mayores – Pascu 19al tiene 31 años, está en paro pero ha trabajado en una panadería, para las aduanas, en la tienda de una empresa internacional donde venden y alquilan televisiones y vídeos. Nicolás tiene 30 años – empezó estudiando filología francesa pero se hizo asistente social y ahora trabaja en un ayuntamiento cerca de Alicante.

Su padre: era perito mercantil pero ahora está retirado; no es un hombre muy paciente – se da por vencido fácilmente.

Su madre: la típica ama de casa española – prefiere quedarse en casa y ocuparse de la familia; es francesa.

Relaciones: Isabel se lleva bien con sus hermanos y su madre pero bastante mal con su padre con el que discute a veces. Explica estas relaciones por la gran diferencia de edad entre su padre y ella, y sobre todo por la incompatibilidad de sus caracteres. También influye la nacionalidad, porque su madre es francesa y su padre español.

Llegar a las tantas …
Texto M – *Students' Book page 32*

question 4

La solución ofrecida es una forma de compromiso: con relaciones basadas en cariño, comprensión y confianza, los padres deben educar a los hijos, advirtiéndoles de los peligros sin impedirles las salidas.

Psicología
Texto N – *Students' Book page 34*

question 2

a creo que es increíble/reprobable; **b** me equivoco a veces; **c** se excede; **d** un rincón privado; **e** el libro en el que se anota día por día los acontecimientos y pensamientos personales; **f** quebrantar las normas de conducta; **g** examinar las prendas de vestir; **h** eres capaz de responder de lo que haces; **i** arregla tu dormitorio; **j** no permitas que te dominen.

¿Cuándo piensas marcharte de casa?
Texto O – *Students' Book page 35*

question 2

Javier: opina que no es necesario marcharse de casa; sus padres le ayudan y le dejan hacer lo que quiere en su habitación. Si hay problemas, para él es importante darles la cara y solucionarlos, sin evitarlos huyendo de casa.

Mercedes: opina que lo mejor es un compromiso; ella vive con sus padres durante la semana pero los fines de semana comparte un apartamento con dos amigas. Para ella, esta solución la permite prepararse para la semana que viene.

José María: opina que es muy importante marcharse de casa lo más pronto posible; sólo así se puede aprender a valerse por sí mismo. Él va a vivir un rato con sus tíos para que sus padres se acostumbren a estar sin él. Esto les ayudará a ellos tanto como a él, porque sus padres no saben qué hacer cuando su hijo no está en casa.

Grammar Personal Pronouns

Students' Book page 36, Discovery

See underlined words in class cassette transcript of *Texto O*, TRB p.22

¿Qué va a ser de ti …?

Texto P – *Students' Book page 36*

Copymaster 19

a La chica quiere su libertad; opina que ya es hora de marcharse de casa porque sus padres la tratan todavía como una niña.

b Ella piensa que sus padres no reconocen que ya es mujer, y que debe escaparse de casa para poder vivir libre y felizmente.

c Sus padres están destrozados por lo que ha pasado; no comprenden por qué se ha ido de casa después de todo lo que han hecho por ella. Según el estribillo, están preocupados por lo que le va a ocurrir a su hija lejos de casa; la consideran todavía como una niña que no podrá valerse por sí misma.

Palabras para Julia

Para terminar – Students' Book page 38

question 1 – Copymaster 22

1 volver; **2** vida; **3** sola; **4** siempre; **5** escribí; **6** pienso; **7** a pesar de; **8** amor; **9** mujer; **10** polvo; **11** camino; **12** puedo

Class cassette transcripts

La apariencia física

Texto A – *Students' Book page 22.*

Copymaster 12

Dolores: Pedro, ¿cómo es tu familia? … me refiero a … el físico.

Pedro: El físico. Bueno, si empezamos por mis padres, mi padre – primero te voy a decir la edad – mi padre tiene sesenta y ocho años.

Dolores: Sí.

Pedro: Y el físico de mi padre, bueno … cuando era más joven – es mejor casi que te explique cuando era más joven – … era pelo rojizo … los ojos azul muy oscuro, azul marino … y la tez muy blanca.

Silvia: No es típico español, ¿no?

Pedro: No …. parte de la familia, la parte mitad de la familia de mi padre, eran irlandeses.

Dolores: Ah, por eso.

Pedro: Y quizás sea por eso … Después tenemos mi madre … Por parte de mi madre también es curioso porque hay parte de la familia de mi madre que es …. era francesa.

Dolores: Mmm.

Pedro: Y … en mi casa tenemos dos equipos … hay dos equipos, en los cuales tenemos mi hermano, José Luis, y mi hermana Ester … con mi padre, y luego tenemos a mi madre, que es de cabello oscuro, azabache … mi hermana Raquel también, de pelo rizado, ojos oscuros y la tez … de tez morena … y pues yo – ya me ves – el pelo liso … oscuro … con ojos marrones … y mi tez pues creo que es bastante morena … ¿Y tu familia?

Dolores: Pues, nosotros somos … nos parecemos bastante, todos … Mi padre es moreno, bajo y … tiene ojos marrones más bien y de piel bastante oscura también, muy español … y mi hermano se parece mucho a él. Es también bajo, pelo negro, ojos marrones y piel muy oscura. Mi hermana Elena es … tiene el pelo castaño y los ojos castaños también. Y es bajita y también piel oscurilla. Y yo pues … tengo …

Pedro: La más guapa de todas …

Dolores: Tengo el pelo negro, ojos tirando a negros … también soy baja, como ves, y la piel también … oscura, bastante oscura.

Pedro: Mmm.

Dolores: Mi madre era como … como yo de joven … y bueno, pues, no hay mucha variedad, como puedes ver.

Maribel y Fernando hablan de sus hijos

Texto C – *Students' Book page 23*

Fernando: Mi nombre es Fernando Latorre Nuévalos; soy catedrático de geografía e historia y jefe de departamento en el Instituto de Bachillerato de Sagunto en Valencia. Soy teóricamente el cabeza de familia – lo que en latín se diría el pater familias – y, bueno, tengo 46 años, y dos hijos de…. una edad…. 9 años (el mayor – se llama como yo Fernando: es una tradición familiar, que el hijo mayor suele llamarse generalmente como el padre); y mi segundo hijo, Guillermo, tiene ahora 6 años. Mi esposa Maribel: ¿qué voy a decir de ella? – prefiero que hable ella de sí misma.

Maribel: Me llamo Maribel Miró, tengo 39 años; soy catedrática de inglés en el Instituto de Bachillerato de Paterna, y soy también jefa de seminario. Tengo dos niños – los dos que él acaba de mencionar – y hace muy bien en dudar de quién es el cabeza de familia, porque … cuando la mujer trabaja, realmente yo creo que es una tarea compartida, ¿no?, el ser cabeza de familia. Nuestros padres viven, o sea que los niños tienen a sus 4 abuelos y normalmente en España se cuenta bastante con ellos para colaborar; por ejemplo, hay fines de semana que se quedan con nuestros padres si tenemos que salir – o viernes por la noche – , y normalmente su misión es mimar a los niños; es lo que hacen. Es decir: lo que consigues de ellos educativamente pues en un fin de semana te lo destrozan: les dan todo lo que quieren, les consienten, y luego el lunes toca volver a empezar con las normas.

Fernando: Bien, nuestros padres – los abuelos de los niños – están encantados en recibirlos en su casa. De hecho, yo soy hijo único y son sus únicos nietos; y entonces pues cada dos o tres días si no voy a verlos, me llaman por teléfono rogando que vaya con los niños. Mis padres son muy mayores: mi padre tiene 82 años y fue durante casi 45 años policía y mi madre pues, ha tenido la profesión tradicional de la mujer española ya mayor que es ama de casa.

... Bien, en la familia, la responsabilidad pues es compartida; la educación de los hijos la compartimos ambos aunque reconozco que Maribel tiene una especial intuición para los niños: ella con una simple mirada sabe si un niño está enfermo, lo que le pasa ... bien. Los lleva seguramente más dentro de su corazón ...

Maribel: Mis dos hijos son totalmente diferentes, físicamente y también en cuanto al carácter incluso: si los ves nunca dirías que son hermanos; e incluso esas diferencias yo las acuso en el afecto que nuestros padres sienten por ellos: por ejemplo mis suegros están totalmente volcados hacia el mayor porque dicen que se parece a su hijo, y mis padres sin embargo vuelcan todo su amor hacia el pequeño porque dicen que se parece a mí, lo cual me parece tremendamente injusto porque ellos lo perciben cuando están un período de tiempo con sus abuelos. En cuanto al carácter pues nunca reaccionan del mismo modo ni tienen el mismo tipo de comportamientos – ni siquiera les gustan los mismos juegos, ni tienen el mismo tipo de actividades en su tiempo libre.

Fernando: Sí, el pequeño es mucho más activo, más malo, más travieso – no en vano su nombre es Guillermo – y el mayor es un niño más quieto, más pacífico; yo diría que el mayor tiene mi físico pero el carácter más tranquilo de su madre, y el pequeño por el contrario se parece mucho a su madre en lo físico, pero tiene más mi carácter inquieto. Respecto a los pasatiempos familiares, bueno pues antes de tener niños, Maribel y yo nos encantaba viajar pero ... muchísimo – hemos viajado bastante por todo el mundo. Cuando llegaron los niños, pasamos una época sin viajar y ahora con los niños un poco más mayores podemos empezar de nuevo a salir. Y sobre todo nos gusta en especial la nieve, y esquiar: sabemos esquiar los cuatro, los niños esquían magníficamente bien, Maribel esquía muy bien también, y yo pues me defiendo. Y en casa pues jugamos a un juego de pasatiempo con los niños – al ajedrez, a la oca, al parchís; procuramos que vean la tele lo menos posible – cosa que habitualmente no conseguimos – y bueno por lo menos procuramos que la vean un poco los fines de semana. Salimos a pasear en bicicleta a veces y lo que sí hacen mucho mis hijos son deportes. Hacen multitud de deportes: pues natación durante todo el año, juegan al baloncesto, hacen kárate, hacen también atletismo ... bien, y también como antes indiqué, van bastante en la bicicleta.

¿Quién manda en casa?
Texto D – *Students' Book page 24*

Grupo A – Eugenio, 42 años, topógrafo, dos hijos de 15 y 12 años

«Manda ella, lo tengo muy claro. Aunque sea yo quien trae el dinero a casa. Hasta en eso manda; porque es mi mujer quien decide los gastos que debemos ahorrar. No me va mal, porque es muy organizada, pero a veces pienso que soy una marioneta. Y no es eso lo que más me fastidia. Lo peor es cuando la veo seria, sin hablar y sin querer explicar lo que ocurre. Suele ser por los chicos o por algo relacionado con sus padres. Cuando vuelvo algo tarde de jugar una partida me pone mala cara. No dice nada, sólo con el gesto se adivina que está enfadada. Y no lo puedo aguantar. Necesito buen ambiente en casa. Me pongo tan mal cuando la veo así que hasta se me levanta dolor de cabeza. Ella dice que no lo puede remediar y tienen que pasar dos o tres días hasta que vuelve a estar normal. A mí me parece que eso de mandar, y mucho, me tiene en un puño. Además, en ese tiempo no me puede ni arrimar a ella. La ropa es otro problema. Para mi trabajo me gusta vestir de «sport». Los fines de semana me arreglo más. Pero me tengo que poner lo que ella quiera, porque si no dice que voy mal. Y yo, con corbata estoy incómodo y me tengo que aguantar; dice que me conviene, que todo lo hace por mí, pero a mí me parece que me tiene controlado. Cualquier día se va a llevar una sorpresa.»

Grupo B – Agueda, 39 años, administrativa, un hijo de 13 años

«Él me dice que soy la reina de la casa; pero el que manda es él. Empezando por el dinero. Me da vergüenza confesar que no tengo firma en el banco. Él se salva diciendo que siempre me da lo que pido. Y es verdad, pero yo así, no me siento el ama de mi casa. Lo que me siento es un ama de llaves, y eso que yo también trabajo. El dinero que gano lo gasto en ropa para el chico y para mí, y otra parte, la guardo. Él no se mete en eso. Y están también las salidas. Acostumbro a salir un día en semana a merendar con unas amigas. Si llega él y yo no estoy en casa, se arma una bronca tremenda. Dice que mi obligación es estar en casa cuando el marido llega. Parece mentira que sea tan antiguo, pero no le puedo llevar la contraria si quiero que haya paz. Cuando hay que ir al colegio para hablar con algún profesor del niño, siempre tengo que ser yo. Él aprovecha para decir que eso es una muestra de que, en nuestra casa, las responsabilidades están repartidas. Pero él no va porque eso de hablar con los profesores no le gusta. Yo creo que piensa que se van a dar cuenta de que él tiene pocos estudios. Y cuando algún domingo vamos a ver a mi madre, acaba diciendo que siempre me salgo con la mía.»

«Aunque quieran ayudar, nunca han aprendido»
Texto G – *Students' Book page 28*

Copymaster 15

Fernando: Bueno, en España, pues la verdad, hay que reconocer que el hombre colabora bastante poco ...

Maribel: ... o nada ... o nada.

Fernando: ... en el hogar. No es mi caso, no es mi caso que yo procuro (1) <u>ayudar lo más que puedo</u> pero realmente es ... lo general es que pues en casa siempre (2) <u>las faenas de la casa</u> es de la mujer – siempre que la mujer no trabaja fuera del hogar. Pero claro en los casos en que (3) <u>la mujer trabaja fuera del hogar</u>, pues es normal también entre la gente más joven que el marido ayude. Pero yo recuerdo por ejemplo mis padres o mis suegros o la gente de pueblo en que la mujer no trabaja, que el hombre (4) <u>no quita ni un plato</u> y no sabe ni freír un huevo. Pero eso se considera normal ... la gente más joven pues (5) <u>suele colaborar un poco</u> ... bueno yo realmente en mi caso he de reconocer que pues Maribel realiza el 80% y yo el 20 ... bueno ella dice que 90% pero yo opino que el 80!

Maribel: Sí, es que el problema es que aunque quieran ayudar, nunca han aprendido: sus madres (6) <u>los educaron</u> para que no hicieran nada en absoluto en la casa y lo que es más grave es que se enorgullecen de ello. La mayor parte de casos de hombres, pues a partir de 35 años hacia arriba (7) <u>no saben hacer absolutamente nada</u> y les cuesta mucho intentarlo. Solamente conozco como tres o cuatro hombres de esa edad que colaboran en las tareas del hogar, y hay cosas que jamás harían como por ejemplo (8) <u>planchar o tender la ropa</u> o incluso cocinar platos que sean un poco complejos, ¿no?, y realmente la mujer es la que lleva toda la carga del hogar, aunque trabaje. Y en las zonas rurales (9) <u>es incluso peor</u> porque no hacen un trabajo remunerado, pero ayudan al hombre en el campo, por ejemplo, que es pesadísimo, y encima en casa hacen absolutamente todo mientras el hombre (10) <u>se va al bar a jugar al dominó</u> o a las cartas, y a tomar una copa: eso en todas las zonas rurales de España; no creo que haya cambiado ¿eh? hoy en día.

Tres españoles hablan del carácter de su familia
Texto J – *Students' Book page 29*

Copymaster 16

Dolores: Pedro, ¿cómo es el carácter de los miembros de tu familia?

Pedro: Bueno, ¿el carácter de los miembros de mi familia? <u>Empezaremos con mis padres</u>; como estábamos hablando antes, mi padre es una persona ... podría decir que es <u>un trocito de pan</u> ... aunque es una persona que se ha creado a sí mismo ... porque no fue al colegio. <u>No tuvo la oportunidad</u> como nosotros; como he dicho antes, tiene sesenta y ocho años. <u>Entonces imagínate</u> que él ha sido una <u>persona</u> que estuvo cerca de la guerra civil ... y <u>pasaron mucha hambre</u>, entonces no ... no tuvo oportunidad de ir a la escuela porque tuvo que ayudar a su padre trabajando. Pero el carácter de mi padre, <u>cuando está en casa</u>, es, aunque es fuerte – es un carácter fuerte – pero adora a su familia, es muy buena persona ... y <u>si le eres fiel</u> y no le mientes, eres su mejor amigo. Con respecto a mis hermanos, bueno, mi hermano es como te he dicho: tiene cuarenta y un años, y es una persona que también se ha creado a sí mismo porque le ha pasado lo mismo que a mi padre pero sin pasar hambre. Se marchó a Estados Unidos y pasó quince años de su vida en Estados Unidos solo, aunque estaba casado ... pero no tenía el respaldo de ningún hermano o de sus padres. Se tuvo que abrir camino a sí solo él. También es muy buena persona. ¿Qué, que ... que voy a hablar mal de mi familia? No puedo hablar mal. El carácter, el carácter ... es una persona muy simpática – más o menos es como yo, creo que soy simpático – es muy cariñoso, y es un padrazo: los tres hijos que tiene los ha estado educando muy bien. Y es una bella persona. Ester es completamente distinta. Es una persona muy seria, quizás por eso está estudiando derecho ... y está siempre metida en sus libros. No tiene novio, y su novia – o su novio – son los libros, como mi novia es el ordenador. Y tu familia ¿cómo la podrías describir?

Dolores: Bueno, pues, mi padre es casi tan bueno como el tuyo, ¿eh? De verdad, no, es muy bueno y una persona muy tranquila y muy paciente. Yo me parezco bastante a él en eso. Y que para él nosotros somos todo. Y entonces todo lo hace por nosotros. Mi hermano, pues, es bueno también, pero tiene más ... tiene más el carácter de mi madre. Entonces se enfada más y grita más y tiene más un carácter mucho más fuerte. Pero luego cuando tiene que defender la familia es el primero que va allí y hace lo que sea ... Mi hermana Helena es muy cariñosa, muy ... es la pequeña pero es la (sic) ama de casa ... es la que ... es la madre de todos y en casa se hace lo que ella quiere – vamos, no lo que ella quiere pero ella es la que, la que decide si hay que limpiar ...

Pedro: Es el director de la fiesta.

Dolores: Sí, si hay que limpiar las ventanas, si hay que cambiar los sofás o qué hay que hacer de comida; ella es la que se encarga de las labores de la casa. Yo me desentiendo un poco porque no es lo mío ... Y bueno, tenemos todos un carácter bastante parecido. Nos gusta estar de broma y esas cosas, pero luego también a la hora de la verdad somos serios ... ¿Y en tu casa, Silvia?

Silvia: Pues, en mi casa, empezando por mi padre ... mi padre tiene un carácter bastante fuerte, se enfada con facilidad, grita bastante, aunque nos quiere mucho también como vuestros padres os quieren a vosotros. Y mi madre por el contrario es una persona muy cariñosa, muy comprensible. En cuanto a nosotros, si tenemos algún problema siempre acudimos a mi madre. A mi padre no, porque se enfada si es un problema. Mis hermanos somos ... son todos muy parecidos a mí ... bastante callados cuando estamos en casa porque si hay algún problema mi padre grita ... todos son muy simpáticos y muy agradables.

Dolores: ¡Ay, qué bien!

Pedro: ¡Ay, qué bien!

Dolores: ¡Qué maravilla!

¿Cuándo piensas marcharte de casa?
Texto O – *Students' Book page 35*

Número 1 – Javier, 17 años
«Yo no siento la más mínima necesidad de marcharme de casa. ¿Adónde iba a ir? Mis padres no se meten en mi vida y me ayudan siempre que lo necesito. Mi cuarto es un santuario en el que puedo hacer y dejar de hacer lo que me apetezca. Sólo el volumen de la música ha generado algún pequeño conflicto, pero eso me podría pasar exactamente igual con algún vecino quisquilloso si viviera solo. Hasta que termine la carrera no pienso plantearme esta cuestión. La libertad bien entendida no consiste en huir, sino en dar la cara y pelear por lo que uno considera justo. Y mejor que en casa, en ningún sitio.»

Número 2 – Mercedes, 18 años
«Yo estoy en una especie de período de prueba. Mis padres se negaron en redondo a ayudarme si me iba, pero después de algunas discusiones hemos llegado a una solución que me parece muy satisfactoria: entre semana estoy con ellos, y los fines de semana me voy al apartamento que tenemos alquilado entre tres amigas. Lo mantenemos a base de trabajillos que nos van saliendo y que compaginamos con nuestros estudios. La verdad es que para mí el apartamento es como una bolsa de oxígeno, algo que me permite afrontar la semana con optimismo. Mis padres piensan que sólo lo tenemos para estar con chicos. ¡Qué poco nos conocen!»

Número 3 – José María, 16 años
«Mira. Hay que ahuecar el ala lo antes posible. En una sociedad tan competitiva como la actual es básico aprender a valerse por sí mismo y marcharse de casa es imprescindible. Si vas a lo cómodo y seguro, el día menos pensado te das cuenta de que has perdido el tren. Yo ya estoy haciendo planes para irme una temporada a casa de mis tíos, en Zaragoza. Así que mis padres se empezarán a acostumbrar a estar sin mí. Es horrible: cuando me largo un fin de semana, les falta su preocupación habitual y no saben qué hacer. La libertad de los hijos tiene un efecto en el que muchos no caen: que los padres no saben qué hacer con la suya.»

Ventanas sobre la llegada
Texto S – *Students' Book page 38*

El hijo de Pilar y Daniel Bamberg fue bautizado en la Costa Negra,
y en el bautismo le enseñaron lo sagrado:
Recibió una caracola «para que aprendas a amar el agua»;
Abrieron la jaula de un pájaro preso «para que aprendas a amar el aire»;
Le dieron una flor de malvón «para que aprendas a amar la tierra»;
Y también le dieron una botellita cerrada:
«No la abras nunca ... nunca, para que aprendas a amar el misterio" ...»

The Student cassette transcripts for this unit appear on Copymasters 17, 19, 20 and 22.

UNIDAD 3 — De viaje

Overview

Component page reference	Title of item	Description	Teacher's Resource Book – additional information
Introductory sequence			
SB p.39	De viaje	Speaking activity stimulated by collage of images related to unit theme and intro. para.	Further notes on exploitation, TRB p.24
TRB p.102, CM24	Unidad 3: vocabulario	Key vocab. for unit on CM	
SB p.39	Para empezar:	preparatory speaking/writing activities	
Primera parte: viajando en coche			
SB p.40	Texto A El código de la circulación	Reading-item matching written to graphic codes	Sol.#1, TRB p.24; #3 CM25, TRB p.103; Sol.#3, TRB p.24
SB p.40	Textos B y C Publicidad	Listening and reading items preceded by vocab. prep. followed up by a variety of open-ended and creative spoken and written tasks	Class cass. transcript, TRB p.25
SB p.43	Grammar Imperatives	Study and practice of the gramm. point	Práctica #3, CM26, TRB p.104; Sols. Práctica #1, #3 TRB p.24
Segunda parte: Los accidentes – causas y consecuencias			
SB p.44	Texto D Los jóvenes conductores – un grupo de riesgo muy importante	Self-study listening item consolidated by comp. Q.	Stud. cass. transcript, CM27, TRB p.105
SB p.44	Texto E Estela Barquero: una de las «estrellas» del «Reality Show»	Listening-based activity sequence preceded by introduction and vocab. prep., consolidated by translation task and followed up by Qs inviting open-ended written and spoken response	Class cass. transcript, TRB p.25
SB p.45	Texto F Tráfico	Reading item consolidated by summarising task, followed up by open-ended Qs on style analysis, written/spoken response	
SB p.45	Texto G Discusión sobre la campaña del «Reality Show»	Listening item consolidated by written/spoken summarising task followed up by Q inviting open-ended spoken response. Further listening-based item available for self-study,- a song followed up by Qs inviting written response	Class cass. transcript, TRB p.25; Stud. cass. transcript, CM28, TRB p.105
SB p.46 and p.233	4 Coche, opta por el transporte público & Lunes, maldito lunes	Optional extra reading items, inviting open-ended spoken response	
Tercera parte: viajando en tren			
SB p.46	Texto H El tren por descontado	Reading-based activity sequence preceded by vocab. prep. and followed up by translation ex.s and role-play situations.	
SB p.49	Texto I Condúzcase con prudencia	Reading item, consolidated by matching written to graphic/written codes, followed up by study of gramm. point (imperatives)	Sol.#2, TRB p.25
CM29a, 29b, 29c and 29d, TRB p.106–109	Preparatory notes on Spanish-English translation techniques		
SB p.50	Texto J Carta al director	Reading-based activity sequence preceded by vocab. prep. and followed up by Qs inviting open-ended (spoken)/written response	
Cuarta parte: El AVE – una nueva forma de viajar			
SB p.51	Texto K Esto es AVE	Listening-based activity sequence preceded by intro. para. and vocab. prep., followed up by written summarising tasks	Class cass. transcript, TRB p.26
SB p.52	Texto L El futuro de la RENFE	Reading-based activity sequence preceded by further explanatory para. and vocab. study, consolidated by comp. and translation tasks	#4, #5, CM30, TRB p.110; Sols.#4, #5, TRB p.26
SB p.54	Grammar Revision of the future and conditional tenses	Study, discovery and practice of the gramm. points	Sol. Discovery TRB p.26
SB p.55 and p.234	5 Plan de la Comisión para unir todos los países de la CE con trenes de alta velocidad en el año 2010	Optional extra reading item preceded by further explan. para., followed by summarising task	
SB p.55	Traducción	Prose translation exercise	
SB p.56	Redacciones	Essay titles	

Component page reference	Title of item	Description	Teacher's Resource Book – additional information
CM 31, TRB p.111	Introduction to the Subjunctive (2)	Preparatory notes on CM	
SB p.56	Desarrollando el tema	Qs designed to stimulate further research by the student into the unit topic	
SB p.56	Para terminar: AVE – la música	Music followed by Qs inviting open-ended spoken/written response	Stud. cass. (no transcript)

Further Notes

De viaje – image collage
Students' Book page 39

As mentioned in Unidades 1 and 2, the various visuals that make up the collage on page 39 can be exploited by the teacher in class. Once again, the main aim in these early stages is to get all of the students talking as much as possible, and offering any answers that are acceptable whatever the "truth" may be. In terms therefore of the pictures and photographs making up the collage for Unidad 3, students could be asked to offer any information at all about:

(a) the photographs of train ticket and car
e.g. ¿Éste es un coche caro o barato?
¿Cuál es la profesión del hombre que lo conduce?
¿Adónde va el tren?
¿A qué hora sale/llega?
¿Qué tipo de viajeros lo cogen normalmente?

or

(b) the realia shown

e.g. ¿Qué tipo de club es éste?
¿Qué servicios esperan los socios del club?

Solutions

Solutions are only given to questions or parts of questions where there is no scope for interpretation and/or discussion.

El código de la circulación
Texto A – *Students' Book page 40*

question 1
1h 2g 3f 4k 5b 6a 7j 8i 9d 10c 11e 12r 13q 14o 15m 16n 17t 18l 19u 20p 21s 22v

question 3
Copymaster 25
1c 2a 3a 4b 5c 6b 7a 8a 9c 10b

Grammar Imperatives
Students' Book page 43, Práctica

question 1

usted (no)	ustedes (no)	tú/tú (no)	vosotros/vosotros (no)
(no) conduzca	(no) conduzcan	conduce/no conduzcas	conducid/no conduzcáis
(no) recuerde	(no) recuerden	recuerda/no recuerdes	recordad/no recordéis
(no) verifique	(no) verifiquen	verifica/no verifiques	verificad/no verifiquéis
abróchese/no se abroche	abróchense/no se abrochen	abróchate/no te abroches	abrochaos/no os abrochéis
(no) use	(no) usen	usa/no uses	usad/no uséis
(no) circule	(no) circulen	circula/no circules	circulad/no circuléis
(no) señale	(no) señalen	señala/no señales	señalad/no señaléis
(no) retire	(no) retiren	retira/no retires	retirad/no retiréis
(no) mantenga	(no) mantengan	manten/no mantengas	mantened/no mantengáis
auméntela/no la aumente	auméntenla/no la aumenten	auméntala/no la aumentes	aumentadla/no la aumentéis
infórmese/no se informe	infórmense/no se informen	infórmate/no te informes	informaos/no os informéis
(no) utilice	(no) utilicen	utiliza/no utilices	utilizad/no utilicéis

question 3a and 3b

Copymaster 26

a

usted	tú
no tenga	no tengas
recuerde	recuerda
revise	revisa
abróchese	abróchate
respete	respeta
mantenga	mantén
no adelante	no adelantes
no conduzca	no conduzcas
póngase	ponte
siga	sigue

b

tú	usted
nunca bajes	nunca baje
Hazte	Hágase
abróchate	abróchese

Condúzcase con prudencia
Texto I – *Students' Book page 49*

question 2

juega; disfruta; No se pierda; no pare

El futuro de la RENFE
Texto L – *Students' Book page 52, question 4*

Copymaster 30

a ... proverbiales retrasos ... abultadas pérdidas.
b ... grandes proyectos urbanísticos.
c ... Chamartín.
d ... centros comerciales (y) zonas verdes.
e ... Madrid y Sevilla.
f ... el ancho de vía español.
g ... 220 kilómetros por hora.
h ... reducir costes (e) incrementar ingresos.

question 5

Copymaster 30

La <u>nueva</u> red ... <u>revolución</u> en el ... el <u>modelo</u> radial ... un <u>enorme</u> eje, ... en la <u>línea</u> Madrid-Sevilla, ... frontera <u>francesa</u> en ... esté <u>totalmente</u> terminada ... los <u>trenes</u> tendrán ... Los <u>tiempos</u> de viaje ... <u>se hará</u> en menos de seis, ... <u>pasará</u> de nueve ...

Words not used: aislamiento; ancho; francés; rápidamente; red; viajan; vieja; viene

Grammar future and conditional tenses
Students' Book page 54, Discovery

El futuro de la RENFE

afectará; se construirán; incluirá; circularán; se configurará; ligará; saldrán; conectarán; tendrán; se verán; se hará; pasará; supondrán; tendrá; buscará; venderá;

El estado de los proyectos

tendrá; será; reducirán; será; se completará; alcanzarían; serán; se hará; se iniciará; tendrá; será; exigirá

Class cassette transcripts

Publicidad
Texto B – *Students' Book page 40*

Descubre el Seat Ibiza Friend, y llévate todo de serie: nuevo motor inyección 1.2, 70 caballos, elevalunas eléctricos, en versiones 3 o 5 puertas, cuentarrevoluciones, cierre centralizado ... Seat Ibiza Friend inyección: con todo por sólo 1.068.000 pesetas.

Sólo tú eres mi coche: sensual; decidido; con 5 puertas y 5 grandes plazas; contigo nos movemos de forma segura; tienes ABS, cinturones con pretensor, airbag; eres diferente por dentro y por fuera; es un placer conducirte ... Desde 1.063.000 pesetas – Opel Corsa – mi coche.

Estela Barquero: una de las «estrellas» del «Reality Show»
Texto E – *Students' Book page 44*

Conducir demasiado rápido puede costar caro ... o carísimo.

Al ser de noche no lo pudimos ver; cuando lo quisimos ver, estábamos encima de él, y al intentar esquivarlo, dimos vueltas de campana ...

Ha sido una lesión en las cervicales – dañada la C4 y la C5 – y eso quiere decir que prácticamente no te puedes mover ...

Yo creo que había que tener muchísimo más cuidado en la carretera, porque muchos de los accidentes se pueden evitar ...

Pero vamos – supongo que ... un poco rápidos sí que íbamos ...

Estela Barquero sufrió un accidente por exceso de velocidad. Las imprudencias se pagan ... carísimas.

Discusión sobre la campaña del «Reality Show»
Texto G – *Students' Book page 45*

– Hay dos aspectos en esta campaña: uno: ¿hasta qué punto es lícito que personas que están sufriendo las consecuencias orgánicas de un accidente sean utilizadas ... ellos dan el consentimiento ... ¿hasta qué punto son libres en el consentimiento?

– Bueno sobre ese aspecto del consentimiento, yo creo que todos los que han tenido – o hemos tenido – un accidente de circulación, queremos contárselo a todo el mundo. Por eso no ha tenido Tráfico ninguna dificultad en encontrar testigos y víctimas con ganas de ... porque todos los que han tenido un accidente tienen ganas de contarlo para tratar de que se sepa el error que se ha cometido, ¿eh?

– Exactamente ...

– Yo creo que efectivamente tiene que haber una educación vial preventiva creciente etcétera, etcétera ... pero también creo que es bueno que además se recuerde la realidad; es que la información del tráfico que no incluya el desastre que se produce, yo creo que es una información incompleta. Cuando nosotros decimos aquí «el 3,8% de los accidentes» – decimos coeficientes, pero cuando contamos "se llama Jesús, tiene 25 años y esta mañana ha quedado herido para siempre y todo su entorno familiar, sus amigos, compañeros de trabajo, vecinos están absolutamente conmocionados por esa historia, no estamos sino contando un hecho informativamente indiscutible, un hecho cierto.

– Además de ser dolor, Iñaki, hay una cosa que por supuesto es cierta y es que eso cuesta al estado todos los años 1,2 billones de pesetas – que es otro aspecto que yo creo hay que tener en cuenta – y de todas formas en este asunto yo creo que hay una cosa muy clara: yo estoy absolutamente en contra de las locuras de la carretera y de muchas cosas que se hacen – que hacen muchos conductores, pero yo lo toleraría hasta cierto punto si no salpicara a los demás; y yo conozco muchísimos casos de gente de ésta, bebida, que ha conducido alocadamente, que se ha llevado familias enteras por delante.

– Sí, porque otro asunto es no solamente el de la víctima de su propia imprudencia, sino el que podría decir «yo iba como un caballero cristiano por mi derecha hecho un príncipe y de repente vino un señor enfrente y me dejó sin hijos, sin mujer, sin etcétera»

– De todas maneras yo insisto en esto, ¿eh?: toda la gente probemos en una tertulia después de cenar con amigos o lo que sea, a sacar el tema de conversación, y como haya alguien dentro de esa reunión que haya vivido un accidente de tráfico, ya verás qué interés tiene en contarlo – si ha cometido un error – qué interés tiene en contarlo, ¿eh? Porque tiene ganas de advertir sobre su propia imprudencia ...

Esto es AVE

Texto K – *Students' Book page 51*

La Alta Velocidad Española (AVE), la más gigantesca obra tecnológica del siglo XX en España, creará a partir de ahora una nueva cultura, revolucionaria y futurista, en el mundo del transporte. El proyecto del tren español de Alta Velocidad es, junto al Eurotunel bajo el Canal de la Mancha, el más avanzado del mundo.

Especial atención se ha conferido a la protección del medio ambiente. La nueva línea Madrid-Sevilla es la primera obra pública de gran magnitud que incorpora sistemáticamente medidas preventivas y correctoras de su impacto ambiental mediante la aplicación de plantaciones a lo largo de la traza, pantallas arbóreas, restitución de riberas fluviales, plantaciones en vertederos y pasos de fauna; se han previsto una serie de medidas correctoras del impacto urbano como son, entre otras, la instalación de pantallas antirruido, y la construcción de variantes para evitar zonas urbanas.

El sistema de Alta Velocidad contempla un nuevo concepto de servicio al cliente, no solamente durante el viaje, sino en los puntos de origen y llegada de los trenes. Es importante señalar que todo un proyecto de diseño se ha aplicado a las nuevas estaciones: el resultado es que las estaciones de la primera línea AVE ofrecerán un nivel de comodidad, confort y servicios como hasta ahora no se conocía en España.

Cada tren dispone de ocho coches: el cuarto de ellos está dedicado a cafetería, situándose a un lado de ésta, tres coches, uno denominado «Club» y dos «Preferente», con 116 viajeros, y al otro lado, los cuatro restantes de categoría «Turista», con capacidad para 213 viajeros.

En su disposición interior se han creado espacios «personalizados»: la categoría «Club» está configurada por pequeños departamentos semiabiertos que crean ambientes recogidos e individualizados; la «Preferente» al igual que la clase «Turista» son de tipo salón en coches abiertos. El confort del viajero se ha cuidado de forma especial: asientos cómodos y abatibles, vídeo, presurización, aire acondicionado, suspensión neumática, insonorización e iluminación. El enmoquetado y el colorido de los asientos están pensados para adaptarse a los gustos y características del viajero más exigente.

Existe, además de la cafetería, una zona de restauración automática situada al final de uno de los coches, con una máquina expendedora de bebidas frías, suministro de vasos y servilletas y papelera incorporada. El tren, que está dotado de varias cabinas telefónicas, dispone de una zona pensada especialmente para el viaje en familia en la que tendrán acomodo los viajeros que lo deseen. Esta zona está dotada de juegos de mesa, con tablero de dados electrónicos. Atenciones especiales hacia nuestros futuros clientes serán: información constante sobre el viaje, periódicos y revistas, varios canales de música, programas cinematográficos e informativos, servicio de azafatas y restauración a bordo.

Las ventajas de AVE sobre otros medios de transportes son muchas: una mejor ocupación de espacio puesto que el ancho del trazado es casi tres veces menor que el de las autopistas; el consumo de energía no contaminante; niveles acústicos inferiores al transporte por carretera; nula agresión al entorno por parte de los viajeros; un bajo consumo energético – tres veces inferior al transporte por carretera y seis veces inferior al transporte aéreo; y una similar duración de viaje, domicilio a domicilio, con respecto al transporte aéreo.

The Student cassette transcripts for this unit appear on Copymasters 27 and 28.

UNIDAD 4 — *Unas páginas deportivas*

Overview

Component page reference	Title of item	Description	Teacher's Resource Book – additional information
Introductory sequence			
SB p.57	Unas páginas deportivas	Speaking activity stimulated by collage of images related to unit theme and intro. para.	Further notes on exploitation, TRB p.29
TRB p.112, CM32	Unidad 4: vocabulario	Key vocab. for unit on CM	
SB p.58	Para empezar:	Various preparatory speaking/writing activities	
Primera parte: Haciendo ejercicio			
SB p.59	Texto A El Club de Campo	Reading-based activity sequence preceded by vocab. prep. followed by comp. tasks and supported letter writing	#4 CM33, TRB pp.113-114; Sol.#4c, TRB p.29
SB p.61	Texto B Los deportes - sus pros y sus contras	Reading-based activity sequence from comp. ex. to written consolidation and extension	#2 CM34, TRB p.115
SB p.61	Texto C Tres españoles hablan de los deportes que practican	Listening item for self-study supported by comp. ex.	Stud. cass. transcript, CM35, TRB p.116
SB p.61	Texto D Titulares deportivos	Listening item followed by comp. ex.	Class cass. transcript TRB p.30; Sol.#1, TRB p.29
SB p.62 and 235	6 Clips fitness	Optional extra reading item, followed up by physical comp. ex. and written consolidation and extension	
Segunda parte: El «doping»			
SB p.62	Texto E Secuelas del culpable	Reading-based activity sequence preceded by intro. para. and vocab. prep., and followed up by summarising task and open-ended Q inviting written response	
SB p.64	Grammar Compound tenses	Study, discovery and practice of the gramm. points	Sol. Discovery, TRB p.29
Tercera parte: Dos estrellas españolas			
SB p.65	Texto F Miguel Induráin – el cuento de la rana	Reading-based activity sequence preceded by intro. para. and vocab. prep. followed by comp./ analysis exs., gramm. ex. and Q inviting open-ended oral/written response	
SB p.68	Gramm. Negatives	Study, discovery and practice of the gramm. point	Sol. Discovery, TRB p.29
SB p.69	Texto G Los Lagos de Enol (Covadonga)	Listening item preceded by intro. para. and vocab. study and consolidated by translation task	Class cass. transcript, TRB p.31; Sol.#2, TRB p.30
SB p.70	Texto H «¿Acaso no ve mis pendientes?» Texto I La mujer feliz	Reading-based activity sequence preceded by intro. para. and vocab. prep. followed by various comp. tasks, gramm. task and Q inviting open-ended oral/written response	#4 CM36, TRB p.115; Sol.#1, #4, TRB p.30
SB p.72	Texto J Entrevista con Emilio Sánchez Vicario	Listening-based activity sequence followed by comp. Qs, gramm. analysis ex.	Class cass. transcript, TRB p.31
SB p.73	Texto K Una subasta deportiva	Self-study listening item followed by comp. ex. and open-ended written task	Stud. cass. transcript, CM37, TRB p.117; #a CM38, TRB p.117; Sol.#a TRB p.30
SB p.73	Traducción	Translation from English	
SB p.73	Redacciones	Essay titles (choice)	
SB p.73	Desarrollando el tema	Qs designed to stimulate further research by the student into the unit topic	

Further Notes

Unas páginas deportivas – image collage
Students' Book page 57

As mentioned previously, the various visuals that make up the collage on page 57 can be exploited by the teacher in class. Once again, the main aim is to get all of the students talking as much as possible, and offering any answers that are acceptable whatever the "truth" may be. In terms therefore of the pictures and photographs making up the collage for Unidad 4, students could be asked to offer any information at all about the photographs or realia: e.g.

Imagina quién va a poner estos zapatos deportivos.

Describe los detalles más importantes de la vida de estas tres personas: ¿dónde viven? ¿en qué trabajan? ¿qué hacen en cuanto a los deportes y/o el ejercicio? ¿cuándo hacen deportes?

Solutions

Solutions are only given to questions or parts of questions where there is no scope for interpretation and discussion.

El Club de Campo
Texto A – *Students' Book page 59*

question 4c

7th flat/door of number 8, Calle Molinos

House/flat 19 of building number 3, Calle Las Eras

Second floor flat (on the left) of number 140 Avenida Blasco Ibáñez

Flat number 16 (on the right) of number 46, Calle Guillem de Castro. 46(000) is the Valencia district code, 001 the subdistrict

Titulares deportivos
Texto D – *Students' Book page 61*

question 1

1 c – ix; 2 a/f/k – iii; 3 h – xi; 4 a/f/k – viii; 5 j – v; 6 e – i; 7 a/f/k – iv; 8 b – vi; 9 i – ii; 10 d – vii; 11 g – x

Grammar Compound tenses
Students' Book page 64, Discovery

Perfect	Pluperfect	Future Perfect	Conditional Perfect	Past Anterior
han pagado	habían pagado	habrán pagado	habrían pagado	hubieron pagado
ha muerto	había muerto	habrá muerto	habría muerto	hubo muerto
ha utilizado	había utilizado	habrá utilizado	habría utilizado	hubo utilizado
ha sido	había sido	habrá sido	habría sido	hubo sido
han sido	habían sido	habrán sido	habrían sido	hubieron sido
se ha intensificado	se había intensificado	se habrá intensificado	se habría intensificado	se hubo intensificado
se ha colaborado	se había colaborado	se habrá colaborado	se habría colaborado	se hubo colaborado
ha formado	había formado	habrá formado	habría formado	hubo formado
ha llevado	había llevado	habrá llevado	habría llevado	hubo llevado
han aparecido	habían aparecido	habrán aparecido	habrían aparecido	hubieron aparecido
se ha ido	se había ido	se habrá ido	se habría ido	se hubo ido
se han endurecido	se habían endurecido	se habrán endurecido	se habrían endurecido	se hubieron endurecido

Grammar Negatives
Students' Book page 68, Discovery

... no me canso de correr ... No hacemos otra vida ... no es verdad, no vemos nada, ... y ni sabes ... si no te gustara ... ¿Que no ves ... no verías ... Eso no le echo ... No es como un trabajo ... no se puede incluir ... No soy un hombre muy de ilusiones ... y yo no me los creo mucho ... no me los creo ... no pensaba dedicarme ... ninguno me iba bien ... aunque tampoco es que ... yo no viví eso, no fui nunca forofo, no tuve ídolos ... no sé ... no hacen ciclismo ... tú a ellos no les conoces ...Tampoco es que me lo tome ... ni con mucha pasión ... no parece disfrutar ... no me gusta todo ese jaleo ... si no fuera por eso ... usted no dice nada ... No soy una persona ... no hablo mucho, no me comunico mucho ... No sé ... Y tampoco discuto con la gente ... No me meto en follones ... no la tiene ... no lo exteriorizo ... no querían ... los estudios nunca han sido ... ¿no temió nunca ... no ser capaz? ... ¿Nunca tuvo ... ni siquiera ... no fue ...? ...no tuve ... tampoco fue ... no mantuve ... no me desesperaba ... no sé ... No tienes más que ... si no había ganado ... no ha cambiado ni mi forma ... ni nada ... no me ha tocado ...no puedes hacer nada ... si no hubiera una presión ... no dejarte influir ... no me da miedo ... no vivo dentro de ella

Los Lagos de Enol (Covadonga)
Texto G – *Students' Book page 69*

question 2

a ... si se cumplen una serie de condiciones.

b Esta mañana se ha reunido el patronato.

c ... en cuanto al número de vehículos.

d Lo doy por descontado.

e ... que igual que hemos luchado conjuntamente para conseguir la Vuelta ...

f ... quede el Parque como lo hemos recibido.

g Habrá pues final de etapa en los lagos de Covadonga.

h ... en recuerdo del alcalde fallecido recientemente.

«¿Acaso ne ve mis pendientes?»
Texto H – *Students' Book page 70*

question 1

un sorteo – a draw; un alevín – a novice; rabioso – furious; un encargado – person in charge; volcado – dedicated; decantarse – to show a preference; un palmo – a few inches, span; un bote – a bounce; apuntar – to register; una casta – a breed; punto y aparte – new paragraph; darse por vencido – to give in; coger un cabreo – to get angry; aplastar – to crush

La mujer feliz
Texto I – *Students' Book page 70*

question 1

la templanza – restraint; anímico – mental; el saque – service; tenaz – tenacious; mimado – pampered; a destiempo – ill-timed; dilapidado – squandered; el tesón – persistence; un sinfín – a huge amount

La mujer feliz
Texto I – *Students' Book page 70*

question 4 – Copymaster 36

Arancha es una chica serena comparada con otras que son mucho más <u>crispadas</u>. Parece una hija a quien se le ha mimado más que (se le ha) <u>maltratado</u>. Es una chica <u>sosegada</u> y no <u>madura</u> a destiempo. Parece una jugadora que ha <u>triunfado</u> en una manera bien administrada mientras que otras de su edad son <u>voraces</u> de la fama. Es como una joven que tiene dinero en el bolsillo en contraste con las que buscan una fortuna dilapidada. Ella es <u>discreta</u> cuando otras se ponen <u>escandalosas</u>; demuestra un carácter <u>tenaz</u> y <u>enérgico</u> sin ser <u>indisciplinada</u> ni viciosa como las demás. Por fin, tiene una actitud <u>devota</u> más que una que está basada en el deber.

Una subasta deportiva
Texto K – *Students' Book page 73*

Copymaster 38 – question a

Deportista/ Organización	*Deporte*	*Artículo subastado*	*Dinero pagado*
Pedro Delgado	ciclismo	bicicleta	130.000
Los hermanos Sánchez Vicario	tenis	prendas	
Herminio Menéndez	piragüismo	pala	
Blanca Fernández Ochoa	esquí	esquíes	
Equipos madrileños	fútbol	camisetas, balones, banderines	
Fernando Ramai	baloncesto	zapatillas	16.000
Manuel Pereira	esgrima	espada	26.000

Class cassette transcripts

Titulares deportivos
Texto D – *Students' Book page 61*

1 Severiano Ballesteros comparte el liderato del abierto de Canarias al término de la primera jornada: con 68 golpes, cuatro bajo par y encabeza un cuarteto de jugadores que dominan la prueba tras una jornada más complicada de lo esperado en principio.

2 Les vamos a contar muchas cosas y les recordamos que hoy a partir de las 9.30 se juega el Real Madrid-Valencia.

3 Y únicamente hay que comentar que en tenis Javier Sánchez Vicario está teniendo un final de temporada fenomenal y ayer en el torneo brasileño de Itaparica conseguía vencer a un gran jugador estadounidense Aaron Krickstein en dos sets.

4 También hay que hablar de fútbol, hay que hablar de la selección española que esta tarde a partir de las cuatro sale con rumbo a Dublín, en vuelo chárter.

5   Onda Madrid en la Vuelta Ciclista a España. Onda Vuelta en Onda Madrid. La información puntual de la competición ciclista más importante del país.

6   Otro deporte en el que los españoles han destacado de forma notable en los últimos meses ha sido el motociclismo. El valenciano Jorge Martínez «Aspar» ha conseguido los campeonatos del mundo en 80 y 125 centímetros cúbicos, con los que suma ya cuatro títulos mundiales.

7   Detenidos 19 seguidores en Londres tras un partido de fútbol: como consecuencia de los enfrentamientos producidos al término del partido de Copa que enfrentó ayer al Chelsea y al Millwall, dos equipos londinenses. Once policías resultaron heridos por los disturbios que tuvieron lugar en el estadio de Stamford Bridge del Chelsea, donde se disputó ese partido que terminó con la victoria del Millwall en los lanzamientos desde el punto de penalty.

8   También participaron en torneos europeos varios equipos españoles de baloncesto, entre los que destacó el Real Madrid que obtuvo la Copa Korac al vencer a la Cibona de Zagreb.

9   «Niño de la Capea»: desdeñando contratos millonarios y entre gritos de «no te vayas, no te vayas», este torero ha sabido tomar la difícil decisión de retirarse en el momento de mayor éxito.

10 Y en atletismo en los Campeonatos de Europa de pista cubierta, los españoles obtuvieron dos medallas de oro y dos de bronce. La joven Reyes Sobrino ganó en tres mil metros marcha y el toledano José Luis González en los tres mil metros lisos.

11 El campeonato del mundo de Ralley se reanuda mañana en Suecia: Carlos Sainz, actual líder de la competición, tomará la salida en segunda posición por detrás del actual campeón del mundo. La prueba concluirá el próximo día 12.

Los lagos de Enol (Covadonga)
Texto G – Students' Book page 69

El patronato del Parque Nacional de Covadonga ha autorizado hoy la etapa de la Vuelta Ciclista a España de la subida de los lagos, si se cumplen una serie de condiciones. Los organizadores deberán garantizar la conservación de un paisaje protegido en Asturias.

– Esta mañana se ha reunido el patronato del Parque Nacional de Covadonga para entre otros asuntos estudiar el escrito remitido por el Director General de Licona, Santiago Marraco, y en el que se exigen una serie de condiciones para autorizar el final de etapa de la Vuelta Ciclista a España en los lagos de la montaña asturiana. Estas condiciones, puramente restrictivas en cuanto al número de vehículos que pueden acceder a la ruta y a la limpieza y cuidado del medio ambiente, han sido aceptadas por el patronato.

– Regular el tráfico cerrándolo 24 horas antes, la publicidad estática, la prohibición de sobrevolar el Parque con helicópteros o aviones a una cierta altura, y desde luego la limpieza. Yo comprendo que los puntos dos y cinco corresponden principalmente al ayuntamiento de Cangas de Onís en colaboración con tráfico de la delegación de Gobierno y desde luego lo de la limpieza lo doy por descontado porque estoy convencido de que igual que hemos luchado conjuntamente para conseguir la Vuelta, pongamos el acento en que quede el Parque como lo hemos recibido ... que es un compromiso de todos los asturianos.

– Habrá pues final de etapa en los lagos de Covadonga, dado que la organización de la Vuelta tan sólo esperaba esta autorización para decidir sobre una de las etapas más clásicas y bellas de la ronda española. La cumbre de los lagos, considerada de categoría especial, se denominará en adelante Memorial Juan Antonio Begadíaz, en recuerdo del alcalde de Cangas de Onís fallecido recientemente, y que luchó denodadamente por conseguir que los lagos volviesen a ser incluidos en la Vuelta Ciclista a España.

Entrevista con Emilio Sánchez Vicario
Texto J – Students' Book page 72

– El año pasado usted estaba lesionado. Únicamente viajó a París para estar presente en la final femenina de Roland Garros. ¿Cómo decidió ese viaje?

– Cuando Arantxa ganó la semifinal, mi primer impulso fue decirme a mí mismo: «Tengo que ir a París.» Luego me frené, porque yo no me podía plantar allí de repente, sin avisar. Entonces una emisora de radio nos puso en contacto y mi hermano me dijo: «Emilio, quiero que vengas.» Y yo, claro, pues cogí un avión. Para ella era superimportante. Yo tenía ganas de ir para ayudarle, hice mi cometido y desaparecí. No fui a la fiesta ni a nada. Ella confía mucho en mí.

– Cogió un avión el sábado por la mañana, vio la final y por la tarde regresaba a Barcelona. ¿Por qué un viaje tan corto?

– Yo era muy feliz en ese momento, y desaparecí para dejarla disfrutar de su éxito. Yo no pintaba nada allí. Incluso me resistí a aparecer junto a ella en una entrevista para la televisión. Al final me convencieron, pero fue lo único que hice. También soy jugador, y no digo que no me gustase que mis hermanos estuviesen conmigo, pero ella fue la que se mató durante tres horas en pista, y yo, repito, no pintaba nada. En circunstancias normales habría sido perfecto que yo estuviese junto a ella. Pero ése no era el caso.

– ¿Por qué?

– Porque no quería que nadie interpretase que yo quería asumir un protagonismo en la victoria que no me correspondía. Eso sí, me emocioné como muy pocas veces me he emocionado con un partido de tenis. Yo creo que aquella tarde todo el mundo se emocionó.

– ¿La ayudó en algo?

– Esa es una pregunta que debería hacérsela a ella. Pero yo no necesito que ella lo diga en ningún sitio. Con lo que ella me dijo a mí ya tengo suficiente. Creo que todo el mérito es de ella y de nadie más. Durante el invierno me asusté de lo que llegó a entrenarse, seis o siete horas diarias durante tres meses. Llegó a París en un estado de forma increíble.

– ¿Cómo es Arantxa?

– Arantxa es una chica que tiene una capacidad de recepción sensacional. Le dices cualquier cosa y aprende inmediatamente. Lo mismo le pasa con toda la gente. Por eso cae tan bien, porque recibe mucho. Por eso es más popular. Es muy estable, y al ser el nivel del tenis femenino inferior al masculino, podrá estar entre las mejores durante mucho tiempo. Y cuando esté muy bien preparada volverá a ganar a algún *grande*, seguro.

– Este año parece más ambicioso en sus objetivos. ¿Puede haber influido Arantxa en ello?

– No creo que yo me haya motivado más por ella. Considero que he evolucionado como tenista y como persona, y fruto de esa evolución he llegado más arriba. En el tenis hay muchas circunstancias que te obligan a superarte a ti mismo constantemente. Claro que la victoria de mi hermana me ha hecho superarme. Me encantaría ganar este torneo. Y que ella lo haya hecho me motiva. Y si yo lo consigo, sería lo máximo para mí. Pero las cosas nunca llegan solas.

– ¿Alguna vez ha reflexionado sobre lo raro que es encontrar a tres estrellas del tenis en una sola familia? ¿Qué explicación le da a este fenómeno extraño?

– He intentado buscar respuestas, y la única que le encuentro es que todos tenemos unas enormes ansias de hacer muy bien nuestro trabajo. Cuando éramos pequeños, nuestros padres nos permitieron jugar a tenis, lo que mucha gente no ha podido hacer. Luego nos han ayudado en el club, en la federación. Quizá hemos tenido el orden en la vida que le ha faltado a otra gente.

– Pero Arantxa no iba en su grupo. Su camino ha sido diferente.

– Yo siempre he dicho que mi hermana es diferente. Una niña que gana el campeonato de España a los doce años es una cosa muy rara. No le tienes que enseñar nada, sólo llevarla por el camino recto. Siempre he dicho que yo soy un trabajador, y que el talento lo tiene ella.

– ¿Han influido sus padres? ¿Vivían un ambiente muy competitivo en su familia?

– No. Hay que tener en cuenta que todo pasa muy de prisa. Cuando éramos unos críos no destacábamos precisamente por ser unas estrellas del tenis, ni Javier, ni yo. Los rivales de mi edad me sacaban 30 centímetros y yo no tenía ninguna pinta de tenista. Mi familia no era muy fuerte económicamente, aunque no nos ha faltado nada en la vida. Quizá las ansias de destacar han venido por esta vía. Siempre hemos vivido en un ambiente mucho más alto que el nuestro. Mis padres hacían sacrificios para llevarnos a un buen colegio o a un buen club de tenis. Y nosotros veíamos que la gente que nos rodeaba tenía lo mismo pero sin necesidad de sacrificarse.

– ¿Y forman ustedes un clan familiar?

– Entre los hermanos tenemos muchas complicidades, porque todos nos dedicamos a lo mismo. Con los padres no tanto, aunque las relaciones son buenas. Cuando la gente dice que somos un clan, pues será verdad. Todos nos ayudamos un poco.

– ¿Quién es el más alegre de su familia?

– Javier es el más juguetón.

– ¿Y quién es el más listo?

– Arantxa. Es muy viva.

The Student cassette transcripts for this unit appear on Copymasters 35 and 37.

UNIDAD 5 — *Enseñanza de primera y segunda clase*

Overview

Component page reference	Title of item	Description	Teacher's Resource Book – additional information
Introductory sequence SB p.74	Enseñanza de primera y segunda clase	Speaking activity stimulated by collage of images related to unit theme and intro. para.	
TRB p.118, CM39	Unidad 5: vocabulario	Key vocab. for unit on CM	
SB p.75	Para empezar:	Various preparatory speaking activities	
Primera parte: Temas generales SB p.75		Intro. para. to the Spanish education system	
SB p.75	Texto A Siete millones de alumnos vuelven a las aulas	Reading-based activity sequence preceded by intro. para., vocab. prep., followed by Qs inviting open-ended spoken/written response	Sols.#3, #4, TRB p.34
SB p.77	Texto B La influencia del clima en el rendimiento escolar	Listening-based activity sequence preceded by vocab. prep. and followed by written summarising task, comp.ex. and Q inviting open-ended spoken/written response	Class cass. transcript, TRB p.37; #3 CM40, TRB p.119; Sol.#3, TRB p.34
SB p.77, pp.238-239	7 ¡Sálvese quien pueda!	Optional extra reading item, followed up by comp. ex. and task inviting open-ended spoken response	Sol.#a, TRB p.34
SB p.78	Texto C Hacendosa, recatada y limpia	Reading-based activity sequence, preceded by vocab. prep., followed up by tasks inviting open-ended spoken response, comp. ex. and translation	#4 CM41, TRB p.119; Sols.#1, #4, TRB p.34
SB p.79, pp.236 – 237	8 ¿Separarnos? ¡Qué absurdo!	Optional extra reading item, followed up by Qs inviting open-ended spoken/written response	Sol.#a, TRB p.35
SB p.79	Texto D Un profesor herido (1)	Reading-based activity sequence, preceded by vocab. prep., followed up by tasks inviting open-ended written/spoken response	
SB p.80	Texto E Un profesor herido (2)	Listening and reading-based activity sequence, preceded by vocab. prep., followed up by comp. tasks, summarising task, and Q inviting open-ended written response	Class cassette transcript, TRB p.37; #2 CM42, TRB p.120; Sols.#2, #4, TRB p.35
SB p.81	Grammar Past participles (1)	Study, discovery and practice of the gramm. points	Práctica #1, #2 CM43, TRB p.121; Sols. Práctica #1, #2, TRB p.36
Segunda parte: Los Consejos Escolares SB p.82		Intro. para. on Consejos Escolares, followed by advertisement for school council elections	
SB p.83	Texto F Fernando Latorre: representante del profesorado en el Consejo Escolar	Listening-based activity sequence preceded by vocab. prep. and followed by comp. tasks, written summarising task and Q inviting open-ended spoken/written response	Class cass. transcript, TRB p.38; #3 CM44, TRB p.120; Sol.#3, TRB p.36
SB p.83	Texto G La campaña electoral de Vicente y Laura	Reading-based activity sequence preceded by vocab. prep., and consolidated by various comp. tasks, and followed up by tasks inviting open-ended written/spoken response	Sols.#1, #2, #3, #4, #5, TRB p.36
SB p.85	Grammar Ser and estar, Past participles (2)	Study, discovery and practice of the gramar points	Sol. Discovery TRB p.37; Sol. Práctica #1 TRB p.37
SB p.87	Texto H Cuatro alumnos consejeros	Self-study listening item preceded by vocab. prep. and followed up by Qs inviting open-ended spoken/written response	Stud. cass. transcript, CM45, TRB p.122
SB p.88	Redacciones	Essay titles (choice)	

Component page reference	Title of item	Description	Teacher's Resource Book – additional information
Tercera parte: Manifestaciones estudiantiles			
SB p.88		Intro. para. on the new subject	
SB p.88	Texto I Huelga en la mayoría de los institutos	Reading-based activity sequence preceded by vocab. prep., consolidated by translation and further vocab. study, followed by text summarising and Qs inviting open-ended response	Sol.#3, TRB p.37
SB p.90	Texto J Una manifestación estudiantil	Self-study listening item consolidated by note-taking ex.	Stud. cass. transcript, CM46, TRB p.123
SB p.90	Redacciones	Essay titles (choice)	
SB p.91	Explica ...	Spoken reporting task based on English stimulus passage	
SB p.91	Desarrollando el tema	Qs designed to stimulate further research by the student into the unit topic	

Solutions

Solutions are only given to questions or parts of questions where there is no scope for interpretation and discussion.

Siete millones de alumnos vuelven a las aulas
Texto A – *Students' Book page 75*

question 3
Los alumnos de BUP/COU se sienten fastidiados con la idea de volver al cole; se les hace cuesta arriba (la razón: que han perdido el hábito de estudio y también muchos pasan por una época de rebeldía).

Los alumnos de EGB están contentos y fascinados con la vuelta al cole – lo aceptan de buen grado (la razón: van a ver de nuevo a sus amigos, van a volver a una vida activa).

Los alumnos preescolares están preocupados y tienen miedo; lloran mucho los primeros días (la razón: no hay playas/helados etcétera en el cole; van a echar de menos a sus padres).

question 4
la pereza; les cuesta centrarse; pérdida del hábito de estudio; relajación en todos los aspectos del comportamiento; la disciplina rígida falla hoy en día; hay menos autoridad tanto en la sociedad como en la familia; un ambiente familiar negativo; profesores que no motivan a los alumnos; falla el sistema educativo (repetición de cursos y/o de profesores); la época de rebeldía; alumnos distraídos

La influencia del clima en el rendimiento escolar
Texto B – *Students' Book page 77*

question 3 – Copymaster 40
See underlined words and phrases in relevant class cassette transcript

¡Sálvese quien pueda!
Extra reading passage 7,
Students' Book page 77

question a
Sugerencias normales: encuentra la hora del día cuando te concentras mejor; escoge un sitio favorable para estudiar; memoriza folios; confía en tu intuición; reduce los temas a conceptos clave; asegúrate que los apuntes sean claros y legibles; escribe frases cortas; usa mayúsculas para resaltar términos clave; dibuja esquemas; no tomes cafeína; duerme bien; nada de juergas nocturnas; haz deporte; toma platos y minerales que alimentan el cerebro; organiza los folios; cálmate; organiza un calendario personal de temas y horas de estudios; evita actividades superfluas; relájate; trabaja/habla/consulta con compañeros; graba tus apuntes y apréndetelos escuchando la cinta; acuérdate de tu objetivo; aumenta tu auto-estima

Sugerencias inaceptables: compra apuntes en el «mercado negro»; escóndete chuletas en tu ropa; enrolla los papeles con notas para entrarlas en la sala de exámenes; escribe notas con un boli sin tinta para que queden "grabadas" en el papel; esconde libros en la sala de exámenes; escribe notas en las suelas de los zapatos; escribe notas y / o fórmulas en un boli con un alfiler; utiliza tu walkman, escondiendo los cables si puedes; usa un diccionario electrónico

Hacendosa, recatada y limpia
Texto C – *Students' Book page 78*

question 1
Blancanieves – Snow White; recatado – demure; La Bella Durmiente – Sleeping Beauty; presumido – conceited; una escoba – a broom; propagar -to spread; resaltar – to emphasise; Pulgarcito – Tom Thumb; justiciero – (strictly) just; una damisela – a damsel; estar abocado a – to be heading for; perecer –

to perish; una garra – a claw; dar un vuelco – to overturn; sabio – wise; una rueca – a distaff; una probeta – a test tube; una transmisora – a transmitter; promover – to promote; invertir – to reverse

question 4, Copymaster 41

adjetivo	nombre	infinitvo
hacendoso	el hecho	hacer
presumido	la presunción	presumir
acorde	el acuerdo	acordar
educacional	la educación	educar
respetuoso	el respeto	respetar
fuerte	la fuerza	forzar
aventurero	la aventura	aventurar
propuesto	una propuesta	proponer
imaginativo	la imaginación	imaginar
sabio	la sabiduría	saber
resuelto	la resolución	resolver
humano	la humanidad	humanar
fantástico	la fantasía	fantasear
peinado	el peine	peinar
igualitario	la igualdad	igualar
valioso	el valor	valer
competitivo	la competición	competir
mixto	la mixtura	mixturar

¿Separarnos? ¡Qué absurdo!
Extra reading passage 8,
Students' Book page 79

question a

A favor: separados, se aprenden a respetar; cada sexo tiene más "espacio" individual; así se evitan relaciones violentas y agresiones sexuales; hay temas que no se pueden debatir en aulas mixtas (por ej. las violaciones); experiencias que demuestran que chicos y chicas sacan mejores notas si estudian por separado; cada estudiante necesita un tratamiento personalizado de hombre o mujer

En contra: es como empezar a discriminar; es dar un paso atrás, volver a una educación anticuada; habrá más vergüenza entre los sexos, y menos relación; en las clases mixtas, los chicos pueden copiar los deberes de las chicas porque éstas los hacen siempre; las clases mixtas reflejan la idea de la igualdad entre los sexos, tema de mucha importancia hoy en día; se normaliza el trato entre ellos; se supera la situación social, que es sexista; lo importante es que puedan conseguir juntos las mismas cosas

Un profesor herido (2)
Texto E – Students' Book page 80

Copymaster 42 – question 2

	Texto D (escrito)	Texto E (grabado)
Nombre de la víctima	Eduardo López Ramos	–
Edad	50	55
Lugar	en el pasillo de un CEI	en los pasillos de un CEI
Datos sobre el agresor	de 18 años, disfrazado y cubierto con una bufanda, alto, delgado, de cabello oscuro, vestido con un pantalón vaquero y cazadora gris	joven enmascarado
Arma	objeto similar a un bate de béisbol	instrumento parecido a un bate de béisbol
Lo que pasó	el agresor esperaba al profesor, le golpeó con fuerza y huyó a la carrera	
Lo que hizo la víctima	cayó al suelo, se cubrió la cabeza con las manos	caía al suelo
Lo que le pasó al agresor	huyó a la carrera	estaba buscado por la policia
Herida	en la cabeza	en la cabeza
Tratamiento	cura de emergencia + 30 puntos de sutura	25 puntos de sutura + hospital en Madrid
Testigos	3 alumnos	–

question 4

a la agresión sufrida por un docente del centro
la agresión contra un profesor en un centro docente
la agresión sufrida por su compañero

b tuvo que recibir 30 puntos de sutura
sufrió heridas que requirieron 30 puntos de sutura
(25) puntos de sutura en la cabeza han necesitado

c los golpes que le propinó un alumno
los golpes que le asestó un joven

d un objeto similar a un bate de béisbol
un instrumento parecido a un bate de béisbol

e antes de entrar en la clase
antes de entrar a dar clase
cuando se dirigía al aula

f un joven enmascarado
el alumno disfrazado y cubierto con una bufanda

g se encuentra ahora ingresado en un centro hospitalario
fue trasladado a la enfermería del CEI

Práctica
Students' Book page 81

question 1 – Copymaster 43
... de Enseñanzas <u>Integradas</u> sufrió ... violencia <u>ocurridos</u> últimamente ...joven, <u>disfrazado</u> y <u>cubierto</u> con una bufanda, ... ha <u>declarado</u> que ... delgado, <u>vestido</u> con ... fue <u>trasladado</u> a la enfermería del CEI.

... profesores ha <u>decidido</u> convocar ... agresión <u>sufrida</u> por su compañero. ... han <u>informado</u> de

question 2 – Copymaster 43
una hebilla, <u>valorada</u> en 9.000 pesetas, un reloj, <u>valorado</u> en 5.000 ... una vez <u>sacados</u> los documentos personales que le fueron <u>devueltos</u> ... que no fueron <u>valorados</u>

del <u>pasado</u> domingo ... el establecimiento ... Expert <u>situado</u> en ... recientemente <u>inaugurado</u> ... <u>equipado</u> con ... los vehículos <u>estacionados</u> ... se habían <u>desplazado</u> ... sistemas de seguridad <u>destrozados</u> ... productos <u>sustraídos</u> ... una operación perfectamente <u>estudiada</u>

Fernando Latorre: representante del profesorado en el Consejo Escolar
Texto F – *Students' Book page 83*

question 3 – Copymaster 44
a ... la de los profesores.

b ... muchas veces no vienen.

c ... casi nunca viene.

d ... lo que opinan sus compañeros en el claustro.

e ... defender la idea de quien le ha elegido.

La campaña electoral de Vicente y Laura
Texto G – *Students' Book page 83*

question 1
un séquito – an entourage; una fanfarria – a fanfare; un globo – a balloon; un contrincante – an opponent; de elaboración casera – home-made; un rotulador – a felt-tip pen; un aliado – an ally; una reja – a grille; una portería – a goal; una canasta – a basket (in basketball); el asco – disgust; una queja – a complaint; confiar en – to count on; empujar – to push; un cabecilla – a ringleader; verbalizar – to explain in words; un aparato corrector – a brace;

question 2
a – In character and approach, Laura is much quieter than Vicente; she seems shy in comparison. He is livelier, more outspoken and vehement in his opinions; **b** – Their manifestos are very similar: they are concerned with correcting deficiencies eg improving the cleanliness of the yard, getting classroom walls painted, getting books more suitable to their age group (more pictures); getting goalposts and basketball baskets repaired; improvements in the library and the gym. Laura's manifesto seems to be the only one concerned with the unnecessary grilles at the windows, while Vicente is the only one to stress the need for an improvement in the temperature of hot food served in the canteen.
c – There is a suggestion that pupils offer too few opinions in these matters; that with only three pupil members, adults outnumber them considerably, and also probably do not understand (even take much notice of?) what they have to say; other pupils are also sceptical about the effectiveness of the council. **d** – they feel that the school council has achieved very little in the last two years. **e** – The suggestion is that Laura and Vicente are already taking part in the democratic process at school, and therefore that even at their tender ages they are taking on responsibilities and adopting mature, responsible attitudes to life.

question 3
a – el dibujo; **b** – el presidente; **c** – bolsillos; **d** – una reja

question 4
un aula: una sala donde se enseña; una biblioteca: una local donde hay numerosos libros clasificados para facilitar su consulta o lectura; una queja: una protesta, resentimiento; un cabecilla: individuo más importante de un grupo o movimiento; un aparato-corrector: un instrumento que se mete en la boca y que sirve para prevenir y corregir las malformaciones y defectos de la dentadura.

question 5

pasquines; vota(r); aliado; conseguir; apoyar; cabecilla; democrático; democracia; participa(ción); convencimiento; fervor; carteles; abstención; candidatos

Grammar Ser and estar, Past participles (2)

Students' Book page 85, Discovery

1 = use of past participle in compound tense (normally perfect tense)- hence no agreement;

2 = use of past participle in passive construction, hence agreeing;

3 = simple adjectival use, therefore agreeing

Texto F	*Texto G*
pasado (3)	acompañados (2)
decidido (1)	unidos (2)
elegido (1)	comenzado (1)
convocado (2)	consumidos (3)
pedido (1)	pintadas (2)
implantado (1)	reparadas (2)
dicho (1)	mejoradas (2)
sido (1)	elegido (2)
consultados (2)	convencida (3)
informados (2)	interceptada (2)
habido (1)	echada (2)
convencido (2)	mezclados (2)
	decepcionados (2)
	resuelto (1)
	rodeados (2)
	estimulado (1)

Grammar Ser and estar, Past participles (2)

Students' Book page 85, Práctica

question 1

a cerrada; **b** constituidos; **c** sido localizados; **d** atendida; **e** acompañados; **f** reparadas; **g** pintadas; **h** mezclados; **i** rodeados; **j** preparados

Huelga en la mayoría de los institutos

Texto I – *Students' Book page 88*

question 3

a el profesor; **b** por favor; **c** el colegio; **d** sudamericano; **e** progresivo; **f** bolígrafo; **g** cara dura; **h** película; **i** nicaragüense; **j** champiñón; **k** anfetamina

Class cassette transcripts

La influencia del clima en el rendimiento escolar

Texto B – *Students' Book page 77*

Copymaster 40

Los cambios climáticos influyen directamente sobre el comportamiento humano – un informe que se acaba de hacer público señala por ejemplo que resulta absurdo realizar los exámenes de fin de curso en los meses de junio y julio ya que el calor dificulta la capacidad de concentración. Se dice también que la temperatura perfecta para aumentar el rendimiento son los 20 grados centígrados.

– En esta época del año por ejemplo el clima <u>tiene mucho que ver con</u> el rendimiento escolar y con el trabajo intelectual. Para estudiar mejor, <u>aseguran</u> los expertos, son necesarias temperaturas <u>más bajas</u> y mayor humedad. Las lluvias también son <u>deseables.</u> Los meteorólogos tienen la <u>receta</u> ideal para conseguir el máximo rendimiento en los exámenes: un estudiante que está en una habitación <u>muy recalentada</u> y con una humedad relativa muy baja, no <u>rinde</u> lo que <u>rendiría</u> en una atmósfera con una humedad relativa aproximadamente del 50%, que es la ideal cuando la temperatura es de alrededor de los 20 grados.

Tener los exámenes en junio y julio implica un mayor esfuerzo intelectual y según los especialistas casi ningún país tiene en cuenta cuál es la mejor época del año para planificar los exámenes. Aplicadas al trabajo, las condiciones climáticas influyen también directamente sobre el rendimiento. La mayor o menor carga eléctrica del suelo y en el aire facilita o frena la productividad. El aire acondicionado por ejemplo provoca un exceso de electricidad no deseable en el lugar del trabajo. La causa es que acumulan mayor número de iones positivos perjudiciales y llamados «gruñones» por los meteorólogos. Los iones negativos, que se encuentran en la naturaleza, en los bosques y ríos, reciben el nombre de «vitaminas del aire» porque dan una sensación de bienestar físico y mental.

Un profesor herido (2)

Texto E – *Students' Book page 80*

Copymaster 42

La espectacular agresión contra un profesor en un centro docente de Alcalá de Henares ha provocado la indignación de sus compañeros que interpretan el incidente como una muestra más de la degradación de las relaciones entre alumnos y profesores. Luz Sánchez Mellado, corresponsal:

– De sorpresa e incredulidad puede calificarse el ambiente que se vive en estos momentos en el Centro de Enseñanzas Integradas de Alcalá de Henares, donde esta mañana un profesor de literatura de C.O.U. de 55 años y apodado por sus alumnos como el «látigo» por su elevada estatura, caía en los pasillos antes de entrar a dar clase, abatido por los golpes que con un instrumento parecido a un bate de béisbol le asestó un joven enmascarado que en estos momentos es buscado por la policía alcalaína. 25 puntos de sutura en la cabeza han necesitado las heridas del profesor que se encuentra ahora ingresado en un centro hospitalario madrileño aunque su estado no reviste gravedad.

Fernando Latorre: representante del profesorado en el Consejo Escolar

Texto F – *Students' Book page 83*

Copymaster 44

Bien, aparte de dar clases en mi instituto de bachillerato, el año pasado mis compañeros me eligieron como representante del profesorado en el Consejo Escolar. El Consejo Escolar es una experiencia nueva en España desde hace tres años; antes, todo el poder residía en los claustros de profesores, pero bueno actualmente la administración ha decidido que sea el Consejo Escolar el que bueno tenga el mayor peso. El Consejo Escolar lo forman actualmente la Junta Directiva, es decir el director, el jefe de estudios, el secretario, un grupo de profesores, un grupo de alumnos, un grupo de padres, y un grupo de personal no docente, es decir conserjes, señoras de la limpieza, etcétera. Y realmente es el que tiene la máxima autoridad dentro del instituto: aprueba los presupuestos económicos, en qué hay que gastar el dinero, elige al director, y también impone las sanciones disciplinarias a los alumnos – serían sus tres funciones más importantes. Realmente el consejo escolar se reúne en mi instituto cada mes, aproximadamente, pero para asuntos importantes; para asuntos de menor importancia, pues suele ser el claustro de profesores quien decide, o incluso la propia Junta Directiva – tiene la confianza de sus compañeros para decidir en cuestiones de menor importancia. El consejo escolar pues es una experiencia nueva, y bien, aunque en el fondo el consejo escolar ... ¿quién manda – padres, alumnos o profesores? Realmente quien más peso tiene en su opinión es la de los profesores. Los padres muchas veces no vienen al consejo escolar, los alumnos muchas veces faltan, los no-docentes casi nunca vienen, y realmente se suele hacer pues lo que opinamos los profesores. Bien, creo que no debería de ser así, pero es así. ¿Y qué opinamos los profesores? Opinamos normalmente lo que opinan nuestros compañeros en el claustro. O sea, yo, en el consejo escolar, mi opinión no es la de Fernando Latorre ... mi opinión es la mayoritaria de mis compañeros que me han elegido. Procuro hacer esa separación, de lo que yo pienso y de lo que opinan mis compañeros.

Bien ... en el último consejo escolar al que fui convocado, se trató un asunto de mucha importancia para mi instituto: la Reforma de la Enseñanza se va a aplicar en toda España a partir del año 1995; pero en algunos centros y en plan experimental, va a comenzar en octubre de este año '94. Bien ... la administración no ha pedido opinión a los centros, y la ha implantado, ha dicho qué centros van a imponerla, sin contar con nuestra opinión. Tuvimos un claustro de profesores, en el cual el 80% del profesorado se niega a que este año se implante en nuestro centro la Reforma, porque no hemos sido consultados, no hemos sido informados, no ha habido cursos de formación de profesorado, no sabemos en qué va a consistir, no sabemos si hay nuevos libros, y bien, en el consejo escolar hicimos constar nuestra opinión del claustro de que no queríamos para el curso que viene que se implantara la reforma. Los padres votaron a favor de la reforma, y los estudiantes votaron también en contra de la reforma; es decir que si se nos hace caso, la Reforma no se implantará en mi instituto, pero – vamos – estoy convencido de que la administración, como es habitual, no va a hacer ningún caso. O sea que nuestra opinión es, como decían en la Biblia, es la voz del que clama en el desierto.

The Student cassette transcripts for this unit appear on Copymasters 45 and 46.

UNIDAD 6 ¿En qué piensas trabajar?

Overview

Component page reference	Title of item	Description	Teacher's Resource Book – additional information
Introductory sequence			
SB p.92	¿En qué piensas trabajar?	Speaking activity stimulated by collage of images related to unit theme and intro. para.	Further notes on exploitation, TRB p.40
TRB pp.124–125, CM47	Unidad 6: vocabulario	Key vocab. for unit on CM	
Primera parte: Los oficios y las profesiones			
SB p.93	Vocab. study section		Sol.#2, TRB p.40
SB p.94	Texto A Pedro habla de su trabajo	Listening activity consolidated by comp. ex.	Class cass. transcript, TRB p.41; Sol.#1, TRB p.40
Segunda parte: El plan de empleo juvenil			
SB p.94	Texto B Cartas al director	Reading item preceded by intro. para., consolidated by vocab. study and comp. ex.	Sol.#1, TRB p.40
SB p.95	Texto C Una manifestación en contra del Plan de Empleo Juvenil	Listening item consolidated by comp. exs., and supported by cartoon/reading for entertainment	Class cass. transcript, TRB p.41; #1 CM48, TRB p.126; Sol.#1, TRB p.40
SB p.95	Texto D Una reunión para evitar huelgas	Self-study listening item, followed by comp. ex.	Stud. cass. transcript, CM49, TRB p.126; CM50, TRB p.127; Sol., TRB p.40
Tercera parte: Cómo conseguir un empleo			
SB p.96	Texto E Guía práctica	Reading item preceded by intro. para., supported by comp. exs. and translation	
SB p.97	Texto F Cómo triunfar en una entrevista	Reading item followed up by open-ended spoken task and supported by comp. ex.	#2 CM51, TRB p.127; Sol.#2, TRB p.40
SB p.99	Grammar The subjunctive (1)	Study and practice of the gramm. point	Sol. Práctica #1, #2, TRB p.40
Cuarta parte: La carta de solicitud			
SB p.100	Texto G Una oferta de trabajo	Intro para. and reading item for reference (see tasks, Texto I, #2 and Texto M)	
SB p.102	Texto H Encontrar trabajo depende de tu currículum	Reading items for reference (see tasks, Texto I, #2 and Texto M)	
SB p.102	Texto I Secretarias bilingües	Reading item followed by vocab. study and written response task	
Quinta parte: El triunfo			
SB p.103	Texto J Subir, prosperar, llegar	Reading item followed by vocab. study, gramm.-based written tasks and comp. ex.	#4 CM52, TRB p.128; Sols.#2, #4 TRB p.40
SB p.105	Grammar The subjunctive (2)	Study of the gramm. point	
SB p.105	Texto K Un joven empresario	Listening item with gap-fill exercise	Class cass. transcript, TRB p.42; CM53, TRB p.128; Sol., TRB p.41
Sexta parte: ¿Y el futuro?			
SB p.105	Texto L Profesiones del futuro	Reading item followed up by written comp./summarising task and question inviting open-ended spoken response	
SB p.106	Texto M Dos ofertas de trabajo	Reading item followed up by questions inviting open-ended written response	
SB p.106	Redacciones	Essay titles (choice)	
SB p.106 and 240	9 Enseñar idiomas	Optional extra reading item, followed up by question inviting open-ended spoken and written response	
SB p.107	Traducción	Translation ex. based on unit vocab. and gramm.	
SB p.108	Desarrollando el tema	Questions designed to stimulate further research by the student into the unit topic	
SB p.108	Para terminar: Alboradilla del compañero	Reading for entertainment: item (poem) on work	

Further Notes

¿En qué piensas trabajar? – image collage
Students' Book page 92

Students should be encouraged to use their imaginations. They could be asked what kind of work these people are doing:

¿Qué tipo de empleo tiene la mujer?

Similarly the picture of the man with the bicycle might provoke questions about what he is doing, whether he's looking for a job or not, etc. Students could be asked:

¿Qué significa el dibujo cómico?

Solutions

Solutions are only given to questions or parts of questions where there is no scope for interpretation and discussion.

¿En qué piensas trabajar?
Primera parte – Students' Book page 93

question 2

a azafata; **b** bombero; **c** limpiabotas; **d** enfermera

Pedro habla de su trabajo
Texto A – *Students' Book page 94*

question 1

a falsa; **b** verdadera; **c** verdadera; **d** verdadera; **e** falsa; **f** verdadera; **g** falsa

Cartas al director
Texto B – *Students' Book page 94*

question 1

surgir – to arise; puesto que – since; gratis – free; marginados – rejected; a cuenta de – at the expense of; mensual – monthly; alquilar – to rent; rotundamente – emphatically; un sindicato – trade union; ingenuo – simple; un fraude – swindle ('con').

Una manifestación en contra del Plan de Empleo Juvenil
Texto C – *Students' Book page 95, question 1*

Copymaster 48

See underlined sections of relevant class cassette transcript

Una reunión para evitar huelgas
Texto D – *Students' Book page 95*

Copymaster 50

Cuando van a continuar las conversaciones	mañana
Los días de la próxima huelga	los días 6 y 7 de abril
La fecha de la huelga desconvocada	el día 30 de marzo
Los cuatro puntos que separan a la companía y los obreros	1 subida salarial 2 creación de nuevos puestos 3 disminución de jornada laboral 4 seguridad e higiene

Cómo triunfar en una entrevista
Texto F – *Students' Book page 97, question 2*

Copymaster 51

El autor del libro aconseja al joven, cuando se presente a una entrevista, que debiera:

a hablar mucho para impresionar al interlocutor

b utilizar cosméticos ✗

c (mujeres) vestirse de modo elegante ✗

d confesar francamente que está desempleado ✗

e buscar un empleo que le satisfaga completamente

f tomar el fresco antes de la entrevista

g excluir del historial información que pueda dañar la solicitud ✗

Grammar The Subjunctive (1)
Students' Book page 99, Práctica

question 1

ven – no vengas; mirad – no miréis; di – no digas; cállate – no te calles; escríbelo – no lo escribas; cómelo – no lo comas; hacedlo – no lo hagáis; démelo – no me lo des; vete – no te vayas; sal – no salgas; pon – no pongas; apréndelo – no lo aprendas

question 2

a busques; **b** vayan; **c** tenga; **d** venga; **e** sepamos; **f** hayan venido

Subir, prosperar, llegar
Texto J – *Students' Book page 103, question 2*

Se colocó en seguida en una empresa de Estudios de Mercado, y al cabo de dos años vinieron a buscarle los de su actual empresa. Le hicieron una propuesta muy interesante y pensó que era su oportunidad. Sintió que por ahí ella podía llegar. No le importa reconocer que ella quería tener dinero y una casa propia, viajar y comprarse la ropa que quisiera. Y algo que le importaba mucho: que sus padres lo vieran, que pudieran sentirse orgullosos de su carrera. Ha conseguido todo eso: pero, tal vez, porque lo tiene, se plantea, de vez en cuando, si esto es triunfar. En aquel trabajo tiene que aceptar algunas cosas que no van con ella.... Antes no se paraba a pensarlo; es entonces cuando se lleva más berrinches. Su padre siempre ha sido un hombre muy trabajador, muy cumplidor; pero bastante sometido al que mandaba. Y ella se parece a él, aunque, al mismo tiempo, se rebela ante la idea.

question 4
Copymaster 52
a sean; **b** pueda; **c** vaya; **d** termine; **e** esté

Un joven empresario
Texto K – *Students' Book page 105*

Copymaster 53
See underlined sections of relevant class cassette transcript

Traducción
Students' Book page 107

Practice in basic uses of subjunctive: eg. quieren que el Gobierno les dé; ... convencerle para que lo haga; use after es probable que / cuando / tiene miedo de que / se alegrarán de que. Note also: there was – hubo ; Hace varias semanas que nadie cree.

Class cassette transcripts

Pedro habla de su trabajo
Texto A – *Students' Book page 94*

Pilar: ¿Y que pasó cuando llegaste aquí?

Pedro: Bueno, pues, cuando llegué aquí ... primero me vine con ... con mi novia, me vine a Inglaterra y me vine con una promesa de una entrevista de trabajo ... pero salió mal, salió rana, si quieres que hable un poquito así en castellano ... más, más claro, te puedo decir que salió rana ... porque ... la persona a la cual me tenía que entrevistar lo habían despedido ...

Pilar: ¡Ay el pobre!

Pedro: ... o sea que no sé si es que el trabajo era para mí y a él le iban a quitar de encima, de en medio o qué ... pero no pude ir a la entrevista. Entonces un día, yendo a un pub de aquí, de Guildford ... fuimos a comer y había gente española trabajando allí. Entonces pues le preguntamos: «Oye, ¿habría una posibilidad de tener algún ... algún trabajo aquí?» «Pues, bueno, ya te buscaremos algo. Oye, déjanos el número de teléfono tal», y ya sabes cómo son las cosas aquí. Los españoles somos un poquito ... desunidos pero cuando estamos ... necesitamos ayuda siempre nos reunimos otra vez. Entonces, bueno, un día recibí una llamada de teléfono: «Oye, Pedro, mira que necesitamos a alguien ... que si quieres venir para acá».

Pilar: Entonces pasaste de director de restaurante a camarero.

Pedro: Pues si, de director de restaurante en España, a camarero en Inglaterra, pero, oye, no va mal ¿eh? No va mal, porque se aprende mucho ...

Pilar: ... de ser camarero.

Pedro: Se aprende mucho. Es mejor empezar, como me dice mi padre, es mejor empezar desde los cimientos, de abajo ... y subiendo poquito a poco. Hoy ... puedo decir que estoy muy contento. No llevo todavía cuatro años en Inglaterra. He estado trabajando en la Universidad, dando clases de español ... y aparte de esto ahora pues estoy trabajando en una empresa en la cual soy jefe regional de la empresa.

Pilar: Pues está muy bien, ¿no?

Una manifestación en contra del Plan de Empleo Juvenil
Texto C – *Students' Book page 95*

Copymaster 48
Madrid en marcha. Ocho y treinta y ocho.

Entramos ya en temas de Madrid. Estudiantes, jóvenes y funcionarios (h) protagonizarán en esta jornada numerosas movilizaciones, asambleas, actos de protesta y (c) concentraciones en la Comunidad de Madrid. La política (d) económica del Gobierno y el Plan de Empleo Juvenil serán los (a) asuntos que centrarán las protestas de estos (b) colectivos. Los estudiantes comenzarán la (f) jornada con asambleas y movilizaciones, mientras que (e) grupos de jóvenes realizarán concentraciones en las (g) oficinas del Instituto Nacional de Empleo situadas en las calles de Atocha, Infanta Mercedes y Lavapies. A las doce del mediodía se realizará una concentración entre la Dirección Provincial de Trabajo convocada por la plataforma juvenil. Mientras, ya habrán comenzado numerosas asambleas informativas, tanto en centros de trabajo como de estudio. A la una de la tarde los funcionarios convocados por UGT y Comisiones Obreras y con el apoyo del ACESIP de Madrid entregarán al Ministro para las administraciones públicas, Joaquín Almunia, un documento con cien mil firmas contra el acuerdo firmado por el Gobierno con ACESIP para el año que viene.

Un joven empresario

Texto K – *Students' Book page 105*

Copymaster 53

Pepe Barroso fue uno de los jóvenes pioneros en la creación de empresas y uno de los fundadores de la Asociación de Jóvenes Empresarios.

Su actividad comercial comenzó en el colegio, donde vendía chapas y banderitas. Después, comenzó a pintar camisetas de algodón, y (a) de ahí nació su actual empresa.

Dicen que ganó su primer millón a los 18 años. Ahora, diez años después, (b) ciento diez tiendas de moda juvenil llevan su marca comercial, «Don Algodón», que también ha dado nombre a objetos de perfumería y de cosmética y a una serie de automóviles.

– Bueno, no hay fórmula secreta, lo que sí hay es un momento (c) en el que yo empecé, el momento oportuno, por llamarlo de alguna forma; es decir, yo tuve la suerte de ver que el mercado español en moda joven estaba absolutamente virgen, que no había nada, y entonces lo que hice fue empezar, tener la suerte de ... de ... de, bueno, (d) de hacer las cosas medianamente bien, y convertirme en la primera marca española de moda joven.

Como tantos otros, Pepe Barroso comenzó su andadura empresarial con más ilusión que capital. Ahora, desde su éxito, cree que las condiciones han cambiado y que, al menos, los bancos prestan mayor atención a la juventud.

– Hoy en día ya es distinto. Es decir, yo creo que si algo hemos conseguido la juventud ... es el que se nos considere personas serias y formales, aunque tengamos pocos años. Yo me acuerdo cuando empecé con 18 años, que no me tomaba en serio ningún banco, y, en cambio, hoy en día te puedo decir que una persona con veinte años llega a un banco para plantear un negocio y, por lo menos, le escuchan. Que luego (e) le den el dinero o no es distinto, pero, por lo menos, le escuchan.

The Student cassette transcript for this unit appears on Copymaster 49.

UNIDAD 7 ¡Salud y suerte a todos!

Overview

Component page reference	Title of item	Description	Teacher's Resource Book – additional information
Introductory sequence			
SB p.108	¡Salud y suerte a todos!	Speaking activity stimulated by collage of images related to unit theme and intro. para.	Further notes on exploitation, TRB p.44
TRB pp.129-130, CM54	Unidad 7: vocabulario	Key vocab. for unit on CM	
Primera parte: El tabaco			
SB p.109	Texto A ¿Puedo fumar sin dañar mi salud?	Reading item followed by comp. and summarising tasks involving written and spoken response, and vocab. study involving written and spoken response	Sol.#2, TRB p.44
SB p.110	Texto B Un psicólogo explica por qué los jóvenes comienzan a fumar	Listening item preceded by vocab.prep. and followed by questions inviting open-ended spoken/written response, and comp. ex.	Class cassette transcript, TRB p.45; #3 CM55, TRB p.130; Sols.#1, #3, TRB p.44
SB p.110	Texto C ¿Fumar o no fumar?	Reading item preceded by intro. para. followed by gramm. ex. and questions inviting open-ended spoken and written response, cartoon on theme	Sol.#1, TRB p.44
Segunda parte: La droga y el SIDA: dos plagas modernas			
SB p.112	Texto D Tengo algo para ti	Reading item followed up by written summarising task, and open-ended spoken task preceded by oral discussion/prep.	
SB p.113	Texto E ¿Qué hacemos con la droga?	Reading item preceded by vocab. prep. and consolidated by comp. ex.	
SB p.113 and 241	10 Ruta del bakalao	Optional extra reading item, followed up by written summary task	
SB p.115	Texto F El SIDA	Reading item preceded by intro. para. followed by vocab. study and open-ended comp. task	
SB p.116	Texto G Encuesta chica	Reading item followed by comp. ex. and questions inviting open-ended spoken and written response	Sol.#1, TRB p.44
SB p.116	Texto H El SIDA en España	Listening item consolidated by comp. ex.	Class cass. transcript, TRB p.45
Tercera parte: Los avances quirúrgicos			
SB p.118	Texto I Un trasplante que salió bien	Reading item followed by vocab. study and written summary task	
SB p.119	Grammar The subjunctive (3)	Study, discovery and practice of the gramm. points	Práctica #2 CM56, TRB p.131; Sol. Práctica #1, TRB p.44
Cuarta parte: La higiene			
SB p.120	Texto J La higiene alimenticia	Reading stimulus to creative/gramm.-based writing task	
SB p.121	Texto K La salmonelosis	Listening item consolidated by comp. and summarising tasks	Class cass. transcript, TRB p.46; #3 CM57, TRB p.131; Sol.#3, TRB p.44
Quinta parte: En forma			
SB p.121	Texto L Tres minutos de ejercicios	Reading item followed by vocab. study, translation and gramm. analysis tasks	Sol.#3, TRB p.44
SB p.121 and 242	11 YOGA – la llave del equilibrio	Optional extra reading item, followed up by written/spoken summary response	
SB p.123	Texto M ¿Se curan las alergias?	Self-study listening item consolidated by comp. tasks	Stud. cass. transcript, CM58, TRB p.132; #1, #2, CM59, TRB p.132; Sol.#1, #2, TRB p.44
SB p.123	Redacciones	Essay titles (choice)	
SB p.123	Traducción	Translation into Spanish	Sol. TRB p.45
SB p.123	Desarrollando el tema	Questions designed to stimulate further research by the student into the unit topic	

Further Notes

¡Salud y suerte a todos! – image collage

Questions should be asked which stimulate interest in the topic and help to build vocabulary related to it. For example:

Con un compañero, haz una lista de los pescados y mariscos que conoces. ¿Cuáles son los ingredientes de una paella de mariscos?

¿Haces tú la gimnasia/los deportes? ¿Por qué (no)? ¿Dónde? ¿Cuántas veces por semana?

¿Por qué crees que vivimos más tiempo que hace 100 años? ¿Cuáles son los beneficios/los inconvenientes para la sociedad del hecho de que la gente viva más tiempo?

Solutions

Solutions are only given to questions or parts of questions where there is no scope for interpretation and discussion.

¿Puedo fumar sin dañar mi salud?

Texto A – *Students' Book page 109*

question 1

a pandilla; **b** ha venido muy bien; **c** perjudicada; **d** de hecho; **e** motivo; **f** similares; **g** tóxicas; **h** en lo que se refiere a; **i** aumentando; **j** involuntariamente

Un psicólogo explica por qué los jóvenes comienzan a fumar

Texto B – *Students' Book page 110*

question 1

un rito – a rite; una travesía – a passage; un pitillo – a cigarette; una etapa – a stage; sustituir – to replace; lógicamente – naturally; una ley – a law; pasajero – passing; habituarse – to get used to; estar al día – to be up to date

question 3, Copymaster 55

a ... de la niñez a la adolescencia. **b** ... encender un cigarrillo? **c** ... de suyo es negativa. **d** delimitar con claridad. **e** ... quedarse atrás con el resto del grupo

¿Fumar o no fumar?

Texto C – *Students' Book page 110*

question 1

sean ... tenga ... se utilicen ... trabajen ... se atiendan ... se manipulen ... vendan ... se pongan ... apague

Encuesta chica

Texto G – *Students' Book page 116*

question 1

a La gente ya no se lanza tan alegremente.

b se están sacando las cosas de quicio.

c El SIDA nos está haciendo volver a una moralidad trasnochada.

d La probabilidad de que me toque es realmente mínima.

e El tema del SIDA lo habéis hinchado mucho los periodistas.

Grammar The subjunctive (3)

Students' Book page 119, Práctica

question 1

a buscáramos/buscásemos; **b** vinieran/viniesen; **c** fueran/fuesen; **d** estuvierais/estuvieseis; **e** pudiera/pudiese **f** viviera/viviese **g** dijeran/dijesen **h** volviera/volviese

La salmonelosis

Texto K – *Students' Book page 121*

question 3 – Copymaster 57

See underlined sections of relevant class cassette transcript

Tres minutos de ejercicios

Texto L – *Students' Book page 121, question 3*

resulte ... puedan ... se cumpla ... toquen ... consigan

¿Se curan las alergias?

Texto M – *Students' Book page 123*

question 1 – Copymaster 59

a Hay muy pocos casos de asma infantil en España. *mentira*

b Un 10% de los casos de asma infantil no pueden curarse. *verdad*

c Sólo los remedios naturales son eficaces. *mentira*

d Las personas alérgicas suelen ir directamente al especialista sin consultar antes al médico de cabecera. *mentira*

e Para el mayor resultado hay que dar la vacuna al paciente sólo una vez. *mentira*

question 2 – Copymaster 59
a ... por ejemplo; **b** ... serie; **c** ...conseguir; **d** ... fundamental; **f** ... porcentaje

Traducción
Students' Book page 123

Practice in use of present and imperfect subjunctive tenses: eg. present after: espero que/no creo que/(no) queréis que/para que/hasta que. Imperfect after: lo que (quisiera)/(no) era necesario que/(no) impedir que

Class cassette transcripts

Un psicólogo explica por qué los jóvenes comienzan a fumar
Texto B – *Students' Book page 110*

Copymaster 55

Ahora tenemos que abordar el lado psicológico de este fenómeno, de este problema. Por eso hemos invitado al psicólogo, Enrique Rojas. Doctor, buenas tardes.

– Hola, buenas tardes.

– ¿Por qué empiezan a fumar los jóvenes?

– Pues yo creo que en el comienzo es por un rito que consiste en la travesía de la niñez a la adolescencia. Es como un paso obligado y parece que el pitillo le da seriedad y hace que le da carta de naturaleza de entrada en una etapa distinta de la vida. Yo ... yo creo que es un rito, es una ... bueno ... de tipo casi mágico.

– Entiendo.

– Y que se produce ... pues como una constante. Lo que ocurre es que el viejo rito del tabaco se ha sustituido hoy en los últimos años por las drogas de más envergadura; como son sobre todo el hachís.

– Ya, don Enrique Rojas, el hecho de que en casa se prohiba a los chicos el fumar, ¿aumenta el deseo de encender un cigarrillo?

– Lógicamente. Hay una ley en psicología que dice que la prohibición de algo excita, estimula la consecución de ese algo que se prohíbe. Normalmente una pedagogía negativa, que con frecuencia se ha hecho en muchos sistemas educativos, es educar prohibiendo. Y esto es un error grave. Hay que educar orientando de otra manera. Toda prohibición de suyo es negativa.

– Sí, comprendo. Estos muchachos generalmente, ¿suelen caer en el tabaco como un estado pasajero, o se habitúan?

– Hay una transición difícil de delimitar con claridad. Pasa exactamente igual que con la cocaína, mejor dicho, con el hachís. El chico que se da con el hachís lo hace simplemente para no quedarse atrás con el resto del grupo, y entonces lo que al principio es puramente un estar al día con el tiempo se convierte en algo más porque produce la dependencia; el pitillo es la sensación en la boca, la sensación en las manos, etcétera, ¿no? Entonces se produce ... puramente de imitación, de sentirse mayor, y luego con el tiempo hay una dependencia.

– Doctor Rojas, muchas gracias.

– De nada.

El SIDA en España
Texto H – *Students' Book page 116*

Como en el resto del mundo, en España también estamos sufriendo los problemas del SIDA.

El Ministerio de Sanidad y Consumo ha gastado y está gastando mucho dinero en información y prevención. Sólo de este modo podemos parar esta grave enfermedad, mientras los científicos no descubran una vacuna eficaz.

La información en cuanto a formas de contagio y el uso del preservativo es fundamental en este momento.

Casi todo el mundo conoce ya las vías de contagio y la necesidad del uso del preservativo o condón en las relaciones sexuales con diferentes personas.

Actualmente se han puesto en marcha diversos planes para concienciar a los drogadictos de lo peligroso que es el intercambio de jeringuillas y a las prostitutas del uso de los preservativos. Lamentablemente estos dos submundos (drogadicción y prostitución) están muy relacionados, pues son muchas las prostitutas que a su vez son drogadictas y utilizan la vía de la prostitución para pagarse las dosis que necesitan para poder vivir, día tras día.

Uno de los planes a los que hacía referencia anteriormente consiste en la distribución gratuita de jeringuillas y preservativos. El drogodependiente sólo tiene que acudir a una unidad móvil y entregar su jeringuilla usada. A cambio le proporcionan una nueva. Nadie le hace preguntas.

The Student cassette transcript for this unit appears on Copymaster 58.

La salmonelosis

Texto K – *Students' Book page 121*

Copymaster 57 – primera parte

– El calor (h) veraniego favorece las intoxicaciones alimentarias, sobre todo por salmonelosis, por lo que la (c) Consejería de Salud ha iniciado una campaña de (g) mentalización en los campamentos (f) juveniles, las residencias de ancianos y en los (d) cuarteles. Las cartas enviadas (a) aconsejan extremar las medidas de higiene y evitar los platos con (e) huevos crudos para no contagiar la salmonelosis. El consejero Pedro Sabando ha explicado esta (b) campaña a Orlando Novo.

– En Madrid durante los tres meses de verano se producen el 60% de las intoxicaciones que se presentan a lo largo de todo el año. Para ello la Consejería de Salud ha comenzado una inspección de control sanitario en puntos determinados de nuestra ciudad como hospitales, comedores escolares, o restaurantes entre otros. Don Pedro Sabando Suárez, consejero de salud de la Comunidad de Madrid, nos acerca más a esta operación.

– Esta campaña nosotros vamos a dirigirla fundamentalmente contra la salmonelosis y en ella hemos tomado distintas medidas. Por un lado ... presentarla a los medios de comunicación; en segundo lugar dirigirnos específicamente a los campamentos juveniles y dirigirnos fundamentalmente a las residencias de ancianos y aquellas personas donde van a vivir y a consumir alimentos, personas de mayor edad, y dirigirnos también al capitán general de Madrid para que tenga atención en los propios acuartelamientos, ¿no?

Segunda parte

– La pasada semana las denuncias afectaron a uno de los hoteles más prestigiosos de la ciudad, el Ritz. El Ayuntamiento, tras recibir dos quejas de comensales, visitó las cocinas de dicho hotel registrando irregularidades que darán lugar a cambios dentro del establecimiento. Recuerden que durante esta época estival deben tener un gran cuidado a la hora de manejar los alimentos. Es importante no romper la cadena del frío, es decir: evitar que se produzca incrementos de temperatura en los comestibles y ojo con la tortilla de patata, ensaladillas, salsas y mayonesas porque ellas son las mayores portadoras de gérmenes infecciosos.

UNIDAD 8 *Hacia el siglo veintiuno*

Overview

Component page reference	Title of item	Description	Teacher's Resource Book – additional information
Introductory sequence			
SB p.124	Hacia el siglo veintiuno	Speaking activity stimulated by collage of images related to unit theme and intro. para.	Further notes on exploitation, TRB p.48
TRB pp.133-134, CM60	Unidad 8: vocabulario	Key vocab. for unit on CM	
Primera parte: ¿Cómo conservar el medio ambiente?			
SB p.125	Texto A Los diez mandamientos verdes	Reading item followed by speaking activity, brief summary writing activity and grammar-based writing task on subjunctive	Sol.#3, TRB p.48
SB p.127	Texto B Mucha paja y poco grano	Reading item, followed by dictionary skills activity, exercise on adjectives, writing activity on style of article, general writing activity on theme of article	
SB p.127	Texto C Un problema que empieza a preocupar	Listening item followed by comp. ex. with Qs and answers in Spanish, and supported by further listening item for self-study with gap-fill activity	Class cass. transcript, TRB p.49; Stud. cass. transcript, CM61 TRB p.134; #2 CM62, TRB p.135; Sol.#2 TRB p.48
Segunda parte: El Mar Egeo			
SB p.129	Texto D El Mar Egeo	Listening activity with information gap exercise, comp. with Qs and answers in English. Further supported by listening item for self-study with re-ordering ex.	Class cass. transcript, TRB p.49; #1 CM63, TRB p.135; Stud. cass. transcript CM64, TRB p.136; Sols.#1, self-study item, TRB p.48
SB p.129	Texto E Coruña negra	Reading activity preceded by intro para. Role play speaking activity	
Tercera parte: Hacia el futuro			
SB p.130	Texto F Hacia el siglo XXI	Reading-based activities, with matching vocabulary ex., comp. Qs in Spanish, vocab. search and information-gap ex.	#4 CM65, TRB p.136; Sols.#1, #4, TRB p.48
SB p.132	Grammar Uses of se	Study, discovery and practice of the grammar points	
SB p.133 and pp.244–245	12 ¡Caliente, Caliente!	Optional extra reading item with writing activity	
Cuarta parte: Los bosques en peligro			
SB p.133	Texto G En defensa del bosque	Reading activity with practice of use of imperative	CM66 TRB p.137; Sol. TRB p.48
SB p.133	Cartoon for exploitation		
SB p.133	Texto H Fuego arrasador	Reading with summary writing activity	
Quinta parte: El coto Doñana			
SB p.134	Explica ...	Role play speaking activity based on English text	
SB p.134	Texto I El proyecto Costa Doñana	Listening activity with intro. and comp. Qs in Spanish, gap-fill exercise	Class cass. transcript, TRB p.49; #2 CM67, TRB p.137; Sol.#2 TRB p.49
SB p.134	Redacciones	Essay titles (choice)	
SB p.135	Traducción	Translation into Spanish	Sol. TRB p.49
SB p.135	Cartoon for speaking exploitation		
SB p.135	Desarrollando el tema	Questions designed to stimulate further research by the student into the unit topic	

Further Notes

Hacia el siglo XXI – image collage

The three images could be exploited in the following ways in order to introduce students to the themes and vocabulary of the environment.

1 Greenpeace advert

Describe la imagen. Por qué ocurren los incendios de bosques?

2 Statistics about rubbish disposal

¿Cuáles son los distintos tipos de basura? ¿Para qué sirve la basura? ¿Por qué hay problemas con la descomposición de la basura?

3 Animal/plant recognition

A ver si puedes adivinar estas palabras mirando las fotos. Cuando sepas el sentido de las palabras trata de descubrir cuál de las dos palabras es correcta en cada caso.

Solutions

Solutions are only given to questions or parts of questions where there is no scope for interpretation and discussion.

Los diez mandamientos verdes

Texto A – *Students' Book page 125*

question 3

(no) necesites ... (No) tires ... (No) pongas ... esté ... (no) dejes ... (NO) PRODUZCAS ... (No) utilices ... vengan ... (NO) ALMACENES ... adquieras ... (Nunca) tires ... den ... no compres ... sea ... sea ... no recurras ... adquieras ... consuma ... venga ... vayas ... hagas ... no laves ... encuentres ... invadas ... tome

Un problema que empieza a preocupar

Texto C – *Students' Book page 127*

question 2a – Copymaster 62

(see underlined words of CM61 Student cassette transcript)

question 2b

El día del pleno – viernes; El número de vehículos contratados – 4; La razón por la cual se dio el nombre «elefante» a estas máquinas – tienen una especie de aspirador que parece trompa; Los sitios de donde retiran las basuras – entre el bordillo de la acera y la rueda de un coche; El mes en que comienza el servicio – octubre; El valor del presupuesto – 25 millones de ptas.; El número de distritos en que este servicio se ofrece – 7

El Mar Egeo

Texto D– *Students' Book page 129, question 1*

Copymaster 63

a Green Peace; **b** 2.000; **c** 100 km; **d** 1.000.000 ptas.

Copymaster 64

El capitán del petrolero es acusado

d b c a e

Hacia el siglo XXI

Texto F – *Students' Book page 130*

question 1

la melena – long hair; asignar – to allot; la fachada – front/façade; el hueco – cavity/hole; flanquear – to flank; la fosa – pit; enfundado – encased; el patrón – pattern; asomar – to show; el incremento – increase; la contaminación – pollution; amenazar – to threaten; cobijar – to protect; la selva – rain forest; el anhídrido carbónico – carbon dioxide; talar – to lop; arrasar – to level; residuos químicos – chemical waste; gases de escape – exhaust gases; basuras – rubbish; el agujero – hole; el manto protector – protective layer; perjudicial – harmful; encargarse de – to take charge of

question 4 – Copymaster 65

verbo	sustantivo	adjetivo
calentar	calor	caliente
crecer	crecimiento	creciente
comer	comida	comestible
esconder	escondite	escondido
proteger	protección	protector
dificultar	dificultad	difícil
despedir	despedida	despedido
peligrar	peligro	peligroso
temer	temor	temeroso
nacer	nacimiento	naciente

En defensa del bosque

Texto G – *Students' Book page 133*

Copymaster 66

1 Compórtate ... ten; 2 ... hagas; 3 ... acampes; 4 ... invadas; 5 Respeta; 6 Planta ; 7 Vigila; 8 ... limita; 9 ... garantiza; 10 Protege

El proyecto Costa Doñana

Texto I – *Students' Book page 134*

question 2 – Copymaster 67

(see underlined sections of relevant class cassette transcript)

Traducción

Students' Book page 135

Practice in the use of *se*: with reflexive verbs, e.g. *convertirse, imaginarse*; in passive sentences, e.g. with *talar, limpiar, plantar*; use as the equivalent of "they", as in *se dice*.

Class cassette transcripts

Un problema que empieza a preocupar

Texto C – *Students' Book page 127*

– Bueno yo creo que sí, que es un problema que empieza a preocupar, empieza a preocupar, el ... el problema del medio ambiente. Hay la tendencia ésta verde que ahora se ... se sigue mucho, sobre todo, no sé, entre la gente joven.

– Y además en España, España es un país con problemas bastante graves, con problemas ambientales muy graves, ¿no? El desierto del Sahara incluye buena parte de Andalucía y está avanzando.

– Sí, avanza todos los años a una velocidad tremenda.

– Entonces es ... es una cosa que tiene, o sea que tiene fundamento.

– Sí, pero lo que pasa es que, yo creo que la sociedad española todavía no está demasiado concienciada, o lo suficiente. Por ejemplo yo lo contrasto con la actitud de los alemanes que están tan acostumbrados a reciclar. En España ahora empiezan a reciclar cosas pero no sé, no ... es un hábito que cuesta mucho introducir. La gente está habitu ... acostumbrada a tirar cosas, a no intentar buscar un segundo uso para cada ... cada producto.

– Pero yo creo que eso es un poco en todas partes ¿no?

– Sí, yo creo que es una cuestión de educación.

– Tampoco veo que la gente recicle mucho tal, pues habrá sectores que sean más verdes, o más. Pero a mí la verdad es que me parece que todos esos esfuerzos pues están muy bien y tal, pero que son un poco baldíos, no? Yo creo que, sí que los ...

– Bueno, eso es darse por vencido antes de empezar, vamos.

– Pues a lo mejor, sí. Yo creo que los problemas son bastante grandes, o sea no vale de nada que un señor se ponga ahí a ...

– Sí señora, sí que vale, mira a los alemanes, como ... qué bien están, en qué situación y el reciclaje que llevan a cabo.

– Pero no ha sido uno, eso no, pero no es cuestión de uno, ¿no?. O sea eso es cuestión de, yo que sé ...

– Claro, de concienciar a toda la población a que todo el mundo se acostumbre a hacerlo, a que se convierta en un hábito.

El Mar Egeo

Texto D – *Students' Book page 129*

Copymaster 63

Los datos que ha desvelado Green Peace son catastróficos. Según la organización ecologista la tragedia duplica en realidad a lo ocurrido en Alaska hace unos años con el Exxon Valdéz. Los ecologistas desplazados a La Coruña denuncian que las medidas que se están adoptando contra la contaminación son sólo visuales y advierten que si se utilizan detergentes el daño será aún mayor para la fauna. Ya se han recuperado dos mil aves cubiertas de petróleo. La mancha negra se prolonga a lo largo de 100 kilómetros de costa.

Las autoridades españolas sin embargo han dicho hoy que la marea es menos grave de lo que se pensaba en un principio y que en cuanto mejoren las condiciones meteorológicas se procederá a las operaciones para evacuar el petróleo que aún queda en el interior del buque. Su capitán ha sido puesto en libertad hoy bajo fianza de un millón de pesetas pero no podrá salir del país.

El proyecto Costa Doñana

Texto I – *Students' Book page 134*

Copymaster 67

La lucha contra el <u>proyecto</u> urbanístico «Costa Doñana» es una página <u>ejemplar</u> en la breve pero intensa <u>historia</u> del ecologismo español. Una lucha con muchas pequeñas batallas que <u>culminó</u> el 18 de marzo en los alrededores del propio Parque. Ese día, el <u>grito</u> de «Salvemos Doñana» resonó en <u>medio</u> mundo. Y a <u>él</u> se sumaron voces de Brasil, <u>Austria</u>, Finlandia o Grecia; de Bulgaria, Rumanía, Estonia o los Estados Unidos ... la <u>naturaleza</u>, dicen quienes la conocen a <u>fondo</u>, gusta del silencio y la soledad, pero en momentos como <u>éstos</u> el grito solidario se <u>funde</u> en las entrañas de la tierra.

«¡Viva Doñana! ¡Mueran los especuladores! ¡Abajo los nuevos piratas del hormigón! ¡Viva la naturaleza! ¡Viva Doñana...!

La larga marcha del 18 de marzo para salvar Doñana, para salvar la naturaleza. Una marcha precedida de infinidad de acciones, algunas espectaculares, como la de dos jóvenes que se cuelgan de la Giralda, la torre símbolo de Sevilla. La marcha por Doñana contó con el apoyo de los medios de comunicación y de gran parte de la sociedad. Tuvo también respaldo de personajes ilustres, como los «Nobel» Severo Ochoa y Camilo José Cela. Doñana, cómo no, saltó también a la copla, en este caso por sevillanas, aunque un poco desentonadas.

«Yo paseaba tranquilo

por el parque de Doñana, (BIS)

yo paseaba tranquilo,

por el Parque de Doñana,

admirando sus marismas,

sus pinares y sus playas, (BIS)

cuando de pronto me dicen

que quieren urbanizarla,

destruyendo sus bellezas

y quitándole su importancia.»

The Student cassette transcripts for this unit appear on Copymasters 61 and 64.

UNIDAD 9 — *El mundo tecnológico*

Overview

Component page reference	Title of item	Description	Teacher's Resource Book – additional information
Introductory sequence			
SB p.136	El mundo tecnológico	Speaking activity stimulated by collage of images related to unit theme and intro. para.	Further notes on exploitation, TRB p.52
TRB p.138, CM68	Unidad 9: vocabulario	Key vocab. for unit on CM	
Primera parte: Las máquinas			
SB p.137	Texto A Dolor de ordenador	Reading-based activity with vocab. ex. and speaking/writing activity	
SB p.137	Texto B Vigilado a todas horas	Reading/cartoon-based activity preceded by short intro. Oral comp. activity, role-play and discussion activity	
SB p.139	Texto C IBM Personal System/2	Listening activity re-ordering text, and writing/speaking task based on text	Class cass. transcript, TRB p.53; Sol.#1, TRB p.52
SB p.139	Cartoon for oral exploitation		
Segunda parte: Ladrones del siglo XXI			
SB p.140	Texto D Ladrones del siglo XXI	Reading-based activity with vocab. search, comp. with Qs in English, translation of phrases into English	
SB p.141	Texto E El delincuente informático	Reading-based activity with visual stimulus, ex. with adjectives, imaginative writing task	
SB p.142	Texto F El virus informático	Listening activity, with gap-fill ex., true/false ex., comp. Qs and answers in Spanish	Class cass. transcript, TRB p.53; #1 CM69, TRB p.139; Sols.#1, #2 TRB p.52
SB p.143	Grammar Uses of the infinitive	Study, discovery and practice of the gramm. point	Práctica #2 CM70 TRB p.139; Sols. Discovery, TRB p.52; Práctica #2, TRB p.52
Tercera parte: La interactividad			
SB p.143	Intro to sub-theme		
SB p.143	Texto G Los nuevos sistemas interactivos	Two reading texts with translation of vocab. items, two writing activities, one related to each text, speaking activity (debate)	
SB p.145	Texto H Jugar a matar	Reading-based activity with comp. Qs and answers in Spanish, gap-fill activity, translation into English	#2 CM71, TRB p.140; Sol.#2, TRB p.52
SB p.146	Texto I Los videojuegos	Listening-based activity with search for Spanish equivs., summary writing ex., discussion activity	Class cass. transcript TRB p.53; Sol.#1, TRB p.52
Cuarta parte: El coche del futuro			
SB p.146	Texto J Coches que conducen solos	Reading-based activity with pairing exercise, summary writing exercise, imaginative writing exercise	Sol.#1, TRB p.52
SB p.147	Texto K El satélite Hispasat	Listening activity for self-study with information gap ex.	Stud. cass. transcript CM73 TRB p.141; CM72, TRB p.141; Sol. TRB p.53
SB p.147 and 243	13 De locos	Optional extra reading item with open discussion point	
SB p.148 and 243	14 Ovulos prêt-à-porter	Optional extra reading item with open discussion points	
SB p.148	Redacciones	Essay titles (choice)	
SB p.148	Traducción	Translation into Spanish	Sol. TRB p.53
SB p.148	Desarrollando el tema	Questions designed to stimulate further research by the student into the unit topic	

Further Notes

El mundo tecnológico – image collage

The collage could be used in order to introduce some of the key vocabulary of the chapter:

la informática

la interactividad

la realidad virtual

el aparato/la máquina

los datos

la red (network)

el delito informático

el fraude

la pantalla

el teclado

Solutions

Solutions are only given to questions or parts of questions where there is no scope for interpretation and discussion.

IBM Personal; System/2

Texto C – *Students' Book page 139*

question 1

d f b e g a c

El virus informático

Texto F – *Students' Book page 142*

question 1 – Copymaster 69
(See underlined sections of relevant class cassette transcript)

Segunda parte

a verdad; **b** mentira; **c** mentira; **d** verdad

Grammar Uses of the infinitive

Discovery – *Students' Book page 143*

(explain from) dejar ... hacer ... interceptar ... hacerse ... poder accionar ... presentar ... dirigir ... ser ... decir ... vaciar ... hacerse ... ser ... caer ... cometer ... alentar ... dar ... sacar ... investigar ... efectuar ... manipular ... jugar ... poner ...alterar ... conseguir ... sentir ... dejar ... explotar

Grammar Uses of the infinitive

Práctica – *Students' Book page 143*

question 2 – Copymaster 70

a de; **b** con; **c** a; a; **d** de; **e** en; **f** en; **g** por; **h** en; **i** de

Jugar a matar

Texto H – *Students' Book page 145*

question 2 – Copymaster 71

Los videopiratas

... contra el pirata Hook y Mario hace de policía en una historieta de ladrones. ... supera la ficción: ... Civil está tras los pasos en Madrid de «una importante organización mafiosa», según fuentes próximas a ... distribución y venta de videojuegos ... que falsifican todo producto o marca con éxito en el mercado. Antes fueron, y lo siguen siendo, los ... los perfumes Chanel, ... luego los casetes, ... le ha tocado el turno a los videojuegos.

... unos 300.000 millones ... de los que el uno por ciento ... piratas tienen sus ... más o menos clandestinas, ... Singapur y Corea del Sur. ... Estados Unidos descubrieron el año pasado que el propio Gobierno ...

Los videojuegos

Texto I – *Students' Book page 146*

question 1

a A los niños les apasionan (las pantallas con) juegos de fútbol; **b** por el contrario; **c** no hay que asustarse; **d** ... puede provocar serias complicaciones en su conducta; **e** tiene el inconveniente de (que); **f** la capacidad de distanciarse de las cosas; **g** Para contrarrestar estos efectos; **h** en el momento en que están contemplando

Coches que conducen solos

Texto J – *Students' Book page 146*

question 1

un umbral – threshold; un enlace – link; alcanzar – to reach; prever – to foresee; prestaciones – performance qualities; una caja de cambios – gearbox; manejar – to drive, operate; un limpiaparabrisas – windscreen-wipers; un reto – challenge

El satélite Hispasat

Texto K – *Students' Book page 147*

Copymaster 72

a Antena 3, Canal + & Tele 5; **b** A principios de 94; **c** formalizar el contrato con el Ministerio de Obras Públicas; **d** reorientar la antena; **e** Hispasat; **f** nada; **g** 01h00; **h** telenovelas, programas infantiles y juveniles y programas de entretenimiento y cine

Traducción

Students' Book page 148

Practice in the uses of the infinitive: e.g. after prepositions: después de salir, al llegar, sin sospechar; in common verb-plus-preposition constructions: comenzar a, dejar de, acordarse de

Class cassette transcripts

IBM Personal System/2

Texto C – *Students' Book page 139*

Entre en el futuro con el ordenador IBM Personal System 2. Acuda a los concesionarios autorizados IBM y si realiza su compra antes del 10 de diciembre podrá ganar uno de los cincuenta viajes a Florida que sorteamos y visitar la NASA y Epcott Center, la ciudad del futuro. IBM Personal System 2. Viaje al centro del futuro.

El virus informático

Texto F – *Students' Book page 142*

Copymaster 69

Primera parte

– Hace unos días un ordenador de la Bolsa de Barcelona se vio afectado por el virus informático que ha atacado ya a distintos ordenadores de empresas y universidades. Cinco de cada seis programas que se venden en España son ilegales, lo que provoca la aparición de este virus que sólo afecta a los ordenadores y que está siendo tratado por los llamados médicos informáticos.

Segunda parte

– Un simple disquete puede contener el virus informático, un virus que, camuflado dentro de un programa aparentemente inofensivo, puede hacer peligrar todo un conjunto de ordenadores de una institución, de una universidad o simplemente del ordenador que tenemos en casa. La Asociación Española de Empresas de Informática calcula que cinco de cada seis paquetes de software que se venden en España son ilegales y éstos son precisamente los que pueden incorporar este virus que contagia a máquinas y no a personas. Este virus, llamado también el SIDA informático, puede producirse a través de un programa contaminado.

También hay casos todavía no muy numerosos en España que han afectado por ejemplo a un ordenador del Departamento de Comunicación de la Bolsa de Barcelona, o hace unos meses a los propios equipos de la Universidad Politécnica de la ciudad condal. En todos estos casos el virus informático ha podido destruir datos, introducir mensajes erróneos, y en líneas generales ocasionar todo tipo de molestias al usuario.

Tercera parte

– Aunque en un 99 por ciento de los casos el virus informático está en la copia ilegal, también se dan ejemplos de sabotaje industrial y terrorismo a nivel informático en entidades financieras y bancos. En Estados Unidos, por ejemplo, el problema de este tipo de virus ha causado pérdidas en los bancos de más de 38 mil millones de pesetas. En España sólo en el sector informático se pierden anualmente 5 mil millones de pesetas por la proliferación de copias ilegales de programas. Los expertos aconsejan al usuario en el caso de que detecten el virus que hagan una limpieza general de sus disquetes, pero incluso comienzan a aparecer empresas, los llamados cazavirus, que mediante programas especializados consiguen detectarlo y destruirlo. Son los nuevos médicos de los ordenadores que según parece no suelen fallar.

Los videojuegos

Texto I – *Students' Book page 146*

A los niños les apasionan las pantallas con juegos de fútbol, comecocos, tenis o guerreros, pero muchos padres se asustan con esa fiebre. Son perjudiciales, crean adicción o por el contrario son aconsejables. Les invita a que presten atención a esta información.

Ante todo no hay que asustarse. Aunque el niño esté serio, intranquilo, muy concentrado, como exiliado del resto de la familia, el videojuego está contribuyendo a que aprenda leyes lógicas del pensamiento y a que madure su capacidad visomotora. Sin embargo todo tiene un límite y la cantidad de horas que muchos menores dedican a estos juegos puede provocar serias complicaciones en su conducta y en su desarrollo.

Esto puede producir el abuso porque es como una especie de drogadicción con las imágenes que ve y por otra parte a los padres les deja tranquilos, lo cual es fundamental. Pero tiene el inconveniente de que el niño no razona. El niño piensa poco, la capacidad de distanciarse de las cosas para reflexionar sobre ellas disminuye totalmente.

Para contrarrestar estos efectos los padres deben proteger al niño, seleccionando los vídeos y vigilando que el tiempo de juego sea como máximo de una hora diaria.

Los adultos deben participar con comentarios, no sólo con su presencia sino incluso con comentarios y estímulos sobre los niños en el momento en que están contemplando o ... recreándose en estos juegos.

De vez en cuando hay que dejar al niño sin imágenes y que él solo imagine. La imaginación del hombre es mucho más creadora por ejemplo que todos estos juegos.

The Student cassette transcript for this unit appears on Copymaster 73.

UNIDAD 10 — *Los marginados*

Overview

Component page reference	Title of item	Description	Teacher's Resource Book – additional information
Introductory sequence			
SB p.149	Los marginados	Speaking activity stimulated by collage of images related to unit theme and intro. para.	Further notes on exploitation, TRB p.56
TRB p.142, CM74	Unidad 10: vocabulario	Key vocab. for unit on CM	
Primera parte: Los vagabundos Introduction to sub-theme			
SB p.150	Texto A Cincuenta mil vagabundos recorren España	Reading-based activity with vocab. pairing ex., followed by comp Qs in English, search for Spanish phrases in text, translation into English, definition writing ex. and related speaking activity	#5 CM75, TRB p.143; Sols.#1, #3, #5, TRB p.56
SB p.152	Grammar The Gerund	Study, discovery and practice by two ex.s of the grammar point	Práctica #2 CM76, TRB p.143
Segunda parte: Los emigrantes			
SB p.153	Texto B Éxodo	Reading-based activity with synonym ex., ex. on adjectives of nationality, summary notes, information-gap task	#3 CM77, TRB p.144; Sols.#1, #3, TRB p.56
SB p.154	Texto C Las pateras	Reading-based activity preceded by intro with role-play, followed by related writing activity	
SB p.155	Texto D Medidas para prorrogar la estancia	Listening-based activity with gap-fill ex. and information gap activity on CM, comp. Qs in Spanish	Class cass. transcript TRB p.57; #1, #2 CM78; Sols.#1, #2, TRB p.145
Tercera parte: Los gitanos			
SB p.156	Texto E Huyendo de la purificación étnica	Reading-based activity with comp Qs in English and further supported by self-study listening activity with open questions	#2 Stud. cass. transcript, CM79, TRB p.144
SB p.157	Texto F La población marginada	Reading-based activity with vocab. pairing ex., followed by comp. Qs in Spanish, open disussion Q, speaking activity discussing attitudes of writer	Sol.#1, TRB p.56
SB p.159	Texto G La realidad de la vida gitana	Listening-based activity with definitions to study, true/false ex., summary of content in English	Class cass. transcript TRB p.57; #2 CM80, TRB p.146; Sol.#2, TRB p.57
SB p.159 and 246	15 Gitanos y payos	Optional extra reading item with open Qs for discussion	
SB p.159	Grammar Por and para	Study, discovery and practice of the grammar points	Práctica CM81, TRB p.146; Sol. Práctica, TRB p.57
SB p.160	Redacciones	Essay titles (choice)	
SB p.160	Texto K Pacto entre caballeros	Listening item (song), with writing task, for self-study	Stud. cass. transcript, CM82, TRB p.147
SB p.160	Desarrollando el tema	Questions designed to stimulate further research by the student into the unit topic	

Further Notes

Los marginados – image collage

There are three images that could be exploited using the following questions:

1 Girl with child

   Describe la foto.

   Describe las actitudes de las dos personas.

2 Tramp

   Describe este hombre (su expresión, su ropa, sus facciones).

   ¿Es rico o pobre?

   ¿Cómo lo sabes?

   ¿Qué tipo de vida lleva?

3 Ballesta cartoon

   Describe lo que hace la gente en este dibujo.

   ¿Te parece gracioso el dibujo?

   ¿Por qué (no)?

   ¿Cuál es la actitud de Juan Ballesta hacia este tema?

Solutions

Solutions are only given to questions or parts of questions where there is no scope for interpretation and discussion.

Cincuenta mil vagabundos recorren España

Texto A – *Students' Book page 150, question 1*

recorrer – to travel around; incrementar – to increase; coartar – to restrict; el colgante – pendant; fichados – on file; la pléyade – brotherhood; el desarraigo – uprooting; confluir – to join together; la pauta – pattern; ir tirando – to get along; defenderse – to get by; despachar – to get rid of; la chatarra – scrap iron; el sorteo – draw; la gama – range; la bisutería – imitation jewellery; la albañilería – bricklaying; juegos de manos – conjuring tricks; el epígrafe – heading; el jornalero – day-worker; el bracero – navvy; el hacinamiento – overcrowding; asesorar – to advise; hacer caso a – to take notice (of); hundirse – to sink

question 3

a tenderete; **b** albergues; **c** limosnas; **d** temporeros; **e** asesoran

Copymaster 75 – question 5

actividad	ocupación
la fontanería	fontanero
la gerencia	gerente
repartir cartas	repartidor (de cartas), cartero
la contabilidad	contable
la albañilería	albañil
la carpintería	carpintero
la abogacía	abogado
el arte	artesano
la música	músico

Éxodo

Texto B – *Students' Book page 153*

question 1

africano – África; alemán – Alemania; argelino – Argelia; británico – Gran Bretaña; coreano – Corea; cubano – Cuba; danés – Dinamarca; dominicano – República Dominicana; español – España; europeo – Europa; francés – Francia; indio – India; iraní – Irán; italiano – Italia; jordano – Jordania; latinoamericano – Latinoamérica; marroquí – Marruecos; mexicano – México; noruego – Noruega; pakistaní – Pakistán; peruano – Perú; portugués – Portugal; senegalés – Senegal; sueco – Suecia; tailandés – Tailandia; turco – Turquía

Copymaster 77 – question 3

Grecia – griego; Holanda – holandés; Finlandia – finlandés; Rusia – ruso; Escocia – escocés; Venezuela – venezolano; Argentina – argentino; Chile – chileno; Puerto Rico – puertorriqueño; Hungría – húngaro; Suiza – suizo; Colombia – colombiano; Bélgica – bélgico/belga; China – chino; Estados Unidos – estadounidense

Medidas para prorrogar la estancia

Texto D – *Students' Book page 155*

Copymaster 78 – question 1

(see underlined sections of relevant class cassette transcript)

question 2

a 11 meses; **b** el Centro de Acogida de Refugiados de Vallecas; **c** hace 2 meses; **d** asilo político y permiso de residencia y trabajo; **e** relojero; **f** 100.000

La población marginada

Texto F – *Students' Book page 157*

question 1

hombre mayor – elderly man; el caño – pipe; el torrente – stream; desplomarse – to collapse; la tasa – rate; el hornillo – stove; la patada – kick; carecer de –

to lack; acosar – to harrass; el payo – non-gypsy; apuntarse – to put one's name down; el papeleo – red-tape; hurgar – to poke; juerga – merry-making; arañar – to scrape together

La realidad de la vida gitana
Texto G – *Students' Book page 159*

question 2 – Copymaster 80

a verdad; **b** verdad; **c** mentira; **d** mentira; **e** mentira; **f** verdad; **g** verdad

Grammar *Por* and *Para*
Práctica – *Students' Book page 159*

a para/por; **b** por; **c** por; **d** por; **e** para; **f** por; **g** por; **h** para; **i** por; **j** por

Class cassette transcripts

Medidas para prorrogar su estancia
Texto D – *Students' Book page 155*

Copymaster 78

– Es nuestra intención dedicar los últimos momentos de nuestro tiempo a temas que nos toquen muy de cerca a todos, como el de la inmigración. Estos inmigrantes una vez en nuestro país comparten una misma problemática: el conseguir el permiso de trabajo y residencia. En el mes de diciembre de 1991 el número de inmigrantes superaba los 360.000. Sobre este tema trata nuestro reportaje especial, María José Castillo.

– Lleva 11 meses en España. La barca que le trasladó desde África consiguió llegar a la costa burlando la vigilancia policial. Mafute no sabe o prefiere olvidar la playa en la que desembarcó. El tuvo suerte.

– Estoy esperando ... el gubierno para regularizar mi problema ... si puede me da ... porque yo he pediendo ... el asilo, refijo. Los dos.

– Mafute no trabaja por el momento. Vive en una habitación del Centro de Acogida de Refugiados de Vallecas. Un caso parecido es el de Eduardo que salió de Cuba con su familia hace dos meses. Después de pedir asilo político espera como casi todos en el Centro conseguir su permiso de residencia y trabajo.

– Sí intento, en lo que se pueda, si no en la construcción, o repartiendo propaganda dentro de la ley, para no tener problema de ningún tipo.

– Eduardo es relojero y piensa que será fácil encontrar trabajo cuando tenga sus papeles en regla. Mafute y Eduardo están a la espera de legalizar su situación cuando consigan el estatuto de refugiado o de asilado político que solicitaron. Actualmente éstas son las dos únicas oportunidades que tiene un extranjero de poder conseguir el permiso de residencia y de trabajo. Precisamente en estos días los casi 100.000 inmigrantes que consiguieron legalizar su situación el año pasado están procediendo a la renovación de sus papeles para poder prolongar su estancia en nuestro país.

La realidad de la vida gitana
Texto G – *Students' Book page 159*

Copymaster 80

En 1986, una reportera de la revista *Cambio16*, Maruja Torres, vivió más de un mes como gitana, entre gitanos, para poner al descubierto la manera de vivir y la triste realidad de esta gente marginada. Habla Maruja Torres del mundo gitano y de la actitud de los «payos»:

Primera parte

Más de un 40 por ciento de los hombres y un 70 por ciento de las mujeres son analfabetos. La mayoría no sabe llamar por teléfono y desconoce por completo los mecanismos del mundo payo, por el que se ven obligados a transitar. Gran parte de ellos carece de Seguridad Social. Casi la mitad está ocupada en trabajos que, a sus propios ojos, les desprestigia. Reciben atenciones médicas a través de beneficiencia, y algunas ayudas a través de la caridad institucionalizada y reconocida. El 70 por ciento de la población gitana tiene menos de veinticinco años, y nada que hacer. La escolarización de los niños tropieza con graves obstáculos, aunque esté protegida por la ley.

En líneas generales, el pueblo gitano piensa que las cosas no se pueden cambiar. Y no se mueve. No reacciona. No se organiza.

Segunda parte

Si te vistes como ellos, si tratas de vivir como ellos, de moverte como ellos, puedes entenderlo. Que cansan mucho cinco siglos de lucha imposible. No son gestos puntuales de racismo lo que encuentras, aunque también los haya. Es mucho más sutil, mucho más perverso. Es, sencillamente, una barrera que no puedes franquear ni siquiera extenuándote en el esfuerzo.

Esa mujer paya a la que me acerco para preguntarle una dirección. El breve salto atrás, la sorpresa, porque, al volverme próxima, he pasado de ser un bulto multicolor a convertirme en una amenaza. El bolso apretado contra el estómago. Y la mirada, en la que leo, además, compasión, consciencia y negación sucesivas del propio racismo, y, sobre todo, un deseo exasperado de que desaparezca, de que me evapore, de que deje de turbarla con mi presencia. Sé que, en cuanto me separe dos metros, me habré borrado para siempre de su conciencia.

The Student cassette transcripts for this unit appear on Copymasters 79 and 82.

UNIDAD 11 — Dos mundos distintos: España e Inglaterra

Overview

Component page reference	Title of item	Description	Teacher's Resource Book – additional information
Introductory sequence			
SB p.161	Dos mundos distintos: España e Inglaterra	Brainstorming activity stimulated by intro. para.	TRB p.60 Notes on brainstorming activity
TRB p.148 CM83	Unidad 11: vocabulario	Key vocab. for unit on CM	
Primera parte: Aspectos geográficos y climáticos			
SB p.162	Texto A Maribel y Fernando hablan de la influencia del paisaje y del clima	Listening-based activity sequence preceded by vocab. prep. and followed up by comp. ex. and Qs. involving gap-filling, translation and gramm. study, self-study listening item consolidated by note-taking	Class cass. transcript, TRB p.62; #3 CM84, TRB p.149; #6 CM85, TRB pp.149-150; Sols. #3, #4, #5, TRB p.60
Segunda parte: Distancias físicas y personales			
SB p.163	Texto B Las distancias entre los edificios en España e Inglaterra	Listening-based activity consolidated by open-ended comp. Q. and gap-filling ex.	Class cass. transcript, TRB p.62; #2 CM86, TRB p.151; Sol.#2, TRB p.60
SB p.163	Texto C Besos y otras cosas	Reading-based activity sequence preceded by intro. para. and vocab. prep., followed by comp. ex.s and gramm. task	Sols. #2, #3, TRB p.60
SB p.164	Texto D No te puedes acercar más ... que lo que es la extensión de tu brazo	Listening item consolidated by ex.s involving translation and written gramm. practice	Class cass. transcript, TRB p.63; Sol.#1, TRB p.61
SB p.165	Texto E Reino Unido – la muerte lenta	Reading-based activity sequence, preceded by intro. para. and vocab. ex., followed by Qs. inviting open-ended written/spoken response	Sol#1, TRB p.61
SB p.166	Texto F Las variantes del inglés	Further listening item on related theme, Consolidated by ex. inviting open-ended written response	Class cass. transcript, TRB p.63
Tercera parte: «Disfrutar del día y fiaros lo menos posible del futuro»			
SB p.166		Intro para. followed by reading/gap-filling activity on CM and self-study listening item, preceded by intro. para. and consolidated by comp. Q.	#1 CM87, TRB p.151; #2 Stud. cass. transcript CM88, TRB p.152; Sol.#1 TRB p.61
SB p.167	Texto G La oportunidad de llegar a la gente	Listening-based activity sequence, consolidated by summary and translation exs.	Class cass. transcript, TRB p.63; Sol. #2, TRB p.61
SB p.168	Texto H Españoles, tal como somos	Reading-based activity sequence, preceded by vocab. prep. and followed by ex.s inviting open-ended written and spoken responses, research and creative activity	
SB p.168	Texto I Aquí a las once te echan literalmente	Two listening items (one for self-study) consolidated by interpretation and comp. ex.s	#1 Class cass. transcript, TRB p.64; #2 Stud. cass. transcript CM89, TRB p.152
SB p.170	Texto J Nunca las había comido en esta manera	Listening item preceded by intro. para., consolidated by comp. ex. and open-ended written response, followed by further notes and reading/speaking activities involving research and creative ex.	Class cass. transcript, TRB p.64; Sol. TRB p.61
SB p.170	Textos K y L El horario de las comidas españolas – posibles explicaciones	Reading and listening items combined in comp. ex. on CM involving note-writing	CM90 TRB p.153; Sol. TRB p.61; Class cass. transcript, TRB p.65
Cuarta parte: La otra cara de la moneda			
SB p.171		Intro. on new aspect of unit theme	
SB p.172	Grammar: Conditional sentences and The use of the subjunctive in main clauses	Study and practice of the gramm. points	Práctica #1, CM91 TRB p.154; Sol. Práctica #1 TRB p.61
SB p.173	Texto M Somos muy fuertes en el aspecto de hablar	Listening item consolidated by gap-filling ex. on CM	Class cass. transcript, TRB p.65; CM92 TRB p.154; Sol. TRB p.61
SB p.173 and 247	16 Sociología de la vida cotidiana	Optional extra reading item preceded by further explanatory para. consolidated by summary-writing ex.	

Component page reference	Title of item	Description	Teacher's Resource Book – additional information
SB p.173	Texto N El individualismo del español	Self-study listening item followed up by note-writing comp. ex. on CM	Stud cass. transcript CM93, TRB p.155; CM94 TRB p.156; Sol. TRB p.62
SB p.173	Traducción	Translation from English	
SB pp.173	Concluding paras. on unit theme		
SB p.174	Desarrollando el tema	Qs designed to stimulate further research by the student into the unit topic	

Further Notes

Dos mundos distintos: España e Inglaterra

We would recommend that before starting this unit, teachers might usefully get their classes to carry out a 'brainstorm' exercise in Spanish on the perceptions their students have of Spain. The class could be divided for this into two groups: (a) those students who have already visited Spain and (b) those who have not. Group (a) should then be asked to make a list of all of the things that struck them as very different from England, while group (b) should be encouraged to list how they imagine Spain would be different. It might be helpful to give groups a list of themes to follow, such as landscape, food and eating habits, people's characters and behaviour, daily routine, school life, night life, shops and shopping habits, driving habits etc.

Allow students fifteen minutes or so to complete the brainstorm exercise and then discuss their findings with them. Hopefully, some of the more stereotypical ideas will be modified by the end of this unit! It would be useful in any case for students to keep the lists they have made so that they see how far their ideas might have changed by the time they have completed the various texts and passages in this chapter.

Solutions

Solutions are only given to questions or parts of questions where there is no scope for interpretation and discussion.

Maribel y Fernando hablan de la influencia del paisaje y del clima
Texto A – *Students' Book page 162*

question 3
(See underlined section of relevant class cassette transcript.)

question 4
a sin duda alguna; **b** en la zona que conozco yo más; **c** no haya tantos bares en las calles como hay por aquí; **d** la gente que vivimos junto a las costas del Mediterráneo; **e** la gente mediterránea suele ser bastante más abierta

question 5
a Present subjunctive after main verb in present tense (*hace*), subjunctive used after a verb of obligation (*hace que*) with two subjects; **b** as for a above: the main verb is *obliga*; **c** present subjunctive after main verb in present tense (*vais a encontrar*), subjunctive used after indefinite antecedent (*un señor de Cuenca*)

Las distancias entre los edificios en España e Inglaterra
Texto B   *Students' Book page 163*

question 2 – Copymaster 86
a mucho menores; **b** cualquier sitio; **c** cada uno tiene su casita y su jardín; **d** tienes que recorrer distancias bastante grandes (por lo general); **e** comprar bungalows o casas individuales

Besos y otras cosas
Texto C – *Students' Book page 163*

question 2
a – Cuando era pequeña, si la gente se besaba a modo de saludo, eran sólo las mujeres que lo hacían, y no siempre. Estos días, se besan siempre las mujeres, y casi siempre los hombres y las mujeres.
b – La diferencia principal se basa en la frecuencia de los besos: las mujeres se besan siempre; los hombres y las mujeres casi siempre. **c** – <u>positivo</u>: la autora dice que esto es "casi siempre para bien" e implica que los españoles se tratan de una manera más afectuosa que los franceses y los anglosajones; también parece más natural hacerlo; <u>negativo</u>: los españoles pueden parecer demasiado invasores, por ejemplo empujándose y molestándose en la calle.
d – Los españoles se rozan, se tocan, se aproximan y se besan mucho más que los otros: los franceses

suelen reservar los besos de saludo para los más amigos; los del norte de Europa no se besan – se limitan a darse la mano.

question 3

a las mejillas; **b** besar; **c** habitual; **d** casi; **e** pueblo

No te puedes acercar más ... que lo que es la extensión de tu brazo
Texto D – *Students' Book page 164*

question 1

(See answers underlined in relevant class cassette transcript.)

Reino Unido – la muerte lenta
Texto E – *Students' Book page 165*

question 1

a (v); **b** (viii); **c** (xi); **d** (ii); **e** (iv); **f** (vii); **g** (i); **h** (xii); **i** (ix); **j** (iii); **k** (x); **l** (vi)

Tercera parte: «Disfrutar del día y fiaros lo menos posible del futuro
Students' Book page 166

question 1 – Copymaster 87

sí; es; disfrutar; poco; nuestros; tanto; calma; estamos; aquellos; por qué; intentar

La oportunidad de llegar a la gente
Texto G – *Students' Book page 167*

question 2

(See answers underlined in relevant class cassette transcript.)

Nunca las había comido en esta manera
Texto J – *Students' Book page 170*

(See answers underlined in relevant class cassette transcript.)

El horario de las comidas españolas – posibles explicaciones
Textos K y L – *Students' Book page 170*

Copymaster 90

Amando de Miguel: <u>Dato</u> – las horas de la comida y de la cena se retrasan en España en relación con lo que ocurre en otros países; <u>efecto</u> – un buen efecto sobre el matrimonio español – como se retrasa la hora de llegar a casa, los esposos se ven menos y las relaciones son mejores, por eso no hay tantos divorcios; <u>razón</u> – el retraso en la hora de la comida y el tomar una comida copiosa reflejan también el contraste y la oposición entre el campo y la ciudad: en el campo se solía comer poco y al mediodía.

Fernando: <u>Dato</u> – el horario de las comidas es la más significativa de las costumbres; <u>dato</u> – el desayuno español nunca es muy fuerte, sólo se toma un vaso de (café con) leche; <u>razón</u> – es imposible tomar un desayuno fuerte si se cena a las 10 de la noche; <u>dato</u> – a las 10 o las 11 de la mañana, se toma un almuerzo grande – un bocadillo enorme; <u>razón</u> – es un acto social, todo el mundo sale de las oficinas para tomar el bocadillo y charlar.

Maribel: <u>dato</u> – se toma un desayuno no muy fuerte; <u>razón</u> – los españoles tienen demasiada prisa por la mañana puesto que las clases empiezan a las 8; <u>datos</u> – la comida fuerte consiste en dos platos y un postre; la cena también consta normalmente de un primero, un segundo y un postre.

Isabel: <u>dato</u> – ella encuentra todo eso del horario de las comidas muy difícil; <u>dato</u> – comer a las doce en Inglaterra es imposible para ella; <u>razón</u> – no tiene hambre; <u>dato</u> – encuentra muy difícil cenar a las 6; <u>razón</u> – es demasiado temprano; dato – en España suele comer a las 3, 4 o 5; <u>dato</u> – en España toma una cena ligera; <u>razón</u> – no le gusta ir a la cama con el estómago lleno; <u>dato</u> – las raciones son más grandes en España.

Ana: <u>dato</u> – en España se come más y en menos ocasiones; en Inglaterra se come en más ocasiones entre las comidas principales; <u>efecto</u> – no tienes hambre a la hora de la comida.

Grammar Conditional sentences *and* The use of the subjunctive in main clauses
Práctica – Students' Book page 172

question 1 – Copymaster 91

a hubiera/hubiese; **b** estudias; **c** supiera/supiese OR hubiera/hubiese sabido; **d** dejara/dejase; **e** prestarás OR prestas; **f** viajases/viajaras; **g** diviertas

Somos muy fuertes en el aspecto de hablar
Texto M – *Students' Book page 173*

Copymaster 92

(See underlined sections of relevant class cassette transcript.)

El individualismo del español

Texto N – *Students' Book page 173*

Copymaster 94

Fernando: En España las horas son muy vagas; le gustaría que existiera la puntualidad en su país – En Inglaterra, la puntualidad es increíble y la alaba mucho; da un ejemplo de las horas exactas de los trenes.

Isabel: En España, el dinero es un tema tabú; los españoles tienen miedo de parecer tacaños, y quieren dejar entender que el dinero les importa poco, que quieren mantener su imagen con respecto a los demás; por eso hablan muy poco del dinero – en Inglaterra, se habla de problemas económicos, de si se tiene bastante dinero para salir etcétera.

Teresa: En España sólo hay diferentes tipos de gente en las grandes ciudades, pero no hay tantos tipos de razas; alguien de otra raza es todavía algo exótico – en Inglaterra, hay muchísima variedad de razas y de diferentes tipos de gente; y todos están mezclados y aceptados fácilmente; no es nada extraño y es algo que enriquece mucho.

Class cassette transcripts

Maribel y Fernando hablan de la influencia del paisaje y del clima

Texto A – *Students' Book page 162*

Copymaster 84

Maribel: El clima también es lo que hace que el paisaje sea <u>distinto</u> aunque en España hay casi <u>tantos</u> paisajes como comunidades autónomas; pues está la España húmeda y la España seca; yo diría que <u>desde</u> Madrid <u>hacia</u> el norte es la España húmeda – sobre todo la zona del norte – y luego a medida que vas hacia el sur, el paisaje va siendo ... pues incluso ... <u>se está desertizando</u>, diría yo, por lo menos en la zona mediterránea de Valencia y hacia el sur, y <u>cada vez hay menos</u> vegetación. En Gran Bretaña creo que es más o menos verde, en todas partes, y llueve mucho y aquí es <u>todo lo contrario</u> excepto en el norte de España – el norte y el noroeste.

Fernando: Yo creo que sin duda alguna, el clima condiciona la forma de vida. Por ejemplo aquí en España pues vivimos prácticamente al aire libre, sobre todo en nuestra zona, en Valencia, que es un clima mediterráneo fabuloso, y en la zona que conozco yo más, que es la zona de Liverpool, pues bueno el clima obliga a que la gente viva más en casa, sean las casas más confortables, se vea más la televisión y, bueno pues no haya tantos bares en las calles como hay por aquí. Aquí realmente la gente – hablo en general – vuelve a casa únicamente para comer o para dormir.

Bien, el carácter de los españoles es bastante diferente según regiones: tradicionalmente se ha considerado que la gente del interior español es gente más sobria, más austera ... menos cordial ... y sin embargo la gente que vivimos junto a las costas del Mediterráneo, como tradicionalmente hemos recibido durante milenios a griegos, romanos, cartagineses y musulmanes, es gente más abierta. Bien, esto es ... hablando en general porque vais a encontrar por ejemplo a un señor de ... de Cuenca que sea muy simpático y a un valenciano muy antipático. Pero por lo general, la gente mediterránea suele ser bastante más ... más abierta.

Las distancias entre los edificios en España e Inglaterra

Texto B – *Students' Book page 163*

Copymaster 86

Teresa: Lo primero que vi cuando llegué fue la diferencia entre la distribución del terreno en ... en Inglaterra, sobre todo de los pueblos y de cómo se distribuye la gente en las viviendas. En España vivimos en pisos, entonces los pueblos están muy compactos, y toda la gente vive en espacios muy concentrados; y puedes salir a la calle, te encuentras gente, hay bares, hay tiendas, todo está muy ... muy junto: conoces a la gente. Mientras que aquí cuando llegué, viven en casas, entonces igual hay una distancia de cinco metros entre una casa y otra, y tienes ... o sea tienes que ir a llamar a la puerta del vecino para encontrártelo muchas veces. Y también tienes que andar bastante para ir a las tiendas más cercanas, que suelen ser ... bueno, tiendas básicas de donde puedes comprar el pan, fruta, carne, revistas y ... ya está. Entonces si quieres ir a unos centros comerciales más grandes tienes ya que trasladarte al centro de ... de la ciudad, por así decirlo.

Isabel: Las ciudades ... que son tan distintas en España y en Inglaterra. En España las distancias son mucho menores, ¿no? Por ejemplo, sales a la calle y estás cerca de cualquier sitio: estás cerca del cine, cerca de las cafeterías, de tus amigos, de cualquier cosa ... y creo que todo ello facilita las relaciones sociales ... porque no tienes que estar pensando "bueno, ¿cómo voy a volver a casa? ¿a qué hora es el último tren?" .... o cualquier cosa, mientras que en Inglaterra, en el momento en que sales de casa, – de acuerdo el panorama es mucho más bonito ¿no?: cada uno con su casita, su jardín – pero en el momento en que sales de casa tienes que recorrer distancias bastante grandes por lo general; pensar en autobús, en metro, en volver ... Sí, pero de todas formas yo creo que ahora hay una tendencia en España, sobre todo entre la gente .... de edad mediana a comprar bungalows o casas individuales. Yo creo que es un poco a lo mejor la imitación del ... del estilo inglés, o incluso americano; que cada uno empieza a tener ahora como pequeñas casas quizás en ... en urbanizaciones o ... cosas así. Pero es algo que se está perdiendo en España ... o sea el carácter de la ciudad compacta. Que por un lado está muy bien ¿no? porque cada uno tiene su jardín, pero por otro, yo creo que las distancias entre la gente ... hay ... de ... en el contexto social son más difíciles ... son más grandes ...

No te puedes acercar más ... que lo que es la extensión de tu brazo
Texto D – *Students' Book page 164*

Sí ... vamos (1a) no me ha causado ningún problema ... bueno el primer día ... (b) igual te causa cuando te presentan a alguien y le vas a dar dos besos y entonces se te quedan mirando con una cara extraña y tú no entiendes por qué. Porque además (c) en el resto del continente pues la gente se toca más o se dan tres besos o se abraza, y aquí no es así. Y (d) entonces ... luego me explicaron que ... no te puedes acercar más a una persona que lo ..... que es la extensión de tu brazo ... Entonces luego dices "bueno esto es ridículo"; pero es verdad – (e) la gente no ... no es dada a tocarse o a estar demasiado cerca uno del otro, a no ser que tengas una segunda intención, o que lo conozcas muchísimo; y (sic) (f) incluso si lo conoces mucho también tienes que tener cuidado con las distancias .... y con lo que dices, porque ... luego (g) es un problema de lenguas también porque igual lo que en castellano es una expresión normal, si lo traduces al inglés o lo quieres expresar en inglés, igual es ... un grosero, o te pueden mal interpretar, o no te entienden nada. Y (h) hay que tener cuidado con las maneras.

Las variantes del inglés
Texto F – *Students' Book page 166*

Bueno, y después ya de ... de estar una ... una temporada en Inglaterra ya ... bueno vas cogiendo un poco el ... el sonido del inglés, las diferentes variantes del inglés, entonces es ... yo creo que ... a mí me sorprendió muchísimo que mientras en España hay diferentes dialectos o diferentes maneras de hablar, diferentes acentos – pero están relacionados con regiones. Y entonces aparte de las regiones tú oyes hablar a un español de Galicia, y bueno tiene un acento muy característico como el de Andalucía, como el aragonés, y entonces la gente ... bueno pues hace todo tipo de chistes de su manera de hablar y así – pero no en una manera despectiva o peyorativa, o porque crean que son más o menos incultos: hay diferentes maneras de hablar pero sólo se asocian a diferentes regiones. Y sin embargo en Inglaterra los diferentes acentos están relacionados con las clases sociales. Entonces ... yo el primer día que empecé a trabajar, por ejemplo, estoy trabajando en tres colegios, y creo que tienen diferentes niveles sociales. Entonces en uno de ellos no podía entender apenas nada de lo que me estaban hablando – ellos seguían hablando pero no entendía nada porque no podía seguir el ritmo de ... del inglés que hablaban; entonces me asusté mucho: digo: "¿pues entonces es que no sé inglés?", porque no entendía una palabra. Y sin embargo en los otros dos, bueno en uno, bien, tenían mucho acento de ... de Liverpool, pero podía entender más o menos: y en otro colegio no tenía ningún problema para entender a los profesores y así ... entonces eso me llamó mucho la atención porque estando dentro de la misma zona, y yo acostumbrada a asociar dialectos con zonas, no entendía por qué. Y luego cuando empiezas a oír la BBC, los diferentes programas y ya te explican que la importancia de la "RP" (1) y ... y del inglés de la reina, y así, pues entonces ya entiendes: "ah bueno, es que aquí se distribuye de otra manera, y hay que tener mucho cuidado". Y eso es una cosa que a los ... a mí como extranjera, me preocupa; porque eso igual indirectamente implica que te cataloguen nada más por tu acento, o sea que se fijen más en tu manera de hablar que en lo que dices. Y bueno yo lo encontré un poco ... un poco peligroso desde mi punto de vista, ¿no?

(1) "RP" = 'Received Pronunciation'

La oportunidad de llegar a la gente
Texto G – *Students' Book page 167*

Isabel: Bueno no, a mí no me gustan nada las generalizaciones, pero lo que sí veo, y (2a) una de las cosas que más me ha llamado la atención al llegar a Inglaterra, es que la gente tiene una actitud un poco distinta hacia los extranjeros de la que tenemos en España. En España, normalmente, cuando viene un extranjero, no sé si (b) les da un poco el trato de ... de la alfombra roja – de abrirles la ... el corazón en principio. De acuerdo que todo esto se ...

Ana: ¿El corazón?

Isabel: El corazón no, pero ... sí que hay una actitud de ... más abierta.

Ana: ... más cordial.

Isabel: más cordial. Pero lo que creo es por lo menos (c) te dan la oportunidad de llegar a la gente ¿no? Tienes la oportunidad de empezar a hablar con alguien y el que es de a ... de a partir de ahí se desarrolle algo – (d) una amistad o lo que quieras – es más fácil que en Inglaterra. En Inglaterra, primero, creo que tienes que tener ... tienes que ser más prudente a la hora de empezar a hablar con alguien, y como ... siempre estás pensando en las consecuencias de "si esto se dice, esto se hace", o ... "¿puedo llegar a hablar de esto con esta persona?". Creo que no puedes empezar a hablar de ti o de tus problemas con alguien – bueno en España tampoco la harías a la primera ¿no? ... pero ...

Por ejemplo te vas a tomar unas cañas en España, y (e) puedes acabar la noche hablando con alguien. Incluso ya ... puedes llegar a conocerlo. Y aquí, imagínate por ejemplo salir a un pub y empezar a hablar con alguien – es prácticamente imposible. Bueno ... no sé ... (f) a mí me resultaría francamente muy difícil ... Pero yo casi más que de la siesta yo hablaría del café, porque en España – yo qué sé – es superimportante: si estás con los amigos, la hora del café es ... es ideal ¿no? porque quedas con los amigos, y, bueno, durante el café (g) te pones a charlar de cualquier cosa y puedes estar ... pues hasta las seis o las siete de la tarde fácilmente, si no tienes que volver a trabajar. Y en Inglaterra, no ... vamos, ... esto del café, ... no, no ...

Ana: Bueno, pero aquí es el té ¿no? Aquí es el té ...

Isabel: Sí, pero ... pero las conversaciones de todas formas no se extienden tanto. En España es que puedes empezar y te puedes pasar horas ... es que, no me digas ... empiezas con un tema ...

Aquí a las once te echan literalmente

Texto I – *Students' Book page 168*

... bueno y luego otra cosa que me llamó la atención: cuando ... cuando sales o ... después del colegio si sales con los profesores que van al pub. Entonces, para mí un pub ... no me parece que estoy en un bar como en España; me parece que estoy en el salón de la casa de alguien, porque están decorados como ... para que estés muy confortable, con la moqueta o las sillas, los asientos, todo tipo de cervezas; entonces es como ir al bar de una casa, a la barra del ... del bar de una casa en el salón, y te sirves tú las bebidas y estás charlando con los amigos. Y nadie baila, apenas hay música, mientras que en España pues si vas al bar estás de pie, hay ruido por todas partes, música para que no oigas al de al lado, y ... y así. Y luego ... mientras que en España puedes seguir saliendo durante la noche, aquí a las once te echan literalmente; entonces a mí me parece muy grosero el que estés con la mitad de la cerveza o lo que estés bebiendo, y que te venga gritando el ... el señor o el camarero para que te vayas, y te tienes que ir. Y luego igual estás en la calle ... colgado o que no sabes adónde ir, y tienes que entrar a un ... a un club; y entonces en estos clubs tienes que pagar para entrar. Entonces era ... para mí eso era algo nuevo como ... echar dinero en un saco roto, porque ¿por qué tengo que pagar si luego voy a consumir? o así ... Y luego el que acabe la ... la vida nocturna a las dos, también es ... es muy extraño; en España puedes seguir ahora y ... nuevas regulaciones ... yo creo que ... que tienen que cerrar sobre las tres, tres y media, pero sigues teniendo discotecas hasta las seis o las ocho, incluso con la ruta del bakalao seguir todo el fin de semana. Y aquí pues tienes que irte a casa de alguien con las 'parties' y ... eso en España no es muy común, a no ser que estés en una ciudad estudiantil, y quieres hacer una fiesta en tu casa e invitas a tus amigos ... pues entonces sí. Pero como regla general, no.

Nunca las había comido en esta manera

Texto J – *Students' Book page 170*

Y ... bueno también llama muchísimo la atención ... es la comida y los horarios de la comida y ... por ejemplo yo ahora vivo con una familia inglesa y la señora nos suele cocinar ... y entonces, aunque tenemos las (sic) mismos tipos de verduras – porque ahora con las importaciones – exportaciones se reciben muchos productos del exterior y así ... es impresionante la diferencia de ... de manera de cocinar que hay; porque yo, aunque he comido muchas ..... muchas verduras de las que ... de las que la señora nos cocina, nunca las había comido en esta manera o ... mucha gente dice "bueno es que en Inglaterra no saben cocinar verduras porque no les echan ningún tipo de condimento, o no saben hacer ensaladas, porque no les echan aceite, vinagre o ... o especias" ... (los alemanes usan muchas especias) ... "entonces bueno no ... no saben hacerlo ... ¿cómo es que lo hacen así? ... no tiene sabor" ... o ... por ejemplo cuando se cocina la carne o se cocina el pescado, me llamaba mucho la atención en que tienes la carne asada y después el "gravy" ... separado; entonces en España es todo junto ... ¿por qué los separan? ... si ... si lo puedes cocinar todo junto y parece más sabroso, ¿no? o ... simples cosas como por ejemplo, te sientas a la mesa – igual no tienes una servilleta o no tienes el vaso de agua – porque no beben agua durante la comida ... se puede beber vino así pero es más extraordinario – ... o ... por ejemplo el ... el púdin, que es caliente, ... es como una especie de bizcocho pero se lo toman caliente, y mi madre nunca me dejaba de pequeña tomarme el bizcocho caliente. Entonces cuando la señora me lo servía caliente digo "pues igual me va ... me va a sentar mal en el estómago" ... así pero luego, no ... es otra manera de ... de tomarlo ¿no? Y .... o por ejemplo que no hay pan ... que hay patatas; entonces hasta que asimilas que es el alimento básico – que no es el pan sino las patatas – pues, cuesta un poco ...

El horario de las comidas españolas – posibles explicaciones
Texto L – *Students' Book page 170*

Copymaster 90

Fernando Las costumbres ... las costumbres pues también están de acuerdo con la historia, con el clima, y son desde luego muy muy diferentes. Yo creo que la ... la más significativa en mi opinión es por ejemplo los horarios de comidas, y el tipo de ... de comidas: aquí en España nunca se hace un desayuno fuerte, como en Gran Bretaña; se desayuna muy poco por la mañana – un café con leche o un vaso de leche. Sin embargo hacia las 10 y media o 11 de la mañana, se realiza un monstruoso almuerzo, con un gran bocadillo ... bien, y es como un acto social: realmente si tú vas a una oficina a las 11 de la mañana, pues en la oficina pues no queda casi nadie, porque está todo ... todo el mundo está almorzando. Luego, la comida del mediodía se hace normalmente en casa, hacia las dos de la tarde o tres de la tarde y, bueno a veces también se merienda, se hace la merienda hacia las 7 de la tarde, porque ... cenamos muy tarde, habitualmente, cenamos a las diez de la noche. Claro, y cenando mucho a las diez de la noche es imposible que nadie a las 7 de la mañana pueda tomarse dos huevos fritos con bacon y salchichas y Cornflakes y tostadas y mermelada ... eso es imposible, es materialmente imposible.

Maribel: Pero también es una cuestión de prisa porque si los ... los estudiantes tienen clase a las 8 de la mañana, en la educación secundaria, tendrían que madrugar muchísimo para hacer un desayuno fuerte; entonces todos vamos con prisa por la mañana y tomamos sólo un vaso de leche o un vaso de leche con galletas; y después del bocadillo del almuerzo, siempre la comida tiene dos platos y un postre, siempre en ... en todos los hogares, y en eso creo que difiere mucho de ... de la comida británica. Y normalmente en la cena también hay siempre dos platos ... hay un primero y un segundo y luego postre, y es bastante abundante la cena, quizá demasiado.

Isabel: En el horario normal de cada día, lo que veo más difícil para acostumbrarme a la vida inglesa es sobre todo las horas de las comidas – vamos, a mí me tienen loca. Es totalmente distinto, ¿no? y para mí, por ejemplo ponerme a comer a las doce del día es que ... es prácticamente imposible: yo todavía no tengo hambre como para comer tanto. Y en cambio por ejemplo para ... comer ... una ... una comida consistente a las seis de la tarde me parece también como muy ... muy pronto. En España yo estoy acostumbrada por ejemplo a comer a las tres de la tarde – los días de fiesta y eso incluso a las cuatro o a las cinco, incluso, y luego la cena, pues mucho más tarde, aunque ... yo de todas formas estoy acostumbrada a cenar bastante ligero. No me gusta irme a la cama con ... con el estómago lleno, pero ... que ... vamos, que veo que es muy distinto este horario, y además que te permite hacer menos cosas ¿no? En España como que el espacio entre las comidas es más grande, y ... no sé ... puedes hacer otras cosas mientras tanto. La ración suele ser más grande.

Ana: Sí, sí sí. En general se come ... se come ... en general se come más. Lo que pasa (es) que también se come más pero se come menos ...

Isabel: ... en menos ocasiones, ¿no?

Ana: Sí ... o sea ... aquí la gente se está comiendo galletas, comiendo de esto ... comiendo tal, con lo cual cuando llega la hora de la comida, pues no tienes hambre, ¿no?

Isabel: Sí, se comen muchas chucherías aquí ... que en España no ... aparte de las pipas.

Somos muy fuertes en el aspecto de hablar
Texto M – *Students' Book page 173*

Copymaster 92

Dolores: Pedro, me has dicho que vives en Inglaterra. ¿Cuánto tiempo llevas aquí?

Pedro: Llevo cuatro años.

Dolores: Sí ... Y ¿cómo lo ves? ¿Notas muchas diferencias con España ... algún aspecto en concreto?

Pedro: Sí ... aparte del clima, el humor: el humor es muy sarcástico ¿eh? El inglés es ... aparte de ser educado ... ¿eh? ... que a veces los españoles somos muy fuertes en el aspecto de hablar, ¿eh?, y somos muy directos ... el inglés te trata muy educadamente, ¿eh? ... y trata de ... no te para la conversación ... te deja hablar, aunque digas tonterías, te deja hablar ¿eh? y te para, pero poquito a poco, cuando el español ... donde el español te para automáticamente. Si no quiere hablar contigo, te dice: "¡Eh. Oye! No me vales". Y el inglés ... no, el inglés te deja hablar, y si no quiere hablar contigo, te dice: "estoy ocupado; hablaré contigo más tarde".

Dolores: Ya, ya.

The Student cassette transcripts for this unit appear on Copymasters 85, 88, 89, and 93.

UNIDAD 12 — *Unos son más iguales que otros*

Overview

Component page reference	Title of item	Description	Teacher's Resource Book – additional information
Introductory sequence SB p.175	Unos son más iguales que otros	Speaking activity stimulated by intro. para. and collage of images related to unit theme	
Primera parte: Las mujeres SB p.176		Intro. para. on theme of woman's role in society	
TRB pp.157-158, CM95	Unidad 12: vocabulario	Key vocab. for unit on CM	
SB p.176	Para empezar:	Self-study listening activity based on a song and consolidated by Q inviting open-ended spoken or written response	Stud cass. transcript CM96, TRB p.159
SB p.176	Texto A La obligación de ser bella	Reading-based activity sequence, preceded by vocab. prep., consolidated by Qs inviting open-ended written/spoken responses;	
SB p.178	Repaso de gramática	Gramm. revision exercise based on Texto A, using research and discovery of the gramm. points	Sol. TRB p.67
SB p.178	Texto B La situación de la mujer	Self-study listening-based activity sequence, preceded by intro. para. and vocab. prep., followed by ex.s on comp., repetition, translation and open-ended spoken response	Stud. cass. transcript, CM97 TRB p.160
SB p.179	Texto C Que frieguen ellos	Reading-based activity sequence, preceded by vocab. prep. and followed up by comp. and translation ex.s.	Sol. #2, TRB p.67
SB p.181	Texto D La desigualdad entre los sexos en Madrid, Galicia y Andalucía	Listening-based activity preceded by vocab. study and consolidated by ex.s involving note-taking and gramm. revision	Class cass. transcript, TRB p.69; #1 CM98, TRB p.161; Sol.#1, TRB p.68
SB pp. 182-183	Texto E Ingeniero, ¡huy qué miedo!	Reading-based activity preceded by vocab. prep. and followed up by summary-writing and comp. ex.s	Sol.#3 TRB p.68
SB p. 183	Texto F Tres profesores hablan de la igualdad entre los sexos en las escuelas españolas	Listening item consolidated by gap-filling ex.s on CM	Class cass. transcript, TRB p.69; CM99, TRB p.162; Sol. TRB p.68
SB p.183	Texto G Con faldas y sin blanca	Reading-based activities preceded and followed by vocab. study, consolidated by Q inviting open-ended written/spoken response	Sols.#1, #2, TRB p.68
SB p.185	Texto H Los tres profesores hablan de nuevo sobre la situación de la mujer española en el mundo laboral	Further listening item preceded by vocab. prep. and followed up by Q inviting open-ended discussion with partner	
SB p.185 and 248	17 Chicas al quite	Optional extra reading item followed by Qs inviting open-ended written/spoken response	
SB p.185	Texto I Dos canciones	Listening-based item for self-study; study of the style and content of two songs, followed by discussion with partner	Stud. cass. transcript CM100, TRB p.163
SB p.186	Redacciones	Essay titles (choice of discursive and imaginative subjects)	
SB p.186	Traducción	Translation from English	
Segunda parte: Las minorías étnicas SB p.186	Intro. para.		
SB p.187	Texto J ¿Tienes prejuicios raciales?	Reading item supported by matching vocab. activity, multiple choice quiz, with answers on CM, writing ex., and gramm. activity on subjunctive	Sol. CM101, TRB p.164
SB p.188	Texto K Justicia, sí, racismo, no	Reading item with brief intro. followed by vocab. search for Spanish equivalents, comp. Qs in Spanish, role-play writing activity, gramm. practice ser/estar on CM	CM102, TRB p.159; Sols.#1, #4, TRB p.68

Component page reference	Title of item	Description	Teacher's Resource Book – additional information
SB p.190	Texto L El racismo en España	Listening activity with speaking/writing exploitation, gap-fill activity on CM	Class cassette transcript, TRB p.71; #2 CM103, TRB p.165; Sol.#2, TRB p.68
SB p.190	Texto M Cuatro inmigrantes africanos	Reading activity, supported by speaking tasks, writing activity	
SB p.190 and p.249	18 Preferiría una silla eléctrica	Optional extra reading text, with either/or debate writing task	
SB p.190	Redacciones	Essays (choice)	
SB p.191	Desarrollando el tema	Questions designed to stimulate further research into unit topic by the student	

Solutions

Solutions are only given to questions or parts of questions where there is no scope for interpretation and discussion.

Repaso de gramática

Students' Book page 178

a – el uso de los gerundios: sigue siendo; valorándonos; acicalándose; continúa siendo (x2); continúa premiando.

b – ser y estar: ya es hora de que …; me gustaría ser más guapa; … las cosas me serían más fáciles; … sigue siendo machista; no estoy dispuesta …; la belleza es la cualidad que se valora …; … está convencida de que es la inteligencia …; la mayoría … están convencidas de que …; la sociedad presiona a la mujer … para que esté guapa; esa presión es la normal; ¿Es real esta presión?; ¿No será que la mujer se imagina …?; … es un contundente no; la presión … es real; continúa siendo el aspecto externo; continúa siendo su físico; … nunca debe ser en la mujer un factor esencial; se acepta que la mujer sea muy inteligente; … si es fea; mi currículum y mi experiencia eran perfectos; la mujer está sometida a una gran presión; sé que es una tontería; … son demasiadas las mujeres que sienten lo mismo; Esto es lógico; cuando una mujer no consigue ser tan bella … como se supone que debe ser; intento que no sea así; la verdad es que cuando …; el hecho de que sea guapa es un punto a su favor; son las cualidades más valoradas.

c – el uso de la palabra se: la cualidad que se valora …..; lo que más se aprecia; … para que se mantenga joven; la mujer se imagina que …; primero se la valoró por sus funciones reproductoras; … para que continúe acicalándose …; se ejerce mediante sofisticados mecanismos; sólo se acepta que …; ya se sabe; se percibe como una amenaza a la masculinidad; se lo dieron a un compañero; sólo iba a fijarse en mi físico; … como se supone que debe ser; se siente tremendamente vulnerable.

d – participios pasados: no estoy dispuesta; 15% de las encuestadas; está(n) convencida(s) de que …; la mujer ha funcionado …; sofisticados (y no tan sofisticados) mecanismos sociales; la belleza física va acompañada de …; no ha podido hacer otra cosa que estudiar; Carmela, … inteligente, preparada y … guapa; un compañero menos preparado que yo; un laboratorio formado por hombres; la mujer está sometida a una gran presión …;

e – subjuntivos: es hora de que cambie esa situación; no estoy dispuesta a que me coman el coco; para que esté guapa, tenga buen tipo y se mantenga joven; la presión para que continúe acicalándose; aunque nos pese; sólo se acepta que la mujer sea inteligente y tenga cinco carreras …; intento que no sea así; el hecho de que sea guapo.

Que frieguen ellos

Texto C – *Students' Book page 179, question 2*

a – Después de levantarse tarde, Juan Antonio no hace casi nada durante el día antes de ir a unas clases nocturnas por la tarde. Clara pasa un día ocupadísimo en la oficina antes de volver a casa para empezar las tareas domésticas. **b** – porque teme que él se muera de hambre como no sabe qué hacer en la cocina; le dice qué hay para comer o quizás le da instrucciones sobre cómo preparar comida. **c** – Esperan tener un bebé y por eso necesitarán contratar una 'interna'. **d** – Porque después de trabajar varias horas en la oficina, tiene que empezar otro 'empleo' – el trabajo de la casa. **e** – porque el trabajo de la casa es interminable; no hay horas fijas y la mujer no suele o no puede salir de casa o descansar como se hace normalmente en un empleo fuera de casa. **f** -los que 'ayudan' suelen pensar que las tareas domésticas son por lo general cosas de mujeres con las cuales el marido ayuda de vez en cuando; los que 'comparten' las tareas de la casa las ven como algo que los esposos hacen juntos, de una manera más o menos igualitaria. **g** – Hay fenómenos sociales que influyen en la situación global, y se puede tardar generaciones en cambiar la sociedad;

los períodos de cambio son lentos y generan confusión; hay además muchas mujeres que prefieren la situación y los papeles tradicionales; muchas mujeres, si quieren repartir, no saben exactamente cuánto.

La desigualdad entre los sexos en Madrid, Galicia y Andalucía

Texto D – *Students' Book page 181*

Copymaster 98 – question 1

Madrid: <u>Situación anterior</u> – costumbres muy cerradas por el régimen político de Franco; el machismo existía porque era un sistema "cómodo", la mujer en casa fregando, cuidando los niños etcétera. Las niñas debían buscar maridos con dinero, y los chicos estudiar o trabajar. <u>Situación actual</u> – ha cambiado mucho, no hay igualdad pero hay mucha más que antes. <u>Datos personales</u> – su padre trabajaba fuera y su madre siempre en casa; su madre nunca tuvo la oportunidad de ir a la escuela.

Galicia: <u>Situación anterior</u> – siempre ha habido una sociedad matriarcal, con la mujer que mandaba en casa y el marido que salía a trabajar y traía el dinero. <u>Situación actual</u> – es todavía una sociedad matriarcal, pero ahora hay más mujeres que trabajan y bastante libertad en eso de hacer faenas de la casa.

Andalucía: <u>Situación actual</u> – es todavía muy machista, pero está cambiando y mejorando. Es una parte más tradicional. <u>Datos personales</u> – era puro machismo en casa de Silvia: su padre traía dinero, su madre trabajaba en casa; su padre no puede fregar platos etcétera; hace sólo 9 años en Granada, su hermano no podía ir de compras porque estaba mal visto.

Ingeniero, ¡huy qué miedo!

Texto E – *Students' Book page 183*

question 3

a Le interesa el arte; **b** aspira a convertirse en ingeniero naval; **c** tomará parte activa;
d Esto lleva a la autoexclusión de muchas mujeres;
e si la tendencia sigue en esta línea;
f Podría ser una solución

Tres profesores hablan de la igualdad entre los sexos en las escuelas españolas

Texto F – *Students' Book page 183*

Copymaster 99 – question 1

(See underlined sections of relevant class cassette transcript.)

Con faldas y sin blanca

Texto G – *Students' Book page 183*

question 1

una bata – a dressing gown/housecoat; trajinar – to bustle about; un ascenso – a rise; imparable – unstoppable; pese a – in spite of; aportar – to contribute; desligar – to separate; arrinconar – to corner

question 2

a ventana; **b** espectacular; **c** informe; **d** salarial; **e** desempleo; **f** señalar; **g** barrera; **h** encuesta

¿Tienes prejuicios raciales?

Texto J – *Students' Book page 187*

la xenofobia – xenophobia; plantearse (una pregunta) – to ask yourself the question; a última hora – at the last minute; una cena de compromiso – a dinner engagement; un(a) canguro – a babysitter; un imprevisto – something unforeseen; darle plantón a uno – to stand someone up; disponer de – to have (at one's disposal); sobrar – to have an excess of; dar mala espina – to make someone suspicious; una cita a ciegas – a blind date; concienciar – to make aware; por si – in case; un tópico – a platitude

Justicia, sí, racismo, no

Texto K – *Students' Book page 188*

question 1

a por doquier; **b** apalear; **c** un brote breve; **d** una época aciaga; **e** los sinsabores; **f** que se sepa; **g** atiborrado de clientes; **h** lo de siempre; **i** cobro el paro; **j** hecho probado

Copymaster 102

question 4

a estaba; **b** era; **c** estaba; **d** ser; **e** fuera/fuese; **f** fuera/fuese; **g** siendo; **h** hubiese/hubiera estado; **i** es; **j** estén

El racismo en España

Texto L – *Students' Book page 190*

question 2 – Copymaster 103

(See underlined sections of relevant class cassette transcript.)

Class cassette transcripts

La desigualdad entre los sexos en Madrid, Galicia y Andalucía

Texto D – *Students' Book page 181*

Copymaster 98

Dolores: Pedro, tú eres de Madrid, y tú Silvia de Granada. ¿Me podéis decir un poco cómo veis la desigualdad de sexo en vuestros entornos?

Pedro: Bueno, pues sí ... De Madrid, bueno, lo que te puedo decir es que la época en la cual yo viví era cuando Franco vivía y bueno, el régimen político y las costumbres que teníamos en esos momentos en nuestro país eran muy ... muy cerrados. Empezando por ahí, te puedo decir que ... bueno pues te puedo hablar del machismo; por supuesto que el machismo existía, pero era porque era muy cómodo, el que el hombre saliese a la calle a traer el dinero, y la mujer por obligación tenía que estar en la casa. Tenía que estar en la casa fregando, tenía que estar cuidando los niños y quitándole incluso hasta los moquitos de la cara porque no había quien se los quitase. Lo que sí te puedo decir también es que eso ha cambiado mucho ahora: ha cambiado bastante aunque también seguimos con eso porque era como un padrón ¿eh?, o sea un patrón que teníamos ahí. Y el patrón ése parece ser el que va desapareciendo. Entonces te puedo contar hasta el mismo momento cuando yo he tenido ese problema en casa; y tenía ese problema en el sentido de que mi padre trabajaba fuera y mi madre pues trabajaba en la casa. Pero al mismo tiempo era porque bueno mi madre tiene 64 años ahora, o sea es bastante mayor, y cuando era pequeña no tuvo la oportunidad de ir a la escuela. Entonces, lo típico que había antes era "eres niña – tú lo que tienes que buscarte es un marido con dinero, y tú a cuidar la casa. O sea no te preocupes, hija. Eres niño: tú, o estudias y te sacas una carrera, o a trabajar a picar, hijo, que hay que hincar el codo." Y bueno pues eso ha cambiado bastante ahora en – por lo menos en lo que te puedo hablar de Madrid. No te puedo hablar de otros sitios.

Dolores: Bueno entonces tú crees que en Madrid hay igualdad de sexo ahora – o casi.

Pedro: No, no hay igualdad, pero ha cambiado: si antes hablábamos de un 2%, ahora podría hablar de un 45 o un 50%.

Dolores: Bueno, o sea que están ahí.

Pedro: Y ¿en el norte – porque tú eres de La Coruña o de Vigo?

Dolores: De Vigo

Pedro: De Vigo, y en el norte, ¿cómo están las cosas?

Dolores: En Galicia siempre ha habido una sociedad matriarcal. Entonces la mujer era la que mandaba en la casa; el marido iba a trabajar, traía el dinero, se lo daba a la mujer, y la mujer era la administradora, y siempre se encargaba de todo lo de la casa. Hoy en día, pues, todavía sigue habiendo algo de eso, de sociedad del matriarcado éste ¿no? – la mujer administrando los bienes – pero hay ahora muchísimas mujeres que trabajan y entonces hay bastante igualdad en el sentido de la casa, de... pues lavar los platos, poner la mesa, cuidar a los niños, en ese sentido.

Dolores: Sí ... Bueno Silvia ¿y tú? que estás muy callada ...eres de Andalucía ...

Silvia: Yo soy de Andalucía, sí ... Hombre, bajo mi punto de vista la sociedad andaluza es todavía muy machista, aunque como dice Pedro la situación va cambiando y va mejorando. Pero por ejemplo yo lo que veo en mi casa es puro machismo: mi padre es el que trae el dinero a casa y mi madre es la que se ocupa de todas las tareas de la casa. Él por ejemplo no puede fregar platos ni puede planchar ni nada de eso, porque ... de eso se ocupa mi madre o las niñas, que somos nosotras las hijas. Cuando nos fuimos a vivir a Granada, y te hablo de hace nueve años, mi hermano no podía ir a comprar a las tiendas porque estaba mal visto. ¿Qué iban a decir los vecinos – si un chico iba a comprar? Quizá esto sea un poco exagerado, pero ...

Dolores: Pero ya no ocurre esto, ¿no?

Silvia: No, ahora ya no no, por supuesto, ahora no ocurre eso. Por eso te digo que la situación ha ido cambiando. Pero aun así cuando sales a la calle, te relacionas incluso con la gente joven, puedes notar, notas que existe machismo.

Dolores: Quizá la sociedad andaluza sea más tradicional aun en ese sentido.

Silvia: Sí, es más tradicional.

Tres profesores hablan de la igualdad entre los sexos en las escuelas españolas

Texto F – *Students' Book page 183*

Copymaster 99

Q: Desde la época franquista, ¿cómo piensan ustedes que la vida de las mujeres ha cambiado en España?

Maribel: Bueno, yo creo que hay varios factores que <u>han cambiado, un poco</u> – lo que pasa que algunos sólo <u>han cambiado ligeramente</u>. Creo que hay una mayor conciencia por parte de los padres en las zonas rurales, para dar <u>los mismos derechos a la educación</u> a las hijas que a los hijos (cosa que hace muchos años

Unos son más iguales que otros

a lo mejor era un poco diferente: siempre <u>primaban al hijo sobre la hija</u>, si tenían pocos recursos económicos). Luego creo que hay un mayor <u>acceso de la mujer al trabajo</u> – tiene una mayor capacidad de decisión; puede decidir si quiere <u>trabajar sólo en casa</u>, como ama de casa, o si quiere <u>trabajar en el mundo laboral</u>. Aunque sigue habiendo factores que cuestan mucho de cambiar. <u>Eso es lo que yo creo.</u>

Q: ¿Hay principios que apoyan la igualdad de oportunidades en las escuelas españolas?

Manolo: Sí, yo creo que ahora mismo se han cubierto todos los mecanismos para que haya igualdad de oportunidades en escuelas y universidades. Imagino que la pregunta es para los estudiantes, pero tanto para los estudiantes como para el profesorado: los cargos en los colegios son igual para las mujeres que para los hombres. Y concretamente en el mundo de la educación y del profesorado, el porcentaje de mujeres es superior al de hombres en – ... por lo menos ... por lo menos en la educación primaria y secundaria, vamos; en la universitaria quizás no tanto todavía y quizás ése es el camino que queda por recorrer.

Pilar: Y en cargos políticos ...

Maribel: Y en el mundo laboral ... la mujer está muy ...

Pilar: ... por debajo del hombre.

Manolo: Pero en lo que es ... digamos en los colegios, la situación ahora mismo, yo creo que se puede considerar igualitaria, en lo que es la educación. Es mi opinión como hombre.

Pilar: Sí, yo estoy de acuerdo ... estamos de acuerdo ...

Los tres profesores hablan de nuevo sobre la situación de la mujer española en el mundo laboral

Texto H – *Students' Book page 185*

Q: ¿Hay mujeres que tienen puestos muy importantes en el gobierno español?

Pilar: Es una buena pregunta, porque es ése el ... problema actual que tiene la mujer española, que le resulta muy difícil acceder a cargos altos de política, o en empresas donde hay grandes responsabilidades. No le resulta tan fácil acceder a estos puestos de trabajo. Digamos que en general no ... no ... todavía no ... hay ... igualdad de oportunidades para acceder a estos puestos.

Maribel: Es muy difícil para una mujer. Yo creo que lo que dice Pilar incide en el hecho de que es muy difícil para una mujer acceder a un cargo directivo, porque para ello tiene que ser mucho mejor que un hombre. Tiene todo su trabajo del hogar, tiene sus hijos que son – yo diría que el 99% su responsabilidad – encima tiene que rendir igual que un hombre en su mundo laboral y en la sociedad. No es que no tenga las mismas oportuni ... los mismos mecanismos legales, que sí que los tiene, es que personalmente es muy difícil y a lo mejor supone sacrificar aspectos de tu vida privada, entonces no todas las mujeres pueden. Sí tenemos una ministra de Cultura, tenemos una ministra de Sanidad, ...

Manolo: ... Asuntos Sociales ...

Maribel: Asuntos Sociales, tenemos alcaldesas, – en Valencia hay una alcaldesa, una mujer, pero realmente es muy difícil para la mujer acceder al poder en la vida política o en el mundo laboral. Pero yo diría que los aspectos machistas no están tanto en el mundo político, me parece, como en el laboral. En el laboral ... hay quizá un poquito más de eso.

Q: En general, ¿cómo se siente la gente de España sobre las mujeres que se marchan de la casa para trabajar?

Manolo: Pues yo creo que socialmente está muy bien aceptado ese problema. Son pocos los ... yo diría porcentualmente, en términos de tantos por cien, son pocas las cifras que se podrían dar respecto de gente que se opone a que la mujer acceda al mundo del trabajo.

Pilar: Pero yo añadiría algo al respecto: y es que es más fácil para una mujer independizarse si sale de la ciudad donde viven sus padres que si se independiza en la ciudad donde está su familia. Normalmente le resulta más difícil a la familia aceptar que la mujer viva independiente en otro piso, en otra casa si la familia está viviendo en la misma ciudad. Ahora bien, si la mujer se va a trabajar a otra ciudad, entonces ya resulta bastante normal y se comprende.

Q: Maribel y Pilar : ¿han experimentado personalmente la discriminación sexual?

Maribel: Yo sí, en una ocasión, y lo encontré muy doloroso ... ¿he de contar la experiencia?

Q: Sí, por favor.

Maribel: Pues, me presenté a unos exámenes para el RSA y los aprobé, pero no me dieron plaza. Me dijeron que no me dieron plaza porque había un excesivo número de solicitudes y pocas plazas – había como doce plazas o así. Entonces yo ... me lo creí pero me pasé pensando todo el verano siguiente que realmente había hecho mal los exámenes, que mi inglés había empeorado mucho por la falta de práctica, porque no había podido venir a este país durante mucho tiempo, e incluso me deprimí, me lo pasé muy mal. Luego hablando con el director del Instituto Británico me dijo que yo, no sólo había aprobado sino que había hecho unos exámenes muy brillantes pero que una señora que estaba en el tribunal decidió que porque yo tenía un bebé de tres días, era incapaz de poder hacer todo el trabajo de la RSA. Lo que pasa que eso es a título ... me lo han contado – o sea no ... lo que no tengo es una experiencia con documentos ... ése es mi caso.

Pilar: Yo no tengo ninguna experiencia al respecto ... encuentro que me han tratado bien en general. No me siento discriminada – en general.

El racismo en España

Texto L – *Students' Book page 190*

Copymaster 103

Yo creo que España es un país que siempre se ha dicho que no era racista pero, vamos, ... yo creo que es todo lo contrario, vamos, que es simplemente como el resto de los países, ¿no? Y que si España no ha sido más racista, ha sido simplemente porque no ha habido tanta ... tanta mezcla. Durante muchos anos las últimas ... lo úl ... las únicas personas que eran un poco diferentes de ... de la media eran los gitanos y siempre han sido marginados. Se diga lo que se diga, siempre lo han sido. Y ahora comienzan a surgir problemas con racismo porque ahora cuando realmente nos vemos enfrentados con una ... una serie de gentes que vienen de otros sitios, como pueden ser los marroquíes o los senegaleses, contra los que se están prácticamente llevando a cabo una serie de actitudes racistas, incluso con ... gente de Sudamérica, de Latinoamérica, las hermanos latinoamericanos que decimos, pero a los que muchos tratan como sudacas. Existe realmente racismo, a mi parecer.

The Student cassette transcripts for this unit appear on Copymasters 96, 97 and 100.

UNIDAD 13 Federico García Lorca

Overview

Component page reference	Title of item	Description	Teacher's Resource Book – additional information
Introductory sequence			
SB p.192		Collage of illustrations by Lorca	
TRB p.166, CM104	Unidad 13: vocabulario	Key vocab. for unit on CM	
Primera parte: Niñez y juventud			
SB p.193	Texto A El pueblo natal de Lorca	Reading-based activity preceded by commentary on Lorca's early life, Gramm point on diminutives/augmentatives, vocab. matching activity with summary writing task, vocab. explanation, two imaginative writing tasks	Sol.#1 TRB, p.73
SB p.194	Texto B Lorca músico	Listening activity supported by commentary on Lorca, with true/false comp. ex. on CM	Class cass. transcript, TRB p.73; CM105, TRB p.167; Sol. TRB p.73
Segunda parte: Madrid 1919-1929			
SB p.195 and p.250	19 Lorca en la Residencia	Optional extra reading text supported by commentary on Lorca with open writing activity	
SB p.196	Texto C Arbolé Arbolé	Listening activity with writing summary task	Class cass transcript, TRB p.73
SB p.196	Lorca y los gitanos	Commentary on Lorca and gypsies	
SB p.196	Texto D Romance de la Guardia Civil Española	Reading activity followed by open speaking/writing task	
SB p.197 and p.250	20 Romance de la luna, luna	Optional extra reading item with focused task, followed by commentary	
Tercera parte: Los últimos años 1929–1936			
SB p.197		Reading activity (commentary on Lorca's last years)	
SB p.198	Texto E Tarea	Writing task expanding telegram into letter format	
SB p.198	Texto F Café de Chinitas	Listening activity based on two versions of song, with speaking exploitation	Stud. cass. transcript, CM106 TRB p.167
SB p.198		Commentary on death of Lorca	
SB p.199	Texto G Angustia Cuarta	Reading activity, with speaking exploitation	
SB p.199	Desarrollando el tema	Questions designed to stimulate further research by the student into the unit topic	

Solutions

Solutions are only given to questions or parts of questions where there is no scope for interpretation and discussion.

El pueblo natal de Lorca

Texto A – *Students' Book page 193*

question 1

dichoso – happy; inmerecido – undeserved; una acequia – irrigation channel; un chopo – poplar; muelle – soft; garboso – jaunty; un manotazo – slap; un forastero – stranger; un afán – desire; la superación – self-improvement;

Lorca músico

Texto B – *Students' Book page 194*

Copymaster 105

a verdad; **b** verdad; **c** mentira; **d** verdad; **e** mentira

Class cassette transcripts

Lorca músico

Texto B – *Students' Book page 194*

Copymaster 105

La afición musical de Lorca se despertó junto a su madre, en torno al piano familiar, y junto a su tía Isabel, que le enseñó a tocar la guitarra. Después, en el conservatorio, amplió conocimientos con Antonio Segura, su primer maestro de música, al que siempre guardaría un gran afecto. Él introdujo a Federico en el cante jondo y en el cancionero popular.

Lorca soñaba con ser compositor y marchar a París. Entre 1914 y 1918 tocaba el piano con soltura e interpretaba a Chopin, Debussy, Schumann, Mendelssohn y Albéniz. En su casa, en cualquier reunión o en la tertulia del café de la Alameda, a la que asistía con frecuencia, era habitual la imagen de Federico sentado al piano ...

«Para el final de la velada, el "músico" como llaman sus compañeros al señor García Lorca, ejecutó magistralmente al piano el poema titulado El Albaicín, composición suya, obra de técnica clásica y expresión de los aires andaluces. Muy bien por el señor Lorca, digno continuador de Albéniz en la obra de reconstrucción de la música andaluza.»

Lorca fue amigo de gente muy vinculada a la música, como Regino Sainz de la Maza, guitarrista, la Niña de los Peines, cantaora, o la Argentinita, cantaora y bailaora.

Pero, especialmente, mantuvo una gran amistad con el compositor Manuel de Falla, a cuyo carmen de Granada acudía con frecuencia para pasar la tarde alternándose al piano con el maestro, quien llegó a decir «Me gustaría escribir versos con el mismo arte que Federico toca el piano».

Arbolé, arbolé

Texto C – *Students' Book page 196*

Arbolé, arbolé
seco y verdé.

La niña del bello rostro
está cogiendo aceitunas.

El viento, galán de torres,
la prende por la cintura.

Pasaron cuatro jinetes
sobre jacas andaluzas,
con trajes de azul y verde,
con largas capas oscuras.

«Vente a Córdoba, muchacha.»
La niña no los escucha.

Pasaron tres torerillos
delgaditos de cintura,
con trajes color naranja
y espadas de plata antigua.

«Vente a Sevilla, muchacha.»
La niña no los escucha.

Cuando la tarde se puso
morada, con luz difusa,
pasó un joven que llevaba
rosas y mirtos de luna.

«Vente a Granada, muchacha.»
Y la niña no lo escucha.

La niña del bello rostro
sigue cogiendo aceitunas,
con el brazo gris del viento
ceñido por la cintura.

Arbolé, arbolé
seco y verdé.

The Student cassette transcript for this unit appears on Copymaster 106.

UNIDAD 14 — *La sociedad española contemporánea*

Overview

Component page reference	Title of item	Description	Teacher's Resource Book – additional information
Introductory sequence			
TRB pp.168-169, CM107	Unidad 14: vocabulario	Key vocab. for unit on CM	
SB p.200	Cuestionario	Quiz to test starting point of students' factual knowledge	CM108 TRB p.170; Sol. TRB p.75
Primera parte: La guerra civil española y la dictadura del general Franco (1936-1975)			
SB p.201		Reading activity: commentary on Spanish Civil War and Franco years	
SB p.202	Texto A Las humillaciones vaciaron a Franco por dentro	Reading-based activity with vocab. explanation, vocab. work (adjectives), writing task	
SB p.203		Reading activity: commentary on repression and progress under Franco	
SB p.204	Texto B La dictadura del general Franco	Listening activity, and comp. Qs in Spanish	Class cass. transcript, TRB p.75
Segunda parte: La transición a la democracia (1975-1982)			
SB p.204	Texto C El rey del cambio	Reading-based activity preceded by intro., followed by comp. Qs in English	
SB p.206		Reading activity: commentary on Juan Carlos' role in the transition to democracy	
SB p.206	Texto D La transición	Listening activity with vocab. search, true/false comp. on CM	Class cass. transcript, TRB p.76; #2 CM109, TRB p.171; Sols.#1, #2, TRB p.75
SB p.207	Texto E El 23-F	Listening activity, supported by commentary, gap-fill comp. ex. on CM, letter-writing task	Class cass. transcript TRB p.76; CM111, TRB p.172; Sol. TRB p.75
Tercera parte: La época socialista (1982-)			
SB p.207		Reading activity: commentary on the socialist era	
SB p.208	Texto F El régimen socialista	Listening activity preceded by commentary, writing task	Class cassette transcript, TRB p.76
SB p.209	Texto G Domingo en miércoles	Reading-based activity with vocab. search, translation activity, imaginative writing task	Sol.#1, TRB p.75
SB p.210		Reading activity: commentary on the recent development of the status of women in Spanish society	
SB p.211	Texto H España sin niños	Reading-based activity with summary writing ex., discursive essay	
SB p.212		Reading activity: commentary on the development of education in the socialist era	
SB p.213	Texto I La reforma de la educación en España	Listening activity, supported by summary writing task, followed by commentary	Class cass. transcript, TRB p.76
SB p.213	Texto J Los mayores efectos de la reforma	Listening activity for self-study with writing summary task	Stud. cass. transcript, CM112, TRB p.172
SB p.213		Reading activity: commentary on ETA's terrorist activities	
SB p.215	Texto K La guillotina francesa decapitó a ETA	Reading-based activity with gap-fill gramm. ex. on subjunctive, on CM, summary writing ex.	#1 CM110 (incorrectly referenced 115 in early editions of Students' Book), TRB p.171
SB p.215 and p.251	21 España, tercer país del mundo donde mejor se vive	Optional extra reading item with analysis of statistics	
SB p.215	Desarrollado el tema	Questions designed to stimulate further research into unit topic by students	

Solutions

Solutions are only given to questions or parts of questions where there is no scope for interpretation and discussion.

Cuestionario
Students' Book page 200

Copymaster 108

The teacher may wish to give students this quick factual quiz either at the beginning or at the end of the unit. If teachers or students wish to gauge the amount of factual knowledge gained by completing the unit, the students could try the quiz at the beginning AND at the end of the unit.

1 1975; **2** Sofía; **3** tres; **4** Picasso; **5** ETA 1973; **6** 1986 (1 de enero); **7** Suárez; **8** 1977; **9** Tejero; **10** Partido Popular (1996); **11** José María Aznar (1996); **12** Ley de Ordenación General del Sistema Educativo; **13** La Exposición Universal; **14** Partido Socialista Obrero Español; Partido Popular; **15** la selectividad; **16** El ala política de ETA; **17** la Unión General de Trabajadores; **18** 1978; **19** Formación Profesional; **20** Alfonso XIII

La transición
Texto D – Students' Book page 206

question 1

a Un acontecimiento trascendental; **b** impensable; **c** hasta la actualidad; **d** Al poco tiempo de morir; **e** secuestra; **f** convivencia pacífica; **g** dirigente; **h** un golpe de estado; **i** nombrado; **j** diputados

Copymaster 109

question 2

a mentira; **b** verdad; **c** mentira; **d** verdad; **e** mentira

El 23-F
Texto E – Students' Book page 207

Copymaster 111

(see underlined sections of relevant class cassette transcript)

Domingo en miércoles
Texto G – Students' Book page 209

Question 1

a empecinada; **b** sin decir esta boca es mía; **c** se desencuaderna de la risa; **d** echar el cierre; **e** aterido de frío; **f** se mira de refilón; **g** con pinta de; **h** pasear con cuentagota; **i** supercaros

Class cassette transcripts

La dictadura del general Franco
Texto B – Students' Book page 204

Buenas tardes. Mi nombre es Fernando La Torre y soy catedrático de geografía e historia en el Instituto de Bachillerato de Sagunto, en Valencia.

Voy a hablarles sobre los acontecimientos más importantes en la España actual. Los últimos cincuenta años de historia de España están marcados por la figura de ... el general Franco. El general Franco se instala en el poder en España al comenzar la guerra civil española en el año 1936 y permanece en él, como un auténtico dictador, hasta su muerte que ocurre el 20 de noviembre de 1975. ¿Cómo un régimen dictatorial se mantiene en una Europa democrática durante 40 años? Sin duda alguna se explica por el visceral anticomunismo del general Franco.

Inicialmente la España de Franco en los años cuarenta durante la segunda guerra mundial apoya indiscutiblemente a las potencias fascistas, nazi en Alemania y fascista en Italia. Terminada la guerra mundial España inexplicablemente continúa teniendo como dirigente a Franco. De hecho España, no reconocida en la ONU, España rechazada internacionalmente, hasta que un acontecimiento internacional importante hace que cambie la actitud mundial. Se inicia la guerra de Corea, se inicia la guerra fría entre Estados Unidos y la Unión Soviética y el anticomunismo de Franco hace que Estados Unidos reconozcan y admitan al régimen de Franco en 1953. Dos años después, en 1955, España ingresa en la Organización de Naciones Unidas. El apoyo norteamericano es sistemático y, bueno, a cambio del reconocimiento político Estados Unidos recibe el permiso de Franco de instalar en España cuatro bases militares, que todavía permanecen en nuestro país. Son los años de la apertura hacia el exterior, España se abre al turismo y España empieza a recibir masiva visita de extranjeros. La economía se empieza a desarrollar, no hay paro en España en aquellos años, pero no hay paro, no porque el régimen fuera fantástico, sino porque los que no tenían trabajo en España marcharon al exterior a buscar trabajo. Casi tres millones de españoles tienen que emigrar en los años sesenta, a trabajar en Francia, Alemania, Bélgica, Gran Bretaña etcétera.

La transición
Texto D – *Students' Book page 206*

Copymaster 109

Los años setenta son años de desarrollo para España hasta que en el año '75 Franco muere, el 20 de noviembre. El mundo esperaba entonces una catástrofe en España. Sin embargo hay una transición política muy equilibrada. Al poco tiempo de morir Franco, se instala en el poder democráticamente, por elecciones democráticas, Adolfo Suárez, dirigente de un partido de centro. Bien, Adolfo Suárez consigue lo que era prácticamente impensable: legalizar todos los partidos políticos, incluso el partido comunista, y consigue una convivencia pacífica entre los españoles.

Una gran importancia en esta transición política la tiene la figura del Rey de España, Juan Carlos I. Juan Carlos I, inicialmente, es nombrado por Franco, en el año 1969, o sea que era un descendiente de Franco políticamente y al ser un descendiente de Franco, pues, no es aceptado por la mayoría de los españoles. Pero poco a poco se va notando que es un auténtico rey democrático. Se ha formado en una escuela muy importante. Su padre, don Juan de Borbón, estudia en Inglaterra, es un gran demócrata e inculca en su hijo los ide ... las ideas de la democracia.

Un acontecimiento trascendental se produce en España en el año 1981. En este año, durante la investidura de un nuevo presidente del gobierno, Leopoldo Calvo Sotelo, el ejército da un golpe de estado, intentando reinstaurar en España una dictadura. El acontecimiento más significativo es que un coronel de la Guardia Civil, Tejero, asalta el Congreso de los Diputados y por la fuerza de las armas secuestra a todo el gobierno de la nación y a todos los diputados del país. El ejército español se divide. Una parte del ejército apoya el golpe de estado fascista mientras que otra parte del ejército, la más importante, se mantiene neutral hasta ver cuál es la actitud del Rey.

En la madrugada del 23 (sic) de febrero de 1981, el Rey Juan Carlos se dirige al país por televisión, indicando que ha ordenado que se respete el orden constitucional y entonces el resto del ejército apoya al Rey y en ese momento se puede considerar que Juan Carlos I se consolida como auténtico Rey de España, porque fue el que, prácticamente, evitó el golpe de estado.

Tras este golpe de estado se encierra en la cárcel a los principales dirigentes, coronel Tejero, general Armada, general Milans del Bosch y se instala por elección democrática un régimen socialista en España, presidido por Felipe González, que dirige España desde el año 1982 hasta la actualidad.

El 23-F
Texto E – *Students' Book page 207*

Copymaster 111

¿Qué <u>ocurrió</u> aquella noche del 23 de febrero del año 81? Mi experiencia personal es de pues auténtica <u>incertidumbre</u>. Yo estaba dando clase en mi instituto. A las cinco de la tarde nos <u>avisaron</u> que había un golpe de estado en Madrid, que la Guardia Civil había asaltado el Congreso de los Diputados. Se <u>interrumpieron</u> las clases. Yo volví a mi casa, y desde donde yo <u>vivía</u> pues vi como los tanques, los carros blindados invadían Valencia, cortaban los <u>puentes</u>, se prohibía ... se prohibía la circulación de las personas por las calles. Eh, Valencia se quedó muerta, porque curiosamente, mi ciudad Valencia fue la <u>única</u> ciudad que apoyó el golpe de estado del coronel Tejero. Bien, la situación fue dramática, el <u>fantasma</u> de la guerra civil todavía estaba presente en los españoles, y, bien, afortunadamente, como antes <u>indiqué</u>, la actitud valiente del Rey <u>evitó</u> el golpe y a las cuatro de la madrugada <u>vi</u> desde mi casa como los tanques y los soldados volvían a sus <u>cuarteles</u> y la situación se restablecía.

El régimen socialista
Texto F – *Students' Book page 208*

España desde el año 82 está gobernada por un régimen socialista que preside Felipe González, un régimen que, bien, como todo en la vida, pues para unos es bueno, y para otros es malo. Indiscutiblemente ha realizado grandes obras sociales, ha generalizado la seguridad social, ha mejorado las vías de comunicación, hay más hospitales, hay más escuelas pero la otra cara de la moneda es que la mayor parte de lo que se ha hecho se debe. Se han hecho hospitales pero no se han pagado a quien los ha hecho. Se han hecho carreteras pero no se han pagado a quien las ha hecho, y bien hay una gran corrupción administrativa y política. De todas formas hay que reconocer que en democracia los votos son los que ... los que mandan y las tres últimas elecciones el partido socialista ha ganado por una amplia mayoría. La última vez fue en junio del año 1993 en que también el partido socialista obtuvo no la mayoría absoluta sino una buena (sic) porcentaje de diputados.

La reforma de la educación en España
Texto I – *Students' Book page 213*

– Me llamo Maribel Miró y soy catedrática de inglés, jefa del seminario de inglés en el Instituto de Bachillerato de Paterna. Mi visión de la reforma es muy parcial porque nunca he trabajado en reforma y todavía no se ha puesto en vigor en mi centro pero sí que tengo una idea muy clara acerca de ella. La reforma es necesaria, creo que hace muchos años que se tenía que haber comenzado pero no considero que sea justa o que se pueda llevar bien a cabo una reforma sin un presupuesto económico importante, que sea superior al que tradicionalmente ha habido en la administración española. Entonces una reforma donde el número de alumnos en muchas aulas siga siendo de cuarenta me parece totalmente inviable y negativa para alumnos y para profesores.

– Bien, hasta ahora en España la enseñanza era obligatoria hasta los catorce años, de los seis a los catorce, es decir ocho años. Un niño empezaba a los seis años, primero de enseñanza general básica y terminaba a los catorce años con octavo de enseñanza general básica. Claro, y aquí se producía una auténtica disfunción, porque la ley española no permite a nadie trabajar hasta los dieciséis años. Entonces muchos niños que acababan a los catorce años la enseñanza obligatoria estaban dos años en la calle sin tener nada que hacer. Y ahora para evitar esto, ahora va a ser la enseñanza obligatoria de los seis hasta los dieciséis años, es decir durante diez años. Se va a estructurar de la siguiente manera: habrán (sic) una enseñanza primaria desde los seis hasta los doce años, luego una enseñanza secundaria obligatoria que será de los doce a los dieciséis, con cuatro cursos, primero, segundo, tercero y cuarto, con lo cual los niños cuando acaben a los dieciséis años ya podrán incorporarse algunos al mundo del trabajo y otros podrán seguir estudiando.

– Bien, aquí el gran defecto español es que ... tradicional ... es que la ... todo se planifica, pero como dijo antes Maribel, con muy pocos medios económicos, con poca experiencia, y se está implantando ahora en muchos institutos. Eh ... los frutos los veremos dentro de unos años pero si no se ponen más medios económicos, se mejoran las instalaciones, se disminuye el número de alumnos por aula, pues pienso que la reforma va a ser un auténtico ... un auténtico fracaso.

The Student cassette transcript for this unit appears on Copymaster 112.

La sociedad española contemporánea

UNIDAD 15 Temas latinoamericanos

Overview

Component page reference	Title of item	Description	Teacher's Resource Book – additional information
Introductory sequence			
TRB pp.173-174, CM113	Unidad 15: vocabulario	Key vocab. for unit on CM	
Primera parte: Los indios			
SB p.217	Texto A Indígenas en peligro	Reading-based activity preceded by intro. para., supported by matching vocab. ex., writing task, discursive essay	Sol.#1, TRB p.79
SB p.219	Texto B Las dos naciones del Perú	Reading-based activity preceded by intro. para., followed by vocab. search, summary writing task, true/false comp. ex. on CM	#3 CM114, TRB p.174; Sols.#1, #3, TRB p.79
SB p.219	Texto C Propaganda terrorista en las aulas	Listening activity with summary writing task	Class cass. transcript, TRB p.80
SB p.219	Texto D La droga en Bolivia	Listening activity with gap-fill ex. on CM	Class cass. transcript, TRB p.80; CM115, TRB p.175; Sol. TRB p.79
Segunda parte: México			
SB p.220	Texto E La fiesta mexicana	Reading-based activity, supported by speaking, note-taking activity, discursive writing task, two vocab. development ex.s, stylistic analysis	Sols.#3, #4, TRB p.79
SB p.221	Texto F El terremoto de la Ciudad de México	Reading-based activity, gramm. explanation (adverbs), sentence completion ex. on CM, explanation writing exercise, vocab. development, gramm. ex. (preterite/imperfect), role-play task	#1 CM116, TRB p.175; Sols.#3, #4, TRB p.79
SB p.223	Texto G Supuesto atentado contra la embajada mexicana en Costa Rica	Listening activity, with matching vocab. ex., comp. Qs in Spanish	Class cass. transcript TRB p.80; Sol.#1 TRB p.79
SB p.224	Texto H Campanadas zapatistas	Reading-based activity preceded by intro. para., followed by comp. Qs in Spanish, gramm. ex. on passive/active, imaginative writing task	Sol.#2, TRB p.79
SB pp.224 and 252	22 México, año cero	Optional extra reading item with writing summary task	
Tercera parte: Chile: bajo la dictadura			
SB p.226	Texto I Miguel Littín, clandestino en Chile	Reading-based activity with speaking/vocab. task, two imaginative writing tasks, speaking activity with note-taking, gramm. ex. on reflexives	
SB p.227	Texto J Los servicios de transporte público en Argentina	Listening activity for self-study with focused writing summary task	Stud. cassette transcript, CM117, TRB p.176
Cuarta parte: La Cuba de Fidel Castro			
SB p.228	Texto K Maten al Comandante	Reading-based activity preceded by intro. (starts p.227), gramm. task on imperfect subjunctive, imaginative writing task	Sol.#1 TRB p.80
SB p.229	Desarrollando el tema	Questions designed to stimulate further research by the student into the unit topic	
SB p.229	Para terminar: ¡Ojalá que llueva café!	Listening activity for self-study with comp. Qs and ex. on use of ojalá	Stud. cassette transcript, CM118, TRB p.176

Solutions

Solutions are only given to questions or parts of questions where there is no scope for interpretation and discussion.

Indígenas en peligro
Texto A – *Students' Book page 217*

question 1

los cherokees – Estados Unidos; los mayas – México; los mosquitos – Nicaragua; los quechuas – Perú; los aymaras – Bolivia; los kogis – Colombia; los innuits – Alaska; los guahibos – Venezuela; los guaraníes – Paraguay; los mapuches – Chile

Las dos naciones del Perú
Texto B – *Students' Book page 219*

question 1

a occidentalizada; **b** sin misericordia; **c** a diferencia de; **d** amortiguaron; **e** una ... recelosa animadversión recíproca; **f** quedan espantados; **g** barriadas; **h** hacen estragos; **i** lo peor de todo; **j** su suerte se agravó

Copymaster 114

question 3

a mentira; **b** mentira; **c** verdad; **d** mentira; **e** mentira

La droga en Bolivia
Texto D – *Students' Book page 219*

Copymaster 115

(see underlined sections of relevant class cassette transcript)

La fiesta mexicana
Texto E – *Students' Book page 220*

question 3

fiesta – festejar; acontecimientos – acontecer; la imaginación – imaginar; las sorpresas – sorprender; el fin – finalizar; las contribuciones – contribuir; la respuesta – responder; el grupo – agrupar; la ausencia – ausentarse; la ventaja – aventajar

question 4

interrumpir – interrupción; vender – venta; rezar – rezo; emborracharse – borracho; matar – matador; suspender – suspenso; ofrecer – ofrecimiento; poseer – posesión; recordar – recuerdo; divertirse – diversión

El terremoto de la Ciudad de México
Texto F – *Students' Book page 221*

question 3

distraer – distracción; vacilar – vacilación; caer – caída; repetir – repetición; llamar – llamada; mover – movimiento; durar – duración; reflejar – reflejo; hundir – hundimiento; acoger – acogida

question 4

PRETERITE check list:
percibí ... levanté ... noté ... vacilé ...cayeron ... fueron ... se abrieron ... crujieron ... me dirigí ... se acentuó ... cayeron ... salté ... vi ... grité ... bajé ... Volví ... vi ... se abrazó ... me di cuenta ... se restableció ... dije ... se fueron ... comenzó ... Intenté ... fue ... Comenzó ... Decidí ... decidí ... tuve ... logramos

IMPERFECT check list:
Eran ... se estaban preparando ... pegaban ... estaban sentadas ... lloraban ... Llamaba .. se balanceaba ... estaba ... caían ... se movía ... miraba ... duraba ... era ... parecían ... Eran ... podía ... iba a quedar ... eran ... se daba cuenta ... estaban padeciendo ... era ... funcionaban ... quedábamos ... lloraban ... gemían ... reflejaban ... impedía ... se sucedían ... ardía ... intentaba ... daba ... comentaba ... estaban

Supuesto atentado contra la embajada mexicana en Costa Rica
Texto G – *Students' Book page 223*

question 1

el estallido – explosion; un cohete – a rocket; un atentado – (terrorist) attack; la sede – headquarters; ubicada – situated; una canoa – a pipe; la ruptura – a breaking; tener un mal tino – to aim badly; una broma – joke

Campanadas zapatistas
Texto H – *Students' Book page 224*

question 2

a ... una estratagema ingeniosa fue utilizada por los zapatistas.

b una revuelta ... fue organizada por un líder ...

c El Ejército aplastó la capital ...

d Sus orejas fueron cortadas por los soldados ...

e Se ha transmitido oralmente la historia ....

f Se aprendieron las tácticas militares

Maten al Comandante
Texto K – *Students' Book page 228*

question 1

llegara ... liquidara ... arruinara ... dijera ... entregara ... actuara

Class cassette transcripts

Propaganda terrorista en las aulas
Texto C – *Students' Book page 219*

El Gobierno del Presidente Alberto Fujimori de Perú exhortó a los maestros para que se abstengan de realizar campañas proselitistas a favor de la lucha armada y el terrorismo. El mandatario peruano anunció que los profesores que sean encontrados culpables de utilizar las aulas escolares como medio propagandístico serán merecedores a sentencias de al menos 20 años de prisión. Alberto Fujimori dijo que su Gobierno ha detectado numerosos casos de niños que elaboran dibujos y textos a favor de la lucha armada iniciada en 1980 por el grupo terrorista Sendero Luminoso. El jefe del ejecutivo peruano reveló que durante los dos anteriores gobiernos se permitió la formación de docentes senderistas quienes forman parte de la organización subversiva.

La droga en Bolivia
Texto D – *Students' Book page 219*

Copymaster 115

Estados Unidos destacó los logros de la policía antidroga de Bolivia mientras que el Gobierno de La Paz agradeció a sus similares de Bonn, Londres, Madrid, Roma y Washington por la ayuda que le prestan para someter a los jefes de la cocaína. La posición estadounidense está contenida en cartas que Robert Martínez, director de la oficina de control de narcóticos de la Casa Blanca y Robert Borner, jefe de la agencia antidrogas enviaron a las autoridades bolivianas. El hecho fue con motivo del noveno aniversario de la policía de patrullaje rural. Miembros del organismo antidrogas controlan la céntrica región de Chapare, el principal centro productor de coca en Bolivia, donde han obtenido notables éxitos en su lucha contra los criminales.

Supuesto atentado contra la embajada mexicana en Costa Rica
Texto G – *Students' Book page 223*

El estallido frente a la Embajada de Méjico en Costa Rica de aparentemente un petardo o un cohete utilizado para fuegos artificiales dio origen a la versión de un supuesto atentado contra la sede diplomática, ubicada en el centro de la capital. La explosión causó daños en una canoa y la ruptura de un vidrio del edificio. Algunos medios de prensa locales dieron a conocer la noticia con cierto grado de relevancia. Sin embargo los funcionarios de la misión mejicana le restaron total importancia al suceso y continuaron normalmente los preparativos para la ceremonia del grito de independencia. La propia embajadora, Carmen Moreno de del Cueto, aseguró que el asunto carece de trascendencia.

"Nosotros creemos que se trató de ... de un accidente, alguien que tiraba un cohete o una paloma, como le decimos en Méjico, y que en las celebraciones tuvo un mal tino y fue a dar allí a nuestra pared pero nosotros creemos que esto no tiene nada que ver con ningún ... ninguna actividad premeditada. Creo que los rumores han sido un poco exagerados."

Sin embargo, aunque parece tratarse de un accidente o de una broma, el ministro de Seguridad Pública comunicó el envío de refuerzos al teatro nacional donde tuvo lugar este año la ceremonia del grito de independencia de Méjico.

The Student cassette transcripts for this unit appear on Copymasters 117 and 118.

Unidad 1: vocabulario

el albañil	bricklayer
alojarse	to lodge, stay in
el alquiler	rent
el alumbrado	lighting
la antena (parabólica)	(satellite) TV aerial dish
el arbusto	shrub
la aspiradora	vacuum cleaner
la barbacoa	barbecue
barnizar	to varnish
la base de datos	data-base
el butanillo	gas stove
la calefacción	heating
las cañerías	pipes, piping
la cerradura	lock
el chabolismo	(creation of) shanty towns
el chalé, chalet	detached/semi-detached house
la clase media	middle class
el colchón	mattress
el congelador	freezer
el desagüe	drain
desenchufar	to unplug
el dueño	owner
el electrodoméstico	(home electrical) appliance
enchufar	to plug in
el equipo de música	HI-FI system
el estropajo	dishcloth
el forjado	wrought iron
el fregadero	(kitchen) sink
el gres	earthenware
el grifo	tap
el hormigón	concrete
el ladrillo	brick
la lama	mud, slime
la lavadora	washing washine
el lavaplatos	dishwasher
el lavavajillas	dishwasher
la llave del gas	the gas tap
la llave del paso del agua	stopcock
las luminarias	lights
el mando a distancia	remote control
la manta	blanket
el mantel	table cloth
el mantenimiento	maintenance
el marco (de la puerta)	(door) frame
el mármol	marble
mejorar	to improve
el mobiliario	furniture
los muebles	furniture
la nevera	fridge
el ordenador	computer
la pantalla	screen
la parcela	plot, piece of land
la pared	wall
la periferia	outskirts
las persianas	blinds
el piso de alquiler	rented flat
las puertas blindadas	reinforced doors
las puertas vidrieras	glass doors, French windows
el rellano	landing
restaurar	to restore
la sala de juegos	games room
el siniestro	disaster
el solar	site, piece of ground
la solera	character
el sueldo	wage
el tablón	plank
el techo	ceiling, roof
la televisión parabólica	satellite television
el tendedero	wash-room/utility room
la terraza	terrace
la toma de agua	water tap, outlet
trasladarse	to move (house)
los trastos	junk
utilizar	to use
la vivienda	dwelling, house

How to listen to Spanish

While the skills of Reading, Speaking and Writing are all extremely important parts of learning a language, the other skill, Listening, is arguably the most important of them all. Students who are good at listening comprehension are usually good at other skills and often competent A Level linguists in a general sense.

Like any other part of learning a language, nobody can suddenly become brilliant at listening comprehension overnight; A Level courses are two-year affairs and there must be regular practice in language skills taking place during the full two years. It is by its nature a <u>gradual</u> process and you must not expect to notice a huge improvement over a short space of time.

It really is essential that you start your A Level / AS course in the right way and that you adopt sensible and effective study skills from the very beginning. We offer the following pieces of advice on developing the listening skill and hope that you will find the methodology we are suggesting here both helpful and effective in gradually improving your ability to understand the spoken language. Certainly we know of many A Level students who have followed some or all of this advice and who have in consequence made great strides in this area.

- <u>Listen to extra things</u>. You must try to listen to something extra to work set by your teacher <u>every week</u> even if it is at first only for a few minutes at a time.

- "<u>A little but often</u>" is unquestionably the best method to use here. Thus, whether you are using the self-study cassette supplied with this course, or another source of listening such as Spanish radio, or *Authentik* tapes, try to listen to short passages of Spanish but on a regular basis. At the beginning of the course, a quarter of an hour each weekend may well be enough at first: you can gradually increase the time spent as the weeks go by. It is far better to spend 15 minutes <u>every week</u> than to spend one hour every four weeks on your listening. Why not keep a record of the listening you manage to do during the first term? A form you could use / have photocopied for this sort of record is printed on Copymaster 2b.

- <u>Do not worry if at first you understand relatively little</u>: this is perfectly natural when you move from GCSE on to faster and longer passages for A Level. Indeed, if you understand a few words of a five-minute passage the first time you hear it, that may well be quite good. It is a good idea then to listen to the same passage on different occasions and see how much more you understand each time. This can be very encouraging as it is surprising how many more words you tend to grasp on successive hearings.

- <u>Use of the transcript</u>, if available, can also be a considerable help. Indeed, listening to a passage while reading the transcript and then listening a second or third time without the transcript is a good technique to develop in its own right.

What we have said here about your <u>extra</u> and <u>private</u> listening can apply equally well to passages that you use in class or from the other cassettes that accompany *¡Al tanto!* There are times when we have chosen passages where we only expect students to understand a <u>general</u> message or gist, and then others when we would hope that you might understand rather more than that, or even every word of the text concerned. In many of the exercises we have devised, we suggest that you listen once or twice to a passage before tackling the questions on it: in fact this suggested number of times is somewhat arbitrary, included sometimes because examination papers tend to specify a number of hearings, and at other times because we would not expect you to understand much from one or two hearings and indeed do not particularly want you to do so. In practice of course, your teacher will advise you on this question, but it often does not matter in the slightest if you listen to passages as many times as you want to – in the early stages of A Level / AS courses, this can often be a sensible thing to do, unless all that is required is a very general understanding of the text from one or two hearings alone.

Unidad 1: Estás en tu casa

2b Extra listening record

Date:

Material: Source and date:

Time spent:

Subject/Theme:

Comments:

Date:

Material: Source and date:

Time spent:

Subject/Theme:

Comments:

Date:

Material: Source and date:

Time spent:

Subject/Theme:

Comments:

Date:

Material: Source and date:

Time spent:

Subject/Theme:

Comments:

Unidad 1: Estás en tu casa

3a
Texto D – Question 1
Las habitaciones
Students' Book page 8

Horizontales

2 Donde se guarda el vino
5 La tienes cuando hace calor
7 Pieza principal de la casa
9 Cuarto donde te lavas
10 Planta o apartamento
11 Donde se guarda el coche
12 Cuarto donde se prepara la comida

Verticales

1 Especie de balcón
3 Contrario a la noche
4 Habitación contigua al tejado
6 Espacio dentro de la casa que se deja al descubierto
8 Pieza subterránea
11 Se utiliza mucho para la calefacción

3b
Texto D – Question 2
Las habitaciones
Students' Book page 8

casa/piso	garaje	bodega	dos baños	terraza	lavadero	jardín	estudio
Vigo							
Banjón							
Granada							
Barcelona							
Madrid							

Unidad 1: Estás en tu casa

4a Texto G
Casas en venta: 1 Conversación en las oficinas
Students' Book page 12

Empleado: Buenos días, señora. ¿En qué puedo servirle?
Cliente: Pues, estoy buscando una casa en Alicante donde pasar las vacaciones de verano con mi familia.
Empleado: Muy bien, pues en este momento sólo tenemos tres casas en Alicante. Los precios son muy variables, desde 8,3 millones de pesetas hasta 40 millones.
Cliente: El precio no es importante, pero lo que me importa primero es la situación: tiene que estar muy cerca de la playa.
Empleado: Pues ningún problema, señora. Hay una casa en Guardamar que está a sólo 300 metros de la playa, y otra mucho más cara en Santa Pola que está a cinco minutos de la playa más cercana – que es también una playa muy exclusiva.
Cliente: Sí, eso es importante. Aparte de mi familia, también quiero invitar a muchos amigos y a varios clientes míos. Así que ¿estas dos casas tienen muchas habitaciones y espacio?
Empleado: Pues, la de Guardamar tiene dos plantas y dos dormitorios, dos baños, una cocina, sala de estar y barbacoa. La otra, la de Santa Pola, tiene más espacio porque está sobre una parcela de 3.000 m². Hay cinco dormitorios, tres baños, sauna, barbacoa, y sala de juegos.
Cliente: ¿Y al exterior? Estas casas tienen jardín?
Empleado: La de Santa Pola tiene una pista de tenis además de una piscina – de tamaño olímpico, naturalmente. El chalé adosado de Guardamar no tiene mucho jardín pero hay un patio donde se encuentra la barbacoa.
Cliente: Pero ¿qué es eso de "chalé adosado"? Usted no me dijo nada de eso antes. Hombre, no quiero una casa adosada – tiene que ser individual. Además ¿dónde voy a poner mi BMW y el pequeño Bentley de mi marido?
Empleado: Ah, pues sí, entiendo señor; entonces la de Santa Pola es individual y muy privada. Efectivamente es una casa de lujo y exclusiva hecha precisamente para una persona como usted.
Cliente: Sí, me parece que tiene razón. ¿Cuándo puedo ver la casa?
Empleado: Si le conviene, le podría llevar allí esta tarde.
Cliente: Esta tarde me va muy bien, pero no quiero que nadie me lleve allí. Iré en mi helicóptero privado. Quedamos en las tres y media, ¿sí? Muy bien, hasta entonces.

6 Texto I – Question 7
Dos familias viven bajo un puente
Students' Book page 15

a Ellos viven en _____

b El suelo es _____

c El mobiliario se compone de seis _____

d No es la mejor, pero _____

e La familia residía en _____

f Optó por _____

g Padecen una _____

h Con el otoño _____

i Cuando pueden hacen _____

j El menú de un día cualquiera fue _____

k Lo único que quieren es _____

¡Al tanto! nueva edición © Mee Thacker 1996

Texto G
Casas en venta: 2 Carta escrita
Students' Book page 12

Cuando se planea una carta, es importante pensar en las posibles secciones en que vas a dividirla.

He aquí las posibles secciones de la carta escrita de la primera unidad – aconsejamos que escribas cuatro partes (cada parte en la forma de un párrafo de la carta completa); a ver si puedes escribir unas ideas específicas en cada parte antes de que te dé más ideas tu profesor.

Introducción general:

Ampliación – primera parte:

Ampliación – segunda parte:

Conclusión:

Unidad 1: Estás en tu casa

5

Texto H – Question 3
Algunos españoles hablan de la casa y la localidad en que viven: Ana e Isabel
Students' Book page 13

Ana: Y tú Isabel, en España ¿dónde vives?

Isab: Bueno ahora vivo con (1) _____ _____ ; mis padres viven en Alicante, en un piso en la (2) _____ de Alicante, que antes era el centro pero ahora el centro parece haberse desplazado un poco. El piso está en una (3) _____ : hay cuatro dormitorios, un salón, un comedor, una cocina y un cuarto de baño. Además tenemos (4) _____ _____ muy grande en la parte (5) _____ de la casa; y el piso está muy cerca de la playa – está a 5 minutos del puerto.

Ana: ¿Vas a la playa cuando estás en casa?

Isab: Sí, mucho; aprovecho siempre. Pero los últimos seis años los (6) _____ _____ en Granada. He estado estudiando allí, he hecho la carrera en Granada, y vivía con (7) _____ en un piso. El piso estaba también en una zona (8) _____ de Granada, y estaba en la segunda planta. Teníamos cuatro dormitorios, un cuarto de baño, una cocina y un (9) _____ , cuarto de estar-comedor ... Y tú, ¿dónde vives en España?

Ana: Yo vivo en Móstoles, y bueno vivo con mis padres y (10) _____ _____ y tenemos un piso. Tiene tres habitaciones, un salón, dos cuartos de baño, la cocina y creo que tiene una terraza pero como no voy mucho … como no voy mucho a la terraza tampoco sé cómo … Bueno es un piso pequeño … antes vivíamos en Orense y teníamos (11) _____ y tal ... pero bueno en Madrid … como la vivienda es tan cara.

Isab: Pero ¿vas a Orense?

Ana: Sí, ... voy en el verano; ya no tenemos el piso pero a mí me gusta ir y me quedo con mis tíos o cualquiera que se deje …

7

Texto I – Question 12
Dos familias viven bajo un puente
Students' Book page 15

La casa es relativamente _____ . La decoración podría _____ futurista. El mobiliario se compone de seis viejos _____ y de unos gruesos tablones unidos que quieren ser, y es, la mesa. El armario sustituye sus _____ por un mantel de cuadros, dentro del cual se entrevén _____ y vasos. Completa la instalación un _____ con el que hacer la comida. Rodeándolo todo, montones de ropa, _____ y trastos. De día su situación es puesta en claro por la luz _____ , y de noche, por las luminarias del alumbrado _____ .

Hasta junio la familia _____ en San Fernando de Henares, pero tuvieron que abandonar su _____ porque de albañil el padre no ganaba lo suficiente para pagar el _____ .

¡Al tanto! nueva edición © Mee Thacker 1996

Unidad 1: Estás en tu casa

8 Texto J – Question 3
Oposición al realojamiento de los chabolistas (1)
Students' Book page 17

Vecinos del distrito de Moratalaz que se _____ al realojamiento de más de _____ familias marginales del Pozo del Huevo en un edificio _____ a la M30 decidirán hoy medidas de _____ como cortes de tráfico _____ de la decisión municipal. Anoche estos mismos vecinos _____ con la presidenta del distrito Pilar García Peña y con los _____ de la Oposición sin que se alcanzara ningún _____ . Mientras tanto, en el distrito de la Hortaleza que _____ _____ preside Pilar García Peña, el chabolismo y la _____ han originado en los últimos días nuevas _____ vecinales.

9 Texto K – Question 2
Oposición al realojamiento de los chabolistas (2)
Students' Book page 18

	texto grabado	artículo escrito
300 familias marginadas		
edificio cercano a la M30		
cortes de tráfico		
entrevista con la Presidenta		
chabolismo y droga en Hortaleza		
críticas contra el estilo del edificio		
ambiente de tensión		
quejas por falta de información		
360 viviendas		
perjudicados económicamente		
drogadictos y delincuentes		
una explosión de xenofobia		
programas de escolarización		
zona edificable		
tiempo suficiente para modificaciones		
integración en el distrito		
poner equipamientos necesarios		

¡Al tanto! nueva edición © Mee Thacker 1996

Unidad 1: Estás en tu casa

10 Para terminar: En nuestra casa

Students' Book page 20

Una canción escrita y cantada por Joan Manuel Serrat

En nuestra casa
ya no se oye tu voz;
la noche va llenando
toda la habitación,
las lilas del jarro
se han ido marchitando en casa.
En nuestra casa
mi juventud se fue
corriendo tras tus pasos,
cruzando la ciudad
mientras la soledad
me acuna entre sus brazos en casa.
En nuestra casa
ya nadie enciende el fuego,
nadie llama a mi puerta;
las horas pasan muertas
sin tus manos.
En nuestra casa,
no soy más que una sombra
que no tiene ilusiones.

De golpe me hice viejo,
hablo con el espejo
y no abro los cajones
por no encontrar recuerdos.
En nuestra casa
que no es mía sin ti,
me iré por la mañana
sin saber dónde ir,
y volveré a vivir
lejos de las ventanas de casa.
Y a nuestra casa
otras bocas vendrán
a borrar nuestros besos;
mi triste canción
quedará en un rincón
soñando en tu regreso a casa –
a nuestra casa.

Texto H – Question 2

Algunos españoles hablan de la casa y localidad en que viven: Paco

Students' Book page 13

Paco: Hola. Me llamo Francisco López, aunque todo el mundo me llama Paco. Vivo en Madrid desde el año 88, que vine a buscar trabajo. Comparto un piso de alquiler con otros dos chicos ya que mi sueldo de vendedor no me permite pagar un apartamento para mí solo, aunque me gustaría. Éste cuesta unas 60.000 pesetas al mes, más gastos de teléfono, luz, calefacción etcétera, etcétera. Es imposible con mi sueldo de 110.000 pesetas al mes. El piso en el que vivo nos cuesta 120.000 y no está en el centro de Madrid. Es nuevo y tiene todos los servicios y comodidades de pisos modernos incluida la televisión parabólica – me encanta. Me gustaría vivir en el centro de Madrid ya que lo tienes todo más a mano y no tienes que perder tiempo y dinero en transporte. Los cines, teatros, tiendas de ropa, de música ... la mayor parte de todo está en el centro. En general, me gusta vivir en Madrid. Es una ciudad con mucha marcha.

11 Unidad 2: vocabulario

	aconsejar	to advise
la	afición	liking, taste, fondness (for)
la	alfombra	carpet
el	altavoz	loudspeaker, speaker
el	ama de casa	housewife
la	amenaza	threat
	anteponer	to prefer
	aprobar	to approve
	aquejar	to distress, grieve
la	arruga	wrinkle
	aterrado	terrified
la	autodesvaloración	lack of self-confidence, doing oneself down
la	autoestima	self-esteem
	avasallarse	to submit, to give in
el	azabache	jet (black)
	azul marino	navy blue
la	basura	rubbish
el	benjamín	youngest child
	brujulear	to try to wangle, intrigue for; to manage
el	cabeza de familia	head of the family
	cabezón/-ona	stubborn
	caído	depressed, dejected
las	canas	grey hair
	carente de	lacking
la	caricia	caress
	cerrado	quiet, uncommunicative
	coincidir en	to coincide, to agree
	compartir	to share
el	comportamiento	behaviour
la	conducta	behaviour
	contar	to tell (a story)
la	convivencia	living together
la	crianza	breeding, raising (children)
la	cuenta	(bank) account
la	cuna	cradle
el	cuñado/la cuñada	brother-/sister-in-law
	darse por vencido	to give in, admit defeat
	de por vida	for life
los	deberes	duties
	defenderse	to 'get by'
	demostrar	to show, to prove
el	desarrollo	development
el	destornillador	screwdriver
la	discusión	argument
	disponer de	to have, own, make use of
	divorciarse	to get divorced
	echar algo en la cara de alguien	to throw something in someone's face
	empaparse	to soak
	empeñarse en	to insist on, persist in
el	enchufe	plug
la	encuesta	survey
	enfadarse	to get angry
	entenderse	to understand one another, to get on well
	enterarse (de)	to discover, find out (about)
el	envoltorio	package, bundle, wrapping
	exigir	to demand
el	físico	physical appearance
el	fontanero	plumber
los	gastos	expenses
los	gemelos	twins
	hacer pellas	to play truant; miss lessons
	heredar	to inherit
la	herencia	inheritance
la	incomprensión	lack of understanding
el	incumplimiento	non-fulfilment
la	infancia	childhood
la	infidelidad	infidelity
	injusto	unfair
el	intermedio	interval
	intimidar	to intimidate, to bully
la	jefa de seminario	Head of Department
	jugar un papel	to play a role
la	juventud	youth, young people
la	lealtad	loyalty; fidelity
	liso	straight (of hair)
	luchar por	to fight for
	llevarse bien/mal con	to get on well/badly with
	maduro	mature
las	malas hierbas	weeds
	mandar	to order, be in control
	marcharse de casa	to leave home
el	matrimonio	marriage; married couple
	mentir	to lie
el	mogollón de	lots of, piles of
los	nietos	grand-children
las	normas	principles, standards
el	osito de peluche	teddy-bear
el	parchís	sort of "lotto"
	parecerse a	to look like, resemble
la	pareja	pair; partner
el	parto	childbirth
	pasar de algo	to do without something
	pasarse de la raya	to go too far, overstep the ma
la	plancha	iron, ironing
	plantear	to raise (question)
	poner barreras	to erect obstacles, put up difficulties
el	primogénito	first-born, eldest child
	proteger	to protect
la	pulcritud	neatness, delicacy
	quisquilloso	touchy, oversensitive; fussy
el	rallador de queso	cheese grater
el	rasgo	feature
	reconfortar	to comfort
la	regla	rule
	la(s) relación(es)	relationship
	rezagado	backward, behind
	rizado	curly (of hair)
	rojizo	reddish
	sacarse un doctorado	to get a doctorate
el	sermón	lecture
	solicitar	to ask for, request
	tacaño	mean, miserly
la	tarea	job, task
	tejer	to weave
la	ternura	tenderness
la	tez	complexion
	travieso	naughty, mischievious
el	truco	trick
	vago	vague; lazy, idle
	violar	to abuse
	volcarse	to go out of one's way, go 'over the top'

Unidad 2: Hogar, ¿dulce? hogar

12 — Texto A
La apariencia física
Students' Book page 22

	pelo	ojos	tez	piel	estatura
El padre de Pedro					
José Luis					
La madre de Pedro					
Raquel					
Pedro					
El padre de Dolores					
Elena					
Dolores					

14 — Texto B
La influencia del orden de nacimiento
Students' Book page 22, Question 3

	El primogénito	El benjamín	El hijo único	El segundón
creativo				
mimado				
convencional				
maduro				
débil				
torpe				
protegido				
protector				
temeroso				
frágil				
autoritario				
fuerte				
caprichoso				
distinto				
dependiente				
responsable				
indisciplinado				
inteligente				
decisivo				
celoso				

Unidad 2: Hogar, ¿dulce? hogar

13 .../... Cómo utilizar y entender un diccionario bilingüe (1)

¡No es fácil utilizar un diccionario, especialmente los grandes que se usan - normalmente por primera vez - durante el curso de A Level! Cuando tienes que buscar una palabra española, puede ser bastante desconcertante y confuso descubrir muchos significados diferentes, un montón de abreviaturas, letras y números en negrilla o en cursiva etcétera. Pues he aquí unos ejemplos de entradas típicas: hemos elegido el verbo mandar y las palabras relacionadas mandato, mando y mandón. Esperamos que nuestras notas y explicaciones te sean útiles.

[Anotaciones manuscritas en el margen:]

- **Varios usos de la palabra** (cada uno precedido por el símbolo ~)
- **indicaciones de campos semánticos** (en cursiva)
- **diversos significados de la palabra** (marcados por letras en negrilla)
- **Verbo transitivo**
- **Verbo intransitivo**
- **uso peyorativo**
- **Verbo reflexivo**
- **arquitectura**
- **VARIAS ABREVIATURAS**
- **uso latinoamericano** (Argentina, Uruguay, Chile)
- **astericos indican palabras familiares**

---

mandar 1 *vt* **(a)** *(ordenar)* to order; **~ que ...** to order that ..., give orders that ...; **~ a uno a hacer algo** to order sb to do sth; **~ hacer un traje** to order a suit, have a suit made; **~ reparar el coche** to get (o have) the car repaired; **~ llamar a uno** to send for sb; **~ salir a uno** to order sb out; **mándele sentarse** please ask him to take a seat.

(b) *(Com)* to order, ask for; **¿qué manda Vd?** what can I do for you?; **¿manda Vd algo más?** is there anything else?

(c) *(Mil etc)* to lead, command; *grupo* to be in charge of, lead, be the leader of.

(d) *(enviar)* to send; **le manda muchos recuerdos** he sends you warmest regards; **se lo mandaremos por correo** we'll send it to you by post, we'll post it to you

(e) *(legar)* to bequeath

(f) *(LAm)* *(echar)* to throw, hurl; *(tirar)* to throw away

(g) *(LAm)* *golpe* to give, strike, fetch; *persona* to hit, punch

(h) *(LAm: caballo)* to break in

(i) *(Cono Sur Dep)* to start

2 *vi* **(a)** *(ser el jefe)* to be in charge, be in command; to be in control; **¿quién manda aquí?** who's in charge here?; **aquí mando yo** I give the orders here, I'm the boss

(b) *(dar órdenes)* to give the orders; **¡mande Vd!** at your service!; **¿mande?** pardon?, what did you say?; *(Méx)* yes sir? (etc), what can I do for you?; *(LAm: en restaurante)* what will you have?; **¡mande!** *(And, Méx)* I beg your pardon!; **~ por uno** to send for sb, fetch sb.

(c) *(pey)* to be bossy, boss people about.

3 mandarse *vr* **(a)** *(Med)* to get about by o.s., manage unaided.

(b) *(Arquit: cuartos)* to communicate (*con* with)

(c) *(Carib, Cono Sur)* *(irse)* to go away, slip away; *(desaparecer)* to disappear secretly.

(d) ~ algo *(LAm*)* *(comerse)* to scoff something up*; *(beberse)* to knock something back*.

(e) ~ una sinfonía *(Cono Sur: Mús)* to play (o perform) a symphony.

(f) *(LAm)* **mándese entrar** (o **pasar**) please come in; **~ cambiar**, **~ mudar** to go away, leave.

¡Al tanto! nueva edición © Mee Thacker 1996

Unidad 2: Hogar, ¿dulce? hogar

.../... 13   Cómo utilizar y entender un diccionario bilingüe (1) (continuación)

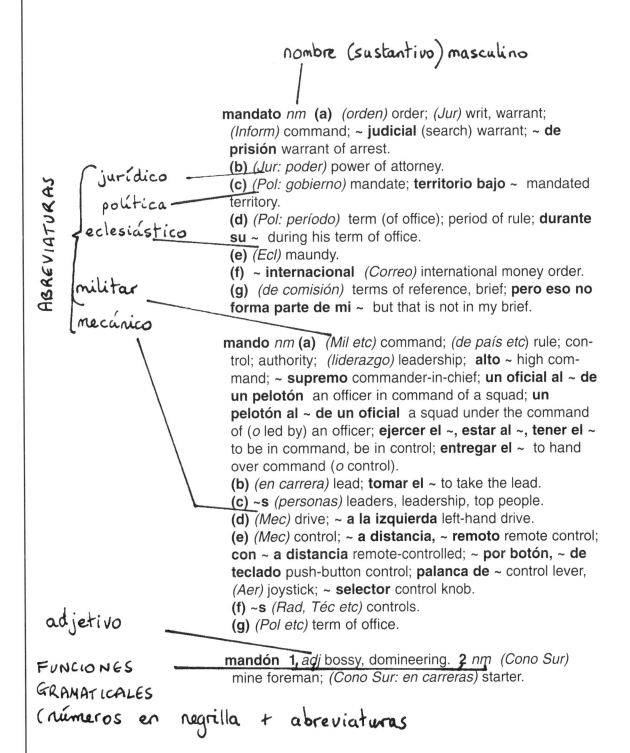

nombre (sustantivo) masculino

mandato *nm* **(a)** *(orden)* order; *(Jur)* writ, warrant; *(Inform)* command; ~ **judicial** (search) warrant; ~ **de prisión** warrant of arrest.
(b) *(Jur: poder)* power of attorney.
(c) *(Pol: gobierno)* mandate; **territorio bajo** ~ mandated territory.
(d) *(Pol: período)* term (of office); period of rule; **durante su** ~ during his term of office.
(e) *(Ecl)* maundy.
(f) ~ **internacional** *(Correo)* international money order.
(g) *(de comisión)* terms of reference, brief; **pero eso no forma parte de mi** ~ but that is not in my brief.

mando *nm* **(a)** *(Mil etc)* command; *(de país etc)* rule; control; authority; *(liderazgo)* leadership; **alto** ~ high command; ~ **supremo** commander-in-chief; **un oficial al** ~ **de un pelotón** an officer in command of a squad; **un pelotón al** ~ **de un oficial** a squad under the command of (*o* led by) an officer; **ejercer el** ~, **estar al** ~, **tener el** ~ to be in command, be in control; **entregar el** ~ to hand over command (*o* control).
(b) *(en carrera)* lead; **tomar el** ~ to take the lead.
(c) ~**s** *(personas)* leaders, leadership, top people.
(d) *(Mec)* drive; ~ **a la izquierda** left-hand drive.
(e) *(Mec)* control; ~ **a distancia**, ~ **remoto** remote control; **con** ~ **a distancia** remote-controlled; ~ **por botón**, ~ **de teclado** push-button control; **palanca de** ~ control lever, *(Aer)* joystick; ~ **selector** control knob.
(f) ~**s** *(Rad, Téc etc)* controls.
(g) *(Pol etc)* term of office.

mandón 1, *adj* bossy, domineering. **2** *nm (Cono Sur)* mine foreman; *(Cono Sur: en carreras)* starter.

¡Al tanto! nueva edición © Mee Thacker 1996

Unidad 2: Hogar, ¿dulce? hogar

15 Texto G – Question 1
«Aunque quieran ayudar, nunca han aprendido»
Students' Book page 28

Fern: Bueno, en España, pues la verdad, hay que reconocer que el hombre colabora bastante poco …

Mari: … o nada … o nada

Fern: … en el hogar. No es mi caso, no es mi caso que yo procuro (1)_____ _____ pero realmente es … lo general es que pues en casa siempre (2)_____ _____ es de la mujer - siempre que la mujer no trabaja fuera del hogar. Pero claro en los casos en que (3)_____ _____, pues es normal también entre la gente más joven que el marido ayude. Pero yo recuerdo por ejemplo mis padres o mis suegros o la gente de pueblo en que la mujer no trabaja, que el hombre (4)_____ _____ y no sabe ni freír un huevo. Pero eso se considera normal … la gente más joven pues (5)_____ _____ … bueno yo realmente en mi caso he de reconocer que pues Maribel realiza el 80% y yo el 20 … bueno ella dice que 90% pero yo opino que el 80!

Mari: Sí, es que el problema es que aunque quieran ayudar, nunca han aprendido: sus madres (6)_____ para que no hicieran nada en absoluto en la casa y lo que es más grave es que se enorgullecen de ello. La mayor parte de casos de hombres, pues a partir de 35 años hacia arriba (7)_____ _____ y les cuesta mucho intentarlo. Solamente conozco como tres o cuatro hombres de esa edad que colaboran en las tareas del hogar, y hay cosas que jamás harían como por ejemplo (8)_____ _____ o incluso cocinar platos que sean un poco complejos, ¿no?, y realmente la mujer es la que lleva toda la carga del hogar, aunque trabaje. Y en las zonas rurales (9)_____ _____ porque no hacen un trabajo remunerado, pero ayudan al hombre en el campo, por ejemplo, que es pesadísimo, y encima en casa hacen absolutamente todo mientras el hombre (10)_____ o a las cartas, y a tomar una copa: eso en todas las zonas rurales de España; no creo que haya cambiado ¿eh? hoy en día.

17 Texto L – Question 4
Los padres de hoy, ¿son tolerantes?
Students' Book page 32

Hola, me llamo Isabel de Alfonsetti Hartmann y vivo en Alicante con mis padres. Mis padres viven solos ahora pero antes vivíamos con mis hermanos. Tengo dos hermanos mayores, Pascual y Nicolás; Pascual tiene 31 años y Nicolás tiene 30. Mi padre antes era perito mercantil, pero desde hace un par de años está retirado. Y mi madre siempre ha sido ama de casa; siempre le ha gustado quedarse en casa y ocuparse de nosotros. Mi hermano mayor ahora está en paro y ha trabajado antes en distintos trabajos; ha sido … ha trabajado por ejemplo para una panadería; también ha trabajado para las aduanas en el puerto, y también ha trabajado últimamente en una tienda que pertenece a una multinacional para el alquiler de televisiones y de vídeos. Y ahora lo que le interesaría es trabajar con informática. Mi otro hermano, Nicolás, empezó estudiando filología francesa, pero luego cambió su carrera y decidió ser asistente social y ahora está trabajando en un ayuntamiento cerca de Alicante. Y yo he estudiado traducción e interpretación y también filología inglesa, y ahora lo que me gustaría es ser profesora de inglés. Me llevo muy bien con mis hermanos y con mi madre pero con mi padre no me llevo tan bien. Siempre hay … problemas y discutimos un poco. Quizás la diferencia entre nosotros dos, la diferencia de edad es muy grande - nos llevamos aproximadamente 40 años, y se nota. Bueno, con mi madre me llevo también bastantes años: nos llevamos 34 años, sin embargo las cosas van mucho mejor, y creo que, bueno, el problema con mi padre es sobre todo incompatibilidad de caracteres. Somos totalmente distintos - la noche y el día. Mi padre se da por vencido siempre antes de empezar cualquier cosa mientras que yo al contrario soy muy cabezona y me gusta luchar por lo que quiero. … No sé …también puede influir el hecho de que mi padre es español y mi madre es francesa, y mi madre se ha ocupado quizás más de nuestra educación, y quizás eso tira un poco ahora. Pero … de todas formas mi padre tampoco se lleva muy bien con mis hermanos, así que no soy la única …

Unidad 2: Hogar, ¿dulce? hogar

16 Texto J – Questions 1, 2
Tres españoles hablan del carácter de su familia
Students' Book page 29

1

Pedro: Bueno. ¿el carácter de los miembros de mi familia? _____

_____; como estábamos hablando antes, mi padre es una persona ... podría decir

que es _____ ... aunque es una persona que se ha

creado a sí mismo ... porque no fue al colegio. _____

como nosotros; como he dicho antes, tiene sesenta y ocho años. _____

_____ que él ha sido una persona que estuvo cerca de la guerra civil ... y

_____, entonces no ... no tuvo oportunidad de ir a

la escuela porque tuvo que ayudar a su padre trabajando. Pero el carácter de mi padre,

_____, es, aunque es

fuerte - es un carácter fuerte - pero adora a su familia, es muy buena persona ... y

_____ y no le mientes, eres su mejor amigo.

2	independiente	cariñoso	serio	tranquilo	casera	de mal genio	fuerte
el hermano de Pedro							
Ester							
el padre de Dolores							
el hermano de Dolores							
Helena							
el padre de Silvia							
la madre de Silvia							

18 Writing summaries

Writing summaries of articles/passages in a specified number of words is a common activity in A-Level Spanish courses not to mention examinations. It is, quite apart from that, a very useful ability to develop, and one which when successful reflects an excellent overall comprehension of the major issues examined in a Spanish text, and an ability to discard the less significant points being made.

Like most other language skills, learning to write a really good summary is a matter of regular practice and also of acquiring the correct technique. An unsuccessful attempt at a summary may be due to lack of understanding of the original text, but more often than not, it is the way the exercise has been tackled that is at fault. We therefore offer a few pieces of advice that we hope you will find useful.

In writing summaries, **DO NOT**:

- even think about beginning a summary before you feel you know the text really well. This means that you must read/listen to the passage several times.

- start summarising (or even translating) every sentence. You are not learning in this way to discard the less significant details, and you will quickly run out of words!

What you **SHOULD DO**:

- read/listen to the passage several times until you feel that you have a good idea of what the whole text is about. Do not move on to the next step until you really have reached this point. If you need to read/listen five times, do so!

- put the text on one side and without looking at it again, write one short sentence which you feel sums up the point of what you have just read. You may of course now have completed the exercise! It should be perfectly possible to sum up any text, however long, in 10 words or in 200. If you are asked to write a summary using no more than about 10 words, what you have done so far should be enough.

- for longer summaries, read/listen to the text again, and as you progress, jot down occasionally what you consider to be an important point made. This should not be done after every sentence: in relatively short passages, it is best to read two or three sentences and then write a short statement that sums them up. In longer passages, you may find it helpful to read whole paragraphs and then write a short sentence to summarise each one, or each pair - it all depends of course on how many words you are being asked to use.

- Above all, remember that you are being asked to summarise the whole text. Following the advice above should ensure that you are saying something about the entire passage or each part of it. One very common error is that students' summaries say too much about the first half of a passage and too little (or nothing at all) about the last parts.

- As well as adding more words by including more detail, one can of course also work in the opposite way by 'pruning' written summaries, removing several words without deleting the main points one wishes to get across.

As an example of the above, read several times the article
lo admito ... tengo nostalgia de casa.

...∕...18 Writing summaries (continuación)

lo admito ...
tengo nostalgia de casa

"El año pasado mi novio me invitó a pasar las Navidades con su familia y yo me emocioné mucho –comenta Isabel, una enfermera de 25 años–, ya que esa invitación significaba que nuestra relación iba en serio. Su familia es de Málaga y me recibió con la amabilidad y la simpatía típicas de los andaluces, logrando que en seguida me sintiera como en casa. Pero no era mi casa y yo no había pasado nunca una Navidad alejada de mi familia. Lo que menos me podía esperar es que, al empezar la cena de Nochebuena, me diese un verdadero ataque de nostalgia. A pesar de que mi novio estaba pendiente de mí y sus padres y hermanos superamables, yo me sentía tan triste que no podía contener las lágrimas. No dejaba de mirar el reloj y hacerme preguntas absurdas (¿Quién habrá puesto la mesa? ¿Se habrán acordado de comprar turrón de coco?...). Me imaginaba a toda mi familia mirando tristemente mi sitio vacío en la mesa y oía a mi cuñada comentando mi falta de lealtad a la familia en unas fechas tan señaladas. Cuando ya no pude más, pedí permiso para poner una conferencia a casa y, después de hacerlo, me sentí la mar de ridícula; en mi casa estaban tan felices, comprendían perfectamente mi ausencia y nadie me echaba nada en cara. Pero ¿qué demonios me había pasado? Yo era una chica independiente y madura y, de pronto.. ¡me veía haciendo pucheros y suspirando por mi casa como ET!" A pesar de la sorpresa de Isabel, la nostalgia por el hogar es una emoción que puede atacarnos en cualquier instante, de repente y sin necesidad de que, en ese momento, nos sintamos infelices.

The main message of this article is expressed in the last six lines; the rest of it gives an example of homesickness in the case of a woman called Isabel. If therefore we were asked to summarise the text in say 15 words, we might just take the final few lines as our source:

"Homesickness is an emotion which can affect anyone at any time."

If our limit was 25 words, we would want to add something fairly general about Isabel:

"Homesickness is an emotion which can affect anyone at any time, as a young nurse Isabel discovered when she spent Christmas away from home."

With 50 words, we could add one or two other important details:

"Homesickness is an emotion which can affect anyone at any time, as a young nurse Isabel discovered when she spent Christmas away from home. Invited to her fiancé's house, she became uncontrollably sad when she thought of her own family at home without her."

100 words would allow us to add quite a lot more detail, though without selecting any of the small and insignificant points:

"Homesickness is an emotion which can affect anyone at any time, as a young nurse Isabel discovered when she spent Christmas away from home. Invited to her fiancé's house, she became uncontrollably sad when she thought of her own family at home without her. Despite the kindness of her fiancé's family, she could not prevent herself from crying as she imagined them missing her. She had to make a 'phone-call eventually, only to discover that all of her fears and worries were groundless: her family were happy and not resentful about her absence."

The text can of course also be 'pruned' if you exceed the word-count, without destroying the essential points you wish to convey:

"Homesickness (is an emotion which) can affect anyone (at any time), as (a young nurse) Isabel discovered when she spent Christmas away from home. Invited to her fiancé's house, she became (uncontrollably) sad when she thought of her own family (at home without her). Despite the kindness of her fiancé's family, she could not prevent herself from crying (as she imagined them missing her). She had to make a 'phone-call eventually, only to discover that (all of) her fears (and worries) were groundless: her family were happy and not resentful (about her absence)."

The 94 words of the original summary have in this way been reduced to 66.

Unidad 2: Hogar, ¿dulce? hogar

19 Texto P
¿Qué va a ser de ti ...?

Students' Book page 36

Hace más de un año ya
que en casa no está
tu pequeña.
Un lunes de noche la vi salir
con su impermeable amarillo,
sus cosas en un hatillo
y cantando ... 'quiero ser feliz' ...

Te dejó sobre el mantel
su adiós de papel
tu pequeña.
Te decía que en el alma y la piel
se le borraron las pecas
y su mundo de muñecas
pasó ...
Pasó veloz y ligera
como una primavera
en flor ...

¿Qué va a ser de ti lejos de casa,
nena, qué va a ser de ti?

Esperaste en el sillón
y luego en el balcón
a la pequeña.
Y de punta a punta de la ciudad
preguntaste a los vecinos
y saliste a los caminos.
¿Quién sabe dónde andará?

Y hoy te preguntas por qué
un día se fue
tu pequeña ...
si le diste toda tu juventud,
un buen colegio de pago,
el mejor de los bocados
y tu amor ...
Amor sobre las rodillas,
caballito trotador.

¿Qué va a ser de ti lejos de casa,
nena, qué va a ser de ti?

22 Para terminar – Question 1
Palabras para Julia

Students' Book page 38

Tú no puedes (1)_____ atrás,
porque la (2)_____ ya te empuja,
como un aullido interminable,
interminable.
Te sentirás acorralada,
te sentirás perdida o (3)_____ ,
tal vez querrás no haber nacido,
no haber nacido.
Pero tú (4)_____ acuérdate
de lo que un día yo (5)_____ ,
pensando en ti, pensando en ti,
como ahora (6)_____ .
La vida es bella, ya verás

como (7)_____ los pesares,
tendrás amigos, tendrás (8)_____ ,
tendrás amigos.
Un hombre solo, una (9)_____ ,
así tomados, de uno en uno,
son como (10)_____ , no son nada,
no son nada.
Entonces (4)_____ acuérdate
de lo que un día yo (5)_____ ,
pensando en ti, pensando en ti,
como ahora (6)_____ .
Nunca te entregues ni te apartes,

junto al (11)_____ nunca digas:
'No (12)_____ más y aquí me quedo,
y aquí me quedo.'
La vida es bella, ya verás
como (7)_____ los pesares,
tendrás amigos, tendrás (8)_____ ,
tendrás amigos.
Entonces (4)_____ acuérdate
de lo que un día yo (5)_____ ,
pensando en ti, pensando en ti,
como ahora (6)_____ .

20 Texto Q
María-José, Miriam, Emilio y Nuria hablan de sus familias

Students' Book page 37

María-José: Mi familia bien o sea somos 6 personas en mi casa. Empezaré por orden de edad: mi abuelo tiene 89 años, se llama Ernesto y vive con nosotros desde que mis padres se casaron. Luego viene mi padre que tiene ... 54 o 55 no lo sé. También se llama Ernesto y es un hombre que ... entre nosotros dos hay un abismo de ... generacional, porque no nos llevamos muy bien, discutimos bastante pero ... ¡bah! se soporta ... Luego está mi madre que tiene 43 ... 42 ... no lo sé. Con ella me llevo muy bien, o sea ... confío un montón en ella - se lo cuento todo. Y luego está mi hermano - que también se llama Ernesto (o sea ¡mi familia es muy original!) y con ése me llevo a matar, o sea siempre estamos discutiendo, o sea, me odia, vamos. Y luego tengo una hermana pequeña que es con la que mejor me llevo porque la puedo dominar. Y ahora, Emilio, cuéntanos ...

Emilio: Yo también tengo un hermano pequeño dominable pero que ... ¿yo qué sé? ... yo lo que intento hacer con él es más ... no dominarlo sino educarlo a mi manera para que sea como yo. Es que no quiero que sea como mi padre porque mi padre trabaja de administrativo y vive más en la época de los Hippies que hoy en día. Y se cree que estamos ... que ... no sé ... que cualquier día digo «me voy a vivir mi vida» ¿no? o algo así ... Mi madre es que no se entera mucho de cómo va la historia: sabe pues, no sé, cosas de chiquillos ¿no? no sé cómo decirlo. No trabaja mi madre; tampoco ha estudiado porque no pudo pero ... sabe sus cosas ¿no? porque ha vivido su vida. Y mi otro hermano viene al instituto; es muy conocido porque ... [¡buen elemento!]; y también trabaja - trabaja en una discoteca y trabaja en un bar ... y así va ... pues ... se saca su dinero ... y eso es ... yo creo que lo que más les gusta a los padres no es que estudies sino que lleves un dinero a casa ... hombre les gusta que estudies porque el día aquel de mañana seas alguien ¿no? que puedas competir con los demás, que en el momento que haya un sitio puedas entrar tú antes que otro, porque está muy mal el trabajo, pero que también les da alegría ver cómo va llegando un dinero ... a casa. En tu casa ¿pasa lo mismo?

Miriam: No ... en mi casa no: prefieren que estudie que trabaje: yo he hablado de trabajar, no quieren que trabaje. Es que mi padre es de estas personas que dicen que los estudios es lo primero ... y nada más. Yo con mi padre choco mucho por eso ... porque ... porque yo no me gusta estudiar y él quiere que estudie, y pues normalmente cuando yo quiero salir por ahí, me dice que primero son los estudios, y antes de ir por ejemplo a la discoteca un sábado, por las mañanas tengo que estar toda la mañana estudiando para poder ir allí.

Emilio: ¿Y te levantas por la mañana a estudiar?
Miriam: Sí sí ... a las diez.
Emilio: ¡Ay, qué ganas hay que tener!
Miriam: Bueno ... y luego con mi madre también, le gusta que estudie, ¿no? pero ... me da bastante la razón a mí porque es ... dice que si estudio y no estoy a gusto, que mejor ... pero que por ahí no voy a estar sin hacer nada ... que tengo que ... o estudiar o trabajar, no hacer nada.
Emilio: No pero es bueno tener una culturilla.
Miriam: Si pero ...
María-José: Cuesta ... cuesta mucho.
Miriam: Mi padre dice que soy muy inteligente y que los inteligentes se hacen vagos, y es lo que me ha pasado a mí ... lo que dice que me ha pasado a mí. Y luego con mis hermanas pequeñas la relación no es muy buena porque se juntan entre ellas dos y siempre están metiéndose conmigo ... yo les pego, mi madre me pega a mí, bueno hay una cadena en mi casa, y ... ya está ... Y tú con tus hermanas, ¿qué tal, Nuria?
Nuria: Bueno yo soy la mayor, tengo solamente una hermana pequeña y también ... hay a ratos que la domino y otras veces que me domina ella a mí aunque parezca mentira porque ... y bueno, la relación es buena, tampoco me puedo quejar porque he tenido la suerte de que puedo confiar en ella aunque tenga nueve años; a lo mejor me ve ... haciendo cualquier cosa y le digo «no se lo digas» y en vez de hacerme chantaje ... hay veces que me abre la boca ... no es verdad: yo digo «¡qué raro que no me haga chantaje» ... y bien, estamos bien. Mi padre; la relación con mi padre es buena - mejor que con mi madre, me gusta más. Tiene 44 años, pero es más ... él está más en el mundo actual es más ... me deja ir a discotecas porque siempre dice que «tienes 15 años, eres muy joven» ... eso mi madre; mi padre sin embargo le dice «deja a la chiquita, que eso es normal». Mi madre, no: mi madre, como la madre de Emilio, no ha estudiado y está también ... ¿yo qué sé? ... está en su mundo ella, piensa que yo con 15 años tendría que estar jugando con muñecas, tendría que estar ... que «no vistas así, que pareces una chica de 18, no te pintes» ... y yo claro todo eso lo hago a escondidas. Y tampoco me hace gracia: me gustaría ... ahora sí ... la ...la ... tenemos ... yo tengo mucha confianza con mi madre aunque ... parece que no pero ... no me deja hacer cosas, pero sin embargo le puedo contar ... hombre todo no se lo cuento, pero ... hablo con ella, la verdad, hablo con ella y sobre los estudios, mis padres quieren que estudie, yo quiero estudiar: el día de mañana quiero sacarme ... una carrera ... es que es lo que quiero, no me obligan, yo lo estoy haciendo porque quiero, y ... y eso.

Unidad 2: Hogar, ¿dulce? hogar

Texto R
Dime
Students' Book page 38

dime...
by I don't know

Dime, ¿No estás cansado | de sentirte tan falso | egoísta | envidioso | y orgulloso?

¿No estás harto | de vivir tan preocupado | triste, | neurótico | atormentado | y equivocado?

¿No te parece | que algo anda mal | y que ser más natural | tratable | y humilde | es cuestión de entender

que eres demasiado importante | para vivir dominado | por cosas que te limitan | te ciegan | no te dejan | y darte cuenta

que la paz | y el conocimiento | están dentro tuyo...?

texto publicado por los alumnos del Instituto de Bachillerato Aleixandre Peset de Paterna, Valencia

23 Introduction to the subjunctive (1)

The forms and uses of the subjunctive in Spanish is unquestionably one of the major areas of new grammar that you will be studying during the A Level/AS course; many teachers would indeed argue that it is the major area. You will eventually find this subject dealt with in detail in unidad 6, but by way of an introduction, we offer you a few notes on firstly the form of one of the subjunctives and then a couple of uses. It is important to take things steadily with a grammar area like this: concentrate first on learning and recognising the form without worrying about the uses.

The form of the subjunctive
The subjunctive of a verb appears at first sight to be simply a tense like others you have seen and learnt. It is in fact however not a tense but what is known as a mood. In English its usage has now almost entirely disappeared, though it occasionally occurs when for example people say things like "If I were you" (instead of "If I was you"). Unlike English, in Spanish the subjunctive is extremely common and exists in various forms. One of these is called the present subjunctive, and we shall limit ourselves for the moment just to this one form.

To form the present subjunctive of most verbs, you take the first person of the present indicative, remove the **o** and add the appropriate endings, as listed below. As you can see, an **-ar** verb now appears like an **-er** verb, while **-er** and **-ir** verbs appear like **-ar** verbs.

MIRAR	COMER	ESCRIBIR
mire	coma	escriba
mires	comas	escribas
mire	coma	escriba
miremos	comamos	escribamos
miréis	comáis	escribáis
miren	coman	escriban

Radical changing verbs also obey this rule and, as in the present indicative, no change takes place in the first and second persons plural.

PENSAR	PERDER
piense	pierda
pienses	pierdas
piense	pierda
pensemos	perdamos
penséis	perdáis
piensen	pierdan

Irregular verbs follow the same rule for the formation of the present subjunctive (thus **tener** begins **tenga, tengas, tenga** etc.) though half a dozen verbs have totally irregular subjunctives and need to be learnt separately. See verb tables for the forms of these verbs which are: **dar** (whose present subjunctive begins **dé**), **estar (esté), haber (haya), ir (vaya), saber (sepa)**, and **ser (sea)**.

Before worrying about how and why the subjunctive should be used in Spanish, try to familiarise yourself with these forms, and to recognise them when you come across them. You will find many examples in every chapter of the book. In the present unit for example, the cartoon on page 37 contains four examples: in the first line of the text, the father says to his son *quiero que hablemos* and clearly *hablemos* is the present subjunctive of the verb **hablar**. Other examples in this text are *pienses, precipites,* and *decidas.*

With a partner, look through any other two texts in this chapter and see how many examples of the present subjunctive you can spot. Having made a list of them, see if you can run through the entire present subjunctive of each.

The uses of the subjunctive
There are many reasons why the subjunctive is used in Spanish, and you will gradually cover these during your A Level course. Overall, it is important to remember that the subjunctive does not really have a meaning of its own: it simply replaces tenses which you might expect to use. For example, you might expect to use the future tense when translating the second verb in the sentence "I am pleased that you will be there". Instead, you have to use a subjunctive, because a verb of emotion ("I am pleased") is followed by a subjunctive when the subjects change.

For the moment, we will just look at two basic uses of the present subjunctive:

1 The subjunctive of a verb is used following another verb of wanting or wishing (e.g. querer, desear) when the subjects of the two verbs are different. Thus, the father in the cartoon on page 37 says
Quiero que hablemos. (I want us to have a chat.)
If the subjects did not change here, the infinitive would be used:
Quiero hablar contigo. (I want to talk to you.)
With a partner, see if you can write <u>five</u> sentences related in some way to the theme of this unit on families, using **querer** or **desear** in different persons followed by the infinitive. Having done so, work together to change the subjects in each sentence and then complete the new versions with present subjunctives.

2 The present subjunctive is also used after an expression of possibility or probability such as **es posible que, es probable que, puede (ser) que**. One might say for example:
Es posible que mi padre me deje ir a la discoteca. (It is possible that my father will let me go to the disco.)
Es probable que veamos a los abuelos este domingo. (It is likely that we shall see our grandparents this Sunday.)
See if you can write five further sentences with the help of a partner, using two or three expressions of possibility followed each time by the present subjunctive.

Unidad 3: vocabulario

	a bordo	on board
	adelantar	to overtake
	airado	annoyed; angry
el	altavoz	loudspeaker
	alterar	to disturb; irritate
el	ancho del trazado	track gauge
el	aprieto	difficulty
	arrancar	to start up; set off
el	asiento abatible	reclining seat
el	atasco	traffic jam
	aumentar	to increase
la	avería	breakdown
la	baca	roof-rack
la	baliza	marker (board)
	bostezar	to yawn
la	cabina de conducción	cab (of a train)
	cabizbajo	depressed; crestfallen
la	caja de cambios	gear box
	calarse la gorra	to pull one's cap down firmly
la	calzada	road
la	campaña (divulgativa)	(information-giving) campaign
la	campaña publicitaria	advertising campaign
el	carril (de la derecha)	(right hand) lane
el	casco	helmet
	ceder el paso	to give way
la	centella	spark
el	ciclomotor	moped
el	cierre centralizado	central locking
	con antelación	in advance
la	conducción (nocturna)	(night) driving
el	consejo	piece of advice
el	control de alcoholemia	breathalyser test
el	cuentarrevoluciones	rev-counter
	dar marcha atrás	to reverse
	dejar de hacer algo	to stop doing something
	despegar	to take off (of 'plane)
el	desplazamiento	journey; trip
la	dirección asistida	power steering
el	diseño	design
	disfrutar de	to enjoy; take advantage of
el	dominguero	Sunday/rotten driver
	economizar	to save
	educado	well-mannered
el	elevalunas (eléctrico)	electric window system
el	empalme	junction
	emprender un viaje	to undertake a journey
el	enmoquetado	upholstery
el	entorno	environment
	escampar	to brighten; to clear (of weather)
el	estrago	destruction; ruin; havoc
el	éxodo vacacional	(mass) departure for holidays
el	folleto	pamphlet
	fomentar	to encourage
el	giro	turn; bend
la	gravilla	gravel; loose chippings
la	guía	guide-book
la	hegemonía	hegemony; leadership, dominance
la	hora punta	rush-hour
la	imprudencia	recklessness; carelessness
	inesperado	unexpected
la	insonorización	sound-proofing
el	intermitente	indicator; "flasher"
la	intoxicación (etílica)	(alcoholic) poisoning; drunkenness
	invertir	to invest
	lícito	fair; just
la	línea de detención	stop line (marked on road)
la	llanta de aleación	alloy wheel-rim
el	maletero	car boot
el	mando (a distancia)	(remote) control
la	máquina expendedora	vending machine
el	medio ambiente	environment
la	meseta	tableland; plateau
el	morro	snout/nose; nose-cone (train/plane)
el	nivel acústico	noise level
las	obras	road-works
el	ocio	leisure time; relaxation
la	pantalla arbórea	screen of trees
la	parada	halt; stop
el	parque (nacional) de automóviles	total number of cars (in the country)
el	paso a nivel	level crossing
el	paso de fauna	crossing for animals
el	peatón	pedestrian
el	percance	misfortune; setback
la	periferia	outskirts
	permanecer	to remain
el	personal	personnel; staff
el	plazo	deadline
	poner en marcha	to start; initiate
la	previsión	forecast
el	pronóstico del tiempo	weather forecast
la	rentabilidad	cost-effectiveness; value for money
	resollar	to puff and blow; to wheeze
la	retención	hold-up; back-up; tail-back
el	retrovisor	wing-mirror; rear-view mirror
	revisar	to check
la	rifa	raffle
el	salvavidas	lifebelt; life-jacket
la	seguridad (vial)	(road) safety
el	seguro	insurance
la	singladura	day's run
el	socio	member
	subrayar	to highlight; to stress
la	tos ferina	whooping cough
el	traslado	move
la	travesía	crossing
el	variante	by-pass
	verificar	to check
el	vertedero	rubbish tip
la	vía férrea	railway; rail-track

Unidad 3: De viaje

Texto A – Question 3
El código de la circulación
Students' Book page 40

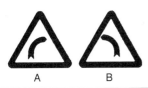

1 Estas señales indican:
a. Subidas peligrosas derecha e izquierda (A y B).
b. (A) Prohibido girar a la derecha, (B) a la izquierda.
c. (A) Curva peligrosa a la derecha, (B) a la izquierda.

2 Si se encuentra con alguna de estas señales, ¿qué le indican?:
a. Calzada con firme irregular, badén o cambio brusco de rasante.
b. Reducir la velocidad por entrar a una zona montañosa.
c. Proximidad de un puerto de montaña.

3 Estas señales indican:
a. Peligro por rampa o pendiente debido a su inclinación, longitud o circunstancias especiales.
b. Reducir la velocidad un 10 por 100.
c. Aumentar la velocidad a un 10 por 100 como máximo.

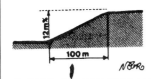

4 Si la rasante de la vía sube (o baja) 12 metros dentro de una longitud de 100 metros, señalaremos su pendiente con un:
a. 6 por 100.
b. 12 por 100.
c. 10 por 100.

5 Estas señales anuncian:
a. Curvas a ambos lados.
b. Túnel o puente.
c. Estrechamiento peligroso de la calzada.

6 ¿Qué significa esta señal?:
a. Pendiente o rampa peligrosa.
b. Que existe la posibilidad de levantamiento de puente móvil.
c. Carretera en mal estado.

7 ¿Qué posible peligro anuncia esta señal?:
a. Proximidad de obras que ocupan parte de la calzada. Calzada en obras.
b. Peligro por la existencia de arena.
c. Peligro por carga y descarga.

8 ¿Estas señales indican?:
a. «A» peligro por pavimento deslizante y, «B» por escalón lateral.
b. Ambas, peligro por escasa adherencia en el pavimento.
c. Ambas, peligro por un desnivel en la vía.

9 ¿Qué señales estas indican?:
a. Salida de obreros.
b. Que no pueden circular más que peatones y ciclistas.
c. Paso frecuente de peatones y cruce de ciclistas, respectivamente, en zona bien delimitada.

10 ¿Qué indica esta señal?:
a. Que exista una carrera pedestre.
b. Peligro por lugar frecuentado por niños que pueden cruzar inesperadamente (escuelas, parques, etc.).
c. Prohibido que los niños corran.

Unidad 3: De viaje

Práctica – Question 3
Grammar: imperatives
Students' Book page 43

NO TENGA PRISA, TIENE TODA LA VIDA POR DELANTE

Su buena suerte también tiene un límite.

Si quiere disfrutar plenamente de sus vacaciones, no tenga prisa. Respetando los límites de velocidad llegará tan lejos como se proponga. Sólo es cuestión de tiempo y tiene toda la vida por delante.

Y recuerde nuestros consejos, si va a hacer un largo desplazamiento:

- Revise los puntos vitales de su vehículo.
- Abróchese siempre el cinturón.
- Respete los límites de velocidad.
- Mantenga la distancia de seguridad.
- No adelante sin visibilidad.
- Al mínimo síntoma de cansancio, no conduzca.
- Póngase el casco si viaja en moto o ciclomotor.
- **Siga estos consejos también en los trayectos cortos.**

LA VIDA ES EL VIAJE MÁS HERMOSO

Dirección Gral. de Tráfico
Ministerio del Interior

CONDUCE PARA VIVIR

Correr por encima de las limitaciones, pasarse, es despistarse. Las señales y tu seguridad te marcan la velocidad.

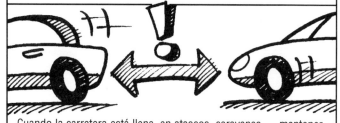

Cuando la carretera está llena, en atascos, caravanas … mantener las distancias es fundamental. Y nunca bajes la guardia.

Beber y no conducir. Conducir y no beber … Ser o no ser. La mejor opción: ¡TAXI!. Una retirada a tiempo es una victoria.

Hazte un gran favor, abróchate el cinturón de seguridad. Adelante o atrás, en ciudad o en carretera, el cinturón es el mejor salvavidas.

Ir por la vida sin casco es correr un gran riesgo. En motos y ciclomotores el casco es la vida.

Es muy triste que el fin de semana pueda ser el fin de una vida joven. En risas, fiestas y demás … ¡Alcohol y coche no!.

Unidad 3: De viaje

27 — Texto D
Los jóvenes conductores - un grupo de riesgo muy importante
Students' Book page 44

— Hay un par de cosas que quisiéramos comentar con usted, señor Altozano, porque si observamos que aumenta la ... formalidad, digamos ... la ... no sé ... la prudencia en general, observamos que entre los jóvenes se están produciendo demasiados casos de intoxicaciones etílicas, lo cual nos hace temer que por muchas que sean las ... en fin las esperanzas que algunas señales nos dan, también son algunas las inquietudes, porque durante la Semana Santa han sido muchos los casos de jóvenes intoxicados por ... por alcohol.

— Muchos, muchos los casos; la primera noticia alarmante fue lo de siete chicas de Ponferrada hospitalizadas en coma etílico y después le han seguido casos en Andalucía; 17 jóvenes en Madrid también fueron atendidos porque estaban bebiendo en tres locales concretamente.

— Hemos hablado cuarenta veces del problema de los locales que teóricamente no deben beber ... vender bebidas alcohólicas a los jóvenes, pero lo hacen; dicen ellos que tampoco es tan fácil saber si están o no están en la edad; el hecho es que nos encontramos con este dato. Eso señor Altozano supongo que elimina algunas de las esperanzas que los datos nos dan, ¿verdad?

— Bueno, hasta ahora hemos visto que los accidentes en general están descendiendo, y en esa misma medida también lo están haciendo el de los jóvenes implicados en este tipo de accidentes. Por supuesto seguimos manteniendo que los jóvenes equivalen más o menos al 12% de la población que está en posibilidad de conducir vehículos, y ellos tienen aproximadamente el 24% de los accidentes con víctimas, lo cual ... pues denota que tienen más o menos el doble de los accidentes de su representación en la sociedad. Sabemos que es un grupo de riesgo muy importante, y sobre todo ligado a los fines de semana, a la conducción nocturna, y al consumo de alcohol. Y es algo que tenemos que intentar atajar por todos los medios, por eso siempre en las campañas divulgativas, se tocan esos aspectos: cinturón y casco, alcohol, velocidad.

— Es también interesante observar las noticias positivas porque - mira, el Ayuntamiento de Estepona ha prohibido el consumo de alcohol en la calle.

— Sí, bueno ellos se han dado cuenta de la gravedad de la situación, o sea el alcoholismo. Es que además se ha detectado una nueva modalidad de beber en la calle, y es llevar las bebidas en el maletero del coche. Pues la moda es ésa: o sea cargar - ir al supermercado, o donde sea, cargar el maletero de alcohol y ponerse en lugares cerca de los bares, que es donde está la movida, abrir el maletero y entonces la barra es el propio maletero; y esto además está produciendo el negocio; unos.... algunos han visto que ése es un comercio, y también pues ya ... venden ...

28 — (Texto G)
Adelante el hombre del 600
Students' Book page 45

No importa que te llamen dominguero
airados los taxistas al pasar;
mañana es fiesta y no recuperable
ha de lucir un sol primaveral.

San Marcus vuelve en la televisión
milagroso mi infarto curará,
atentos al pronóstico del tiempo:
aguacero, chubasco, temporal ...

Adelante hombre del 600,
la carretera nacional es tuya.

Ya se levanta el héroe del domingo,
ya ruge su caballo de metal,
ya se cala la gorra y acelera,
la ciudad queda atrás.

Unas gotas de lluvia en la comida;
no te preocupes, pronto escampará;
Concha, coge a los niños, que parece
que la cosa va mal.

Adelante hombre del 600,
la carretera nacional es tuya.

El héroe del domingo, cabizbajo,
agarrota su pie contra el pedal,
la lenta procesión camina al negro pozo
de la gran ciudad.

Mañana es lunes, la semana empieza;
fatigado el caballo de metal,
triste figura porta el caballero,
doña Concha comienza a bostezar.

Ahora no corras Pepe, ten cuidado,
ese loco que viene por detrás,
¡hay que parar porque la niña tiene
irresistibles ganas de bajar.

Adelante hombre del 600,
la carretera nacional es tuya.

Translating from Spanish into English (1)

It is not uncommon for students to believe that translation from Spanish into English is a much "easier" exercise than translation into the foreign language. In a way, this is perhaps understandable: we naturally know many more English words and expressions than Spanish ones and can therefore more easily make sensible guesses, "rework" sentences or think of alternative expressions.

There is nevertheless a great danger in this somewhat false sense of security. Many A Level candidates mistakenly believe that "you either know the words or you don't" and simply hurry through a passage for translation with far too little thought about the more unfamiliar words or phrases. A glance at a number of examiners' reports on this exercise reveals that written answers can frequently be extremely disappointing, and they often complain about the same sort of errors in approach and technique.

The truth is that translation into English is a real art which requires as much care and intelligent thought as any other exercise on a language paper. Candidates often ask whether it is better to translate literally in order to capture the sense of the original passage as closely as possible, or more freely in order to produce a piece of well-expressed and flowing English even if in some sections it does not translate very closely the original Spanish. While we would suggest that well-expressed English must be the principal aim of the translator, (the final product should, we feel, read like a piece of English, and not like a piece of English which has been translated from Spanish), it would be wrong to pretend that accuracy of translation is unimportant. It may well be that one can translate a tourist pamphlet more "freely" than a literary passage (where faithfulness to an author's words and style is essential), but the elusive ideal that all translators are aiming for must be a translation that reads well and that conveys accurately the sense of the original text.

As usual, we would stress the crucial importance of approaching any language exercise in the right way from the earliest stages of A Level work; developing the right habits from the start will save a good deal of frustration and lack of progress later on. We therefore offer the following pieces of advice as far as translating into English is concerned; they are all, we are sure, standard ideas accepted by all teachers, and they are certainly strongly supported in all of the examiners' reports that we have read on this type of exercise:

a Take time to read the passage
Too many candidates make the really dangerous mistake of putting pen to paper after a very quick glance at the passage in question. Guesses will have to be made where vocabulary is lacking, but sensible and intelligent guesses cannot be made unless the rest of the passage has been understood, studied as a whole and consideration given to the setting, context and the tone in which it is all written. In many cases, candidates may be well advised to read the passage quite slowly several times - it is surprising how much more one understands or deduces on the third and fourth readings.

b When forced to guess, do so intelligently
Gaps should never be left in a translation. The ability to write something down which makes sense in the context is a very important technique to practice. Apart from linking guesses sensibly with the context of the passage, there are other possible things to consider when guessing the meaning of unfamiliar words: some may remind you of an English word with a similar meaning: e.g. *una sorpresa* (surprise), *intervenir* (to intervene), *el destino* (destination); others may bear a resemblance to another Spanish word that is familiar: e.g. *el maletero*: given the

Translating from Spanish into English (1) (continuación)

context of car travel, the resemblance with the word *maleta* ought to help you guess at the true meaning of a car boot; if you are already familiar with the verb *mandar*, it should not take too long to have a sensible guess at the meaning of *los diez Mandamientos*.

c Think carefully about the grammar of the sentence being translated
Examiners regularly complain about the failure of candidates to translate tenses correctly, to spot adjectival agreements and to link pronouns with the nouns to which they refer.

d Beware literal translation and poor/meaningless English
While it may be helpful at first to translate a sentence fairly literally in order to grasp its essential meaning, most sentences in a passage cannot be left in the literal state. It can generally be assumed that if the finished version does not make sense it must have been incorrectly translated, yet there are many candidates who do not apply this fail-safe criterion to their work. A re-reading of the finished translation is essential if unlikely versions are to be spotted and re-worded. Another useful recommendation is that you should read your final version to someone who knows nothing about the original passage (such as a member of your family): they will soon tell you if phrases or sentences sound clumsy, strange or meaningless!

e Beware paraphrasing
This is the opposite of literal translation and can be just as disastrous; straying too far away from the original is rarely likely to result in high marks. The achievement of a balance between the two must be practised.

f Beware Spanish word order
the frequency with which verbs and their subjects can be inverted in Spanish has caught many candidates unawares in the past, and again a thought about the grammar involved will help here: e.g. *Había llegado el tren.* cannot possibly mean "He had reached the train", otherwise the original sentence would read *Había llegado al tren*. It must therefore mean "The train had arrived". Similarly, ... *como le había dicho su madre* must mean ... "as his mother had told him" and not "... as he had told his mother".

g Don't be afraid to change word order, parts of speech etc.
As you progress through the A Level course, you will undoubtedly become aware that the construction of Spanish and English sentences differs in several ways. These differences have to be borne in mind when translating between the two languages. When attempting to express a somewhat literal and clumsy piece of English in a better manner, it may well be sensible or even necessary to lengthen the sentence, to alter the order of words, to make two sentences out of one, to use an adverb instead of a noun etc. For example, to translate *Lo hizo con toda la espectacularidad de un experto.* as "He did it with all the spectacularity of an expert" is both clumsy and un-English ("spectacularity" does not exist!); "He did it as spectacularly as an expert" is much better; *una novedad* may mean "a novelty", but "something new" is more likely to fit some contexts; similarly, "I travelled in comfort" sounds more acceptable than "I travelled comfortably" as a translation of *viajé cómodamente*.

Unidad 3: De viaje

29b Translating from Spanish into English (2)

Having read through the advice offered on translation into English, read carefully several times through the passage below and then study the translation of it given. The original Spanish words have been translated accurately, but several sections could be better expressed in English. Rewrite the translation, trying to think of alternative versions for the words underlined.

Trenes a Europa Ventaja Tras Ventaja.

Desde el principio, los usuarios de EUROCITY tienen un trato especial. Las salas de espera son "Rail Club" y están especialmente diseñadas para el ocio de los viajeros. La recepción está a cargo de personal bilingüe que desde este momento y hasta la llegada al destino están pendientes de todas las necesidades de los viajeros: facilitándoles folletos, guías complementarias y cuanta información precisen.

Durante todo el trayecto, los usuarios gozan de una perfecta climatización y pueden disfrutar de todos los equipamientos que ofrece la avanzada tecnología de estos trenes. La rapidez y máxima regularidad son otras de las ventajas más caraterísticas que ofrece esta Red EUROCITY a la que RENFE se ha unido con los siguientes trenes:

EUROCITY PARIS-MADRID TALGO (Madrid-París y v.v.).
EUROCITY BARCELONA-TALGO (Barcelona-París y v.v.).
EUROCITY CATALAN-TALGO (Barcelona-Ginebra y v.v.).

Trains to Europe Advantage after Advantage
From the beginning, the users of Eurocity have a special deal. The waiting-rooms are 'Rail Club' and are specially designed for the leisure of the travellers. The reception is in the hands of bilingual staff who from this moment and until the arrival at the destination are hanging on all the needs of the travellers: providing them with leaflets, complementary guides and as much information as they need.

During all the journey the users enjoy a perfect air-conditioning and can take advantage of all of the equipment that the advanced technology of these trains offers. The speed and the great regularity are others of the most characteristic advantages which this Eurocity network offers and which RENFE has joined with these trains:

EUROCITY PARIS-MADRID TALGO (Madrid-Paris and vice-versa)

EUROCITY BARCELONA - TALGO (Barcelona-Paris and vice-versa)

EUROCITY CATALAN - TALGO (Barcelona-Geneva and vice-versa)

Now compare your version with the official English translation published by RENFE which your teacher will give you on Copymaster 29c. Which versions do you particularly like here? Examine how exactly the translators have altered the Spanish sentences to achieve a more flowing translation. Are there perhaps still a few phrases which seem unacceptable to you here?

Finally, try writing a translation of the Spanish passage below - taken from the same RENFE leaflet about Eurocity trains. Your teacher will again give you the 'official' version on Copymaster 29d when you have finished.

La Vía Más Fácil Para Viajar Por Europa.

EUROCITY es el resultado del acuerdo tomado con los ferrocarriles de la Comunidad Europea, junto con Suiza y Austria, para establecer una red de trenes europeos de máxima calidad.

Viajar en EUROCITY es la forma más exclusiva de conocer España y disfrutar de todas las ventajas de un servicio diseñado para satisfacer las necesidades más exigentes.

Rapidez, regularidad y calidad son las características de EUROCITY.

Pero lo verdaderamente distinto y que distingue a los usuarios es la atención personal que se les ofrece. La exclusividad y el servicio a los viajeros de EUROCITY están pensados hasta el último de los detalles.

Pero contrariamente a lo que pueda pensarse, disfrutar de la calidad de EUROCITY no cuesta más caro. Viajar cómodamente por Europa es ahora más una cuestión de buen gusto que de dinero.

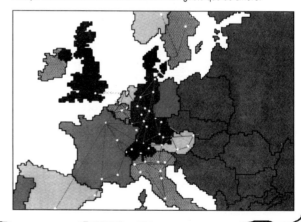

108 ¡Al tanto! nueva edición © Mee Thacker 1996

Unidad 3: De viaje

29c Translating from Spanish into English (2)

Trains To Europe Better And Better.

Right from the start, EUROCITY users get special treatment. The waiting rooms are "Rail Club" and are specially designed to help travellers to relax. The reception staff are all bilingual and from the start of the journey to the arrival at the destination they attend the traveller's every need, providing leaflets, guidebooks and as much information as he or she may require.

Throughout the whole trip the traveller can sit back in air-conditioned comfort and enjoy the state-of-the-art technology of these modern trains. Speed and punctuality are other great advantages offered by the EUROCITY network which RENFE has joined with these trains:

EUROCITY PARIS-MADRID TALGO (Madrid-París and vice-versa).
EUROCITY BARCELONA-TALGO (Barcelona-París and vice-versa).
EUROCITY CATALAN-TALGO (Barcelona-Geneva and vice-versa).

29d Translating from Spanish into English (2)

The Best Line Round Europe.

EUROCITY is the result of an agreement between the railways of the EEC, together with Switzerland and Austria, to set up a European railway network of the highest quality.

Travelling on EUROCITY is the smartest way of getting to know Europe while enjoying everything offered by a service designed to satisfy the most demanding client.

Speed, punctuality and quality are what make EUROCITY different.

But that's not all. Take a look at the personal attention. EUROCITY's exclusive service looks after even the finest details.

You may think this looks expensive, but it isn't. Travelling in comfort around Europe with EUROCITY is more a question of taste than money.

Unidad 3: De viaje

30
El futuro de la RENFE
Texto L – Questions 4, 5
Students' Book page 52

4

a RENFE está famosa por sus _____ y sus _____.

b RENFE se ha convertido en promotora de _____.

c Habrá obras que renovarán la estación de _____.

d Con estas obras, se construirán viviendas, oficinas, _____ y _____.

e Ya han introducido el tren de alta velocidad entre _____ y _____.

f Las líneas de velocidad alta serán estructuradas sobre _____.

g Los trenes Talgo e Intercity viajarán a una velocidad de _____.

h Para financiar los proyectos, RENFE deberá _____ e _____.

5

aislamiento
ancho
enorme
francés
francesa
línea
modelo
nueva
pasará
rápidamente
red
revolución
se hará
tiempos
totalmente
trenes
viajan
vieja
viene

La _____ red básica de Renfe, que supone una auténtica _____ en el entramado ferroviario español, abandona el _____ radial que partía de Madrid y se configurará como un _____ eje, parcialmente materializado en la _____ Madrid-Sevilla, que ligará el sur de Andalucía con la frontera _____ en Gerona. Una vez que la nueva red esté _____ terminada, dentro de unos diez años, los _____ tendrán la posibilidad de desplazarse en alta velocidad y velocidad alta por casi toda España. Los _____ de viaje se verán muy reducidos: Barcelona-Sevilla, ahora 12 horas, _____ en menos de seis, y Madrid-La Junquera _____ de nueve horas a menos de cuatro.

31 Introduction to the subjunctive (2)

In *unidad 2*, we introduced you to the form of the present subjunctive of Spanish verbs and also to two basic uses of this new construction. We are now going to take this a stage further, by explaining the form of the <u>perfect</u> subjunctive and also one further use.

The perfect subjunctive follows closely the form of the perfect indicative with which you should now be very familiar: just as this is formed by the present indicative of the auxiliary verb **haber** followed by the past participle, so the perfect subjunctive is formed by the <u>present</u> subjunctive of the verb **haber** followed by the same past participle. Here are a couple of examples:

MIRAR

Perfect indicative	**Perfect subjunctive**
he mirado	haya mirado
has mirado	hayas mirado
ha mirado	haya mirado
hemos mirado	hayamos mirado
habéis mirado	hayáis mirado
han mirado	hayan mirado

DIVERTIRSE

Perfect Indicative	**Perfect Subjunctive**
me he divertido	me haya divertido
te has divertido	te hayas divertido
se ha divertido	se haya divertido
nos hemos divertido	nos hayamos divertido
os habéis divertido	os hayáis divertido
se han divertido	se hayan divertido

The translation of the perfect subjunctive is exactly the same as the translation of the perfect indicative ("I have looked/you have looked etc.; I have enjoyed myself/you have enjoyed yourself etc.") As was said in *unidad 2*, the subjunctive simply replaces other tenses you would expect to write after certain constructions.

For example, in the last unit, we introduced you to the use of the present subjunctive after expressions such as **es posible que/es probable que**, for example *Es posible que mi padre me deje ir a la discoteca*. If the perfect meaning appeared after **Es posible que**, you would use the perfect subjunctive instead of the normal perfect indicative e.g. *Es posible que su padre la <u>haya dejado</u> ir a la discoteca*. (It is possible that her father has let her go to the disco.) Similarly, *Es probable que <u>hayan visto</u> a sus abuelos*. would mean "It is likely that they have seen their grandparents."

Using the information you have gained in this unit about the future of Spanish railways, see if you can invent two or three sentences using an expression of possibility followed each time by the perfect subjunctive e.g. *Es posible que hayan empezado a construir la línea Madrid-Barcelona*. (It is possible that they have begun to build the Madrid-Barcelona line.)

The subjunctive and future time

The subjunctive is used in Spanish whenever a time conjunction (i.e. a word such as **cuando** (when), **en cuanto** (as soon as), **antes de que** (before), **después de que** (after) etc.) is followed by a verb that describes an action that will take place in the future. Here are some examples of the <u>present</u> subjunctive after time conjunctions:

Cuando deje el instituto, quiero hacerme abogado. (When I leave school, I want to be a lawyer.)

En cuanto llegue el tren, subiré. (As soon as the train arrives, I will get on.)

Antes de que construyan la nueva línea, tendrán que pensar en el medio ambiente. (Before they build the new line, they will have to think of the environment.)

Examples of the <u>perfect</u> subjunctive after time conjunctions:

Cuando <u>haya dejado</u> el instituto, quiero hacerme abogado. (When I have left school, I want to be a lawyer.)

En cuanto <u>haya llegado</u> el tren, subiré. (As soon as the train has arrived, I will get on.)

Antes de que <u>hayan construido</u> el nuevo línea, tendrán que pensar en el medio ambiente. (Before they have built the new line, they will have to think of the environment.)

Remember that the action of the verb following the time conjunction <u>must</u> be in the future, otherwise the subjunctive is not used:

Cuando <u>dejó</u> el instituto, se hizo abogado. (When he left school, he became a lawyer.)

En cuanto <u>llegó</u> el tren, subí. (As soon as the train arrived, I got on.)

En cuanto <u>llega</u> el tren, subo. (As soon as the train arrives, I get on.) This sentence means that "<u>whenever</u> the train arrives, I get on", so that the meaning is in the present tense, not the future.

Now see if you can write ten further sentences with the help of a partner using the present subjunctive (5 sentences) and the perfect subjunctive (5 sentences) after time conjunctions.

Unidad 4: vocabulario

abarcar	to encompass; include
abrumar	to overwhelm
acarrear	to carry around
el albergue juvenil	youth hostel
los alijos	contraband
almacenar	to store
apasionante	exciting
apestoso	stinking
el aprendizaje	training period
apuntarse a una clase	to enrol in a class
el arbolado	woodland
asequible	available; attainable
atestiguar	to give evidence of
atiborrado de	stuffed with
los azares	ups and downs; chance events
el bakalao	type of popular 'disco' music
el balón	ball (e.g. football, volleyball)
el balonmano	handball
el banderín	pennant
los batracios	frogs and toads
las caderas	hips
el campo de entrenamiento	training ground
la cancha de tenis	tennis court
la cascada	water-fall
cejijunto	with bushy eyebrows
cejudo	with bushy eyebrows
el cerrojo	bolt
el cloro	chlorine
la cobaya	guinea-pig
el complejo	complex
comprobar	to check
contrarreloj	against the clock
los controles por sorpresa	random tests
la crispación	tension, nervousness
la cuadra	stable
debilitarse	to grow weak
la derrota	defeat
derrumbarse	to collapse
endurecer	to harden
el equipo	equipment
la esgrima	fencing
la espada	sword
el esquí de fondo	(long)distance skiing
la etapa	stage; heat (of race)
exigir	to demand; require
fichar un jugador	to sign a player
flexionar	to bend
la forma física	physical fitness
el forofo	fan; supporter
el fútbol sala	indoor football
gallardo	gallant; dashing
las gradas	tiered seats
la grúa	crane
la halterofilia	weight-lifting
la hípica	horse-riding
hojear	to flick through (e.g. a magazine)
la hornada	collection; crowd
el hoyo	hole (in golf)
el hueco	hollow; cavity
idóneo	ideal
influir en	to influence
el lanzador de disco	dicus thrower
la lesión	injury
la marca personal	personal best
la pantorrilla	calf
el papel	rôle
parco	frugal; sparing
peatonal	pedestrian; for pedestrians only
la pelota	ball (e.g. tennis, golf)
las pesas	weights
la pestaña	eyelash
el picadero hípico	riding school
la piltrafa	weakling
el piragüista	canoeist
la piscina de saltos	diving pool
la pista polideportiva	multi-sports track/complex
la polémica	controversy
poner a uno a caldo	to give someone a hammering
poner a uno pingando	to tear someone to shreds
púdico	modest
la puja	bid (at auction)
la raqueta	racket
la reciedumbre	strength; toughness
el recinto	enclosure
la red	net
rojigualda	red and yellow (colours of the Spanish flag)
el sable	sabre
el salón de actos	assembly room / hall
el saque	service (tennis); throw-in (football)
la sensatez	good sense
los sinsabores	troubles; unpleasantness
la subasta	auction
el surtidor	fountain; jet, spout
la temporada	season
la tensión sanguínea	blood pressure
la tierra batida	clay
la tonelada	ton
tonificar	to tone (up)
transmutarse en	to change into
vago	lazy
el vestuario	cloakroom
la zapatilla	sports shoe; trainer

Unidad 4: Unas páginas deportivas

Texto A – Question 4
El Club de Campo
Students' Book page 59
Cómo escribir una carta formal e informal en español

a Una carta formal

- Cuando escribes una carta bastante formal, puedes poner tus señas al principio y a la derecha, seguidas por el nombre de la ciudad desde donde escribas, y la fecha. En el ejemplo aquí abajo, nota cómo se escribe la fecha en español - no es igual que en una carta inglesa. A la izquierda, se escriben el nombre, la posición, las señas y el código postal de la persona u organización a la cual va dirigida la carta. No te olvides de que el número de la calle va después de su nombre.

Wirral County Grammar School for Girls
Heath Road
Bebington
Wirral
Merseyside L63 3AF
Inglaterra

Roberto Martínez Fernández
Técnico de Servicios en Tierra
Alta Velocidad Española
Av. Ciudad de Barcelona 4
Planta B Desp. 17
28007 Madrid
Spain

Bebington, 20 de agosto de 1995

- Empiezas la carta con una frase como éstas:

Muy señor mío,
Estimado(a) señor(a),
Distinguido(s) señor(es),
Estimado señor Martínez,
Señor Director,

- Y para terminarla, hay también unas frases bastante formales:

Le(s) saluda(n) atentamente
Reciba un atento saludo de
Quedamos / Quedo a la espera de sus gratas noticias. Atentamente,

- Después de una de estas frases, firmas la carta y escribes tu nombre en letras mayúsculas.

Unidad 4: Unas páginas deportivas

Texto A – Question 4
El Club de Campo (continuación)
Students' Book page 59

b Una carta informal

• Para escribir una carta más informal (por ejemplo a un amigo), sigue los consejos de arriba sobre dónde y cómo poner tus señas y la fecha. Entonces puedes empezar con una de estas frases:

Mi querido(a) amigo(a),
Mi apreciado(a) amigo(a),
Querido Fernando,
Mi querida Maribel,
¡Hola Guillermo!

• Y antes de firmarla, puedes utilizar quizás:

Recibe un fuerte abrazo de
Muchos besos y abrazos de
Afectuosamente
Un afectuoso/cariñoso saludo de
Con mucho cariño

c Las señas españolas

Muchas veces, las señas españolas parecen muy complicadas comparadas con las inglesas; pueden contener varias abreviaciones y dos o tres números. Por ejemplo la dirección profesional del señor Martínez nos dice que su oficina está en un edificio que se encuentra en el número 4 de la Avenida (que se escribe **Av.** o **Avda.**) Ciudad de Barcelona en Madrid. En ese edificio, su despacho (**Desp.**) es el número 17 y está en la Planta B del mismo edificio.

Muchos españoles viven en pisos en un edificio donde su piso es uno de varios, o quizás en una casa que es una de varias en una pequeña urbanización. Por eso, en las señas, es necesario incluir el número del edificio o de la urbanización y también el número del piso o de la casa individual. Por ejemplo, una persona cuya dirección es: *Avda. Joaquín de Ugarte, 14-5* vive en una pequeña agrupación de casas las cuales llevan el número colectivo 14 de la Avenida Joaquín de Ugarte, pero su propia casa es el número 5 de esa agrupación. También podría querer decir que vive en el piso número 5 en un edificio que está en el número 14 de esa avenida.

Si ves por ejemplo la dirección *C/ Pajares, 2, Pta. 2, Piso 4º*, significa que la persona vive en un piso en un edificio que está en el número 2 de la Calle Pajares. El piso está en la cuarta planta del edificio (*Piso 4º*), y es el número 2 de esa planta (**Pta.** es una forma abreviada de la palabra *puerta*).

A veces también, la dirección aclara si el apartamento está a la derecha o a la izquierda de la planta del edificio, utilizando abreviaturas como **Drcha** e **Izq** o simplemente **D** e **Iz**. Por ejemplo: *C/ Altozano Nº 36, 2ª D* significa que el edificio está en el número 36 de la calle Altozano, y que el piso está en la segunda planta de ese edificio, a la derecha.

Unidad 4: Unas páginas deportivas

34

Texto B – Question 2
Los deportes - sus pros y sus contras
Students' Book page 61

	fútbol	baile	pesas libres	aerobic	esquí	pesas fijas	tenis	natación	squash	ciclismo	correr
sociable											
barato											
ejercicio completo											
bueno para obesos											
excelente ejercicio											
no depende de instalaciones											
depende de instalaciones											
aburrido											
beneficios limitados											
riesgo de lesiones											
caro											
se aconseja hacerse socio de un club											
mejor con profesor											

36

Texto I – Question 4
Una mujer feliz
Students' Book page 70

Arancha es una chica serena comparada con otras que son mucho más _____.

Parece ser una hija a quien se le ha mimado más que _____. Es una chica

_____ y no _____ a destiempo. Parece una jugadora que ha

_____ en una manera bien administrada mientras que otras de su edad son

_____ de la fama. Es como una joven que tiene dinero en el bolsillo a diferencia

de las que han dilapidado una fortuna. Ella es _____ cuando otras se

ponen _____; demuestra un carácter _____ y

_____ sin ser _____ ni viciosa como las demás. Por fin, tiene una

actitud _____ más que una que está basada en el deber.

¡Al tanto! nueva edición © Mee Thacker 1996

35 Texto C
Tres españoles hablan de los deportes que practican

Students' Book page 61

Dolores: Pedro, ¿practicas algún deporte?

Pedro: Pues sí, aparte de practicar el ciclismo, practico squash y natación.

Dolores: ¿Dónde?

Pedro: Bueno, practico la natación y ... squash; los practico en el polideportivo, - en el polideportivo local de donde yo vivo - y ciclismo lo practico normalmente los domingos, que es mi día libre, y ... hago unos 25 o 30 kilómetros ¿eh?, cuando monto en bicicleta.

Dolores: ¿Cuánto tiempo llevas montando en bicicleta?

Pedro: Bueno, llevo montando en bicicleta un año.

Dolores: Un año sólo ... ¿y nadando y haciendo squash?

Pedro: ¡Uf! Mucho ... mucho tiempo. Aprendí a nadar cuando era chiquitito, en Málaga, y desde entonces pues siempre me ha gustado la natación. No he participado en competiciones, pero siempre hemos estado unidos un grupo de amigos y siempre hemos hecho algunas competiciones entre nosotros. Y squash ... empecé a jugar cuando vine a Inglaterra. Fue un deporte el cual ... antes practicaba tenis, ¿eh?, pero como hace tanto frío aquí, pues es mejor estar a cubierto. Y por eso empecé a jugar a squash, y me gusta bastante. ¿Y tú, practicas algún deporte?

Dolores: Pues sí, yo principalmente practico baloncesto. Llevo jugando al baloncesto desde hace once años aproximadamente, y ... bueno me gusta mucho y es mi deporte más fuerte ... pero en Granada también esquío y llevo sólo esquiando tres años. Me gusta muchísimo, es mi deporte preferido. Y también juego al squash, pero en España no muy a menudo, porque en España es muy caro; en la universidad no tenemos instalaciones para jugar como tienen aquí los estudiantes y entonces tenemos que pagar como 400, 500 pesetas por 40 minutos, y entonces no se puede jugar muy a menudo.

Pedro: Y entonces podríamos decir que tu deporte favorito es el baloncesto.

Dolores: Sí ... el esquí me gusta muchísimo, pero a lo que estoy acostumbrada a jugar y a lo que necesito jugar todas las semanas es al baloncesto.

Pedro: Aha ... ¿y tú Silvia, qué deportes practicas?

Silvia: Pues si te digo la verdad ahora mismo me siento un poco vaga y no hago nada, pero estuve haciendo gimnasia deportiva muchos años. Empecé con la gimnasia deportiva cuando tenía 8 o 9 años, y lo dejé a los 17 años, porque me fui a vivir a Granada y las instalaciones de gimnasia deportiva allí no eran muy buenas, o por lo menos a mí no me parecían así. Y ahora, pues echo de menos a la gimnasia, pero después de tanto tiempo sin practicarla, me da miedo, ¿entiendes? Otro deporte que también me gusta mucho es el balonmano, aunque no soy muy buena ...

Unidad 4: Unas páginas deportivas

37
Texto K
Una subasta deportiva
Students' Book page 73

La bicicleta que el corredor de Banesto Perico Delgado utilizó para correr las etapas contrarreloj de esta temporada alcanzó ayer un precio de 130.000 pesetas en una subasta contra la droga organizada por la fundación Amigos del Deporte así como la Asociación de Deportistas Unidos contra la Droga. En la puja se subastaron múltiples objetos personales del conocido deportista y de otros como prendas utilizadas por los hermanos Sánchez Vicario, la pala con la que el ex-piragüista Herminio Menéndez consiguió múltiples premios, los esquíes de Blanca Fernández Ochoa, y camisetas, balones, banderines de los equipos de fútbol de la Comunidad de Madrid. Las zapatillas del baloncestista por ejemplo Fernando Ramai -que calza un 55 - se vendieron por 16.000 pesetas, mientras que la espada con la que el tirador Manuel Pereira ganó el campeonato del mundo de sable del 89 llegó a la cifra de 26.000. Herminio Menéndez, nuevo director general del Sporting de Gijón y miembro de la fundación Amigos del Deporte afirmó que esperaba que el dinero obtenido en la puja destinado a finaneiar escuelas deportivas en colegios públicos de zonas marginadas alcance un mínimo de 5 o 6 millones de pesetas.

38
Texto K – Question a
Una subasta deportiva
Students' Book page 73

deportista / organización	deporte	artículo subastado	dinero pagado
Pedro Delgado			
los hermanos Sánchez Vicario			
Herminio Menéndez			
Blanca Fernández Ochoa			
equipos madrileños			
Fernando Ramai			
Manuel Pereira			

39 Unidad 5: vocabulario

Unidad 5: Enseñanza de primera y segunda clase

	Spanish	English
	acaecer	to occur
	acorde con	in agreement with
la	administración	(local) administration
	agredido	attacked
	agujerear	to make holes in
	al igual que	just like
	al unísono	in harmony
	alucinar	to hallucinate; to feel one is seeing things
	aludir a	to refer to
	aparentar	to look; to seem to be
	apoyar	to support
	aprobar	to approve
	aprobar un examen	to pass an exam.
	apuñalar	to stab
	apurar	to use up; to finish
	arreglar	to sort out; solve
	asestar	to strike
la	asistencia	attendance
las	aulas	classrooms
la	batalla (campal)	(pitched) battle
la	beca	grant
la	bufanda	scarf
	cabalgar a la grupa de	to ride on the back of
	calentar el motor	to warm up the engine
la	cazadora	jacket
	centrarse	to concentrate
	clamar	to cry out
el	claustro de profesores	staff meeting
el	cole (=colegio)	school
el	compañero	colleague
el	comportamiento	behaviour
la	congoja	distress
el	conserje	caretaker
la	consigna	slogan
	contar con	to include; to have
	convocar	to call; to summon
la	cortapisa	restriction; limitation
	cortar	to inhibit
	culminar en	to end in
la	chuleta	"crib" (for cheating in a test / exam)
	decepcionado	disappointed
	delatar	to denounce; to inform against
el	desfogue	letting off steam
el	desierto	desert; wilderness
	disfrazar	to disguise
	docente	teaching
	embelesado	spellbound
	encararse con	to face up to
	encauzar	to direct; to channel
	encoger la nariz	to turn up one's nose
	encresparse	to get irritated
la	enfermería	infirmary
	ensañarse con algo	to vent one's anger on something
	ensuciar	to foul; dirty; soil
el	escarceo	skirmish
la	escopeta de caza	shotgun
	estrenarse	to make one's debut; appear for the first time
	fallar	to be lacking
	fatídico	fateful
la	formación	training; education
el	fracaso	failure
la	frialdad	coldness
	funesto	disastrous
el	gamberro	troublemaker; hooligan
	hacer constar	to record
	huir a la carrera	to run away; to dash off
la	junta directiva	senior management
la	lágrima	tear
	lúdico	playful
el	madrugón	early riser
la	madurez	maturity
el	maleante	unsavoury / suspicious character
	manifestar	to display
el	natural	a native; inhabitant
	necesidades (hacer sus)	to relieve oneself; to do one's business
	negarse a (que)	to refuse to (accept that ...)
las	notas	marks
el	papel	role
el	paro general	general strike
el	pasquín	wall poster
los	perdigones	shot; pellets
la	pereza	laziness
	plan experimental (en ~)	(on) an experimental footing; as an experiment
el	poder	power
la	polémica	controversy
el	presupuesto	budget
el	profesorado	teaching staff
el	puchero	pout
el	puente	long weekend
el	punto de sutura	stitch
el	quinceañero	fifteen year-old
la	ráfaga	burst; blast
la	rebeldía	rebelliousness
	refrescar	to refresh; to polish up
las	reivindicaciones	claims; grievances
	repercutir	to have effects on
la	repesca	repeat exam.
	requerir	to require; need
	romper con	to do away with; get rid of
la	rotura	breaking
el	sacerdote	priest
la	sanción disciplinaria	sanction; punishment
	secundar	to support
el	sindicato	union
	subrayar	to underline; emphasise
la	suerte está echada	the die is cast
	suspender	to fail
el	tabique	partition; thin wall
las	tasas	fees
	tener en cuenta	to bear in mind; take into account
el	trasiego	reshuffle; mixing
	visceral	innate; "gut" (feelings etc)
	zambullirse	to dip, plunge into

40 Texto B – Question 3
La influencia del clima en el rendimiento escolar
Students' Book page 77

En esta época del año por ejemplo el clima _____ el rendimiento escolar y con el trabajo intelectual. Para estudiar mejor, _____ los expertos, son necesarias temperaturas _____ y mayor humedad. Las lluvias también son _____. Los meteorólogos tienen la _____ _____ ideal para conseguir el _____ rendimiento en los exámenes: un estudiante que está en una habitación _____ y con una humedad relativa muy baja, no _____ lo que _____ en una atmósfera con una humedad relativa aproximadamente del 50% ...

41 Texto C – Question 4
Hacendosa, recatada y limpia
Students' Book page 78

adjetivo	nombre	infinitivo
hacendoso		
presumido	la presunción	
acorde		
	la educación	
		respetar
fuerte		
	la aventura	
		proponer
		imaginar
sabio		
		resolver
humano		
	la fantasía	
	el peine	
igualitario		
	el valor	
		competir
mixto		

¡Al tanto! nueva edición © Mee Thacker 1996

Unidad 5: Enseñanza de primera y segunda clase

Texto E – Question 2
Un profesor herido (2)
Students' Book page 80

	Texto D (escrito)	Texto E (grabado)
nombre de la víctima		
edad		
lugar		
datos sobre el agresor		
arma		
lo que pasó		
lo que hizo la víctima		
lo que le pasó al agresor		
herida		
tratamiento		
testigos		

Texto F – Question 3
Fernando Latorre: representante del profesorado en el Consejo Escolar
Students' Book page 83

a Fernando cree que la opinión que más peso tiene en el consejo es_____.

b Dice que los representantes de los padres _____.

c El personal no docente _____.

d Los profesores opinan normalmente _____.

e Para Fernando, lo más importante de su papel es _____

_____.

Unidad 5: Enseñanza de primera y segunda clase

43 Grammar: past participles (1)
Práctica – questions 1, 2
Students' Book page 81

1

Eduardo López Ramos, profesor del Centro de Enseñanzas _____ sufrió heridas en la cabeza. Este hecho se une a otros brotes de violencia _____ últimamente en centros escolares de Madrid.

El joven, _____ y _____ con una bufanda, golpeó con fuerza a la víctima. López Ramos ha _____ que no vio la cara del atacante, pero parece que se trata de un chico alto delgado, _____ con un pantalón vaquero. El herido fue _____ a la enfermería del CEI.

El claustro de profesores ha _____ convocar un paro general en protesta por la agresión _____ por su compañero. Los profesores han _____ de los hechos al ministro de Educación.

cubrir, decidir, declarar, disfrazar, informar, integrar, ocurrir, sufrir, trasladar, vestir

2

Le roban hasta los calcetines a punta de navaja, en Gijón

Gijón, Efe

A las 17 horas del pasado domingo, cuando Julio O.F. caminaba por la calle de Antonio Cacheto, en las cercanías del cuartel de la Policía Municipal, se le acercaron tres jóvenes que, tras enseñarle una navaja de considerables dimensiones, le obligaron a dirigirse hacia un callejón cercano.

Una vez allí, los tres individuos le quitaron 400 pesetas, una hebilla que portaba en el cuello, _____ en 9.000 pesetas, un reloj, _____ en 5.000 pesetas y una cartera de color negro, una vez _____ los documentos personales que le fueron _____ a la víctima.

No contentos con este botín, los atracadores exigieron que les diera los calcetines de deporte, que no fueron _____, y posteriormente se dieron a la fuga, no sin antes amedrentar a Julio O.F. advirtiéndole que, en el caso de que les denunciase, <<le matarían>>. La víctima no denunció el asalto hasta el día de ayer por temor a las represalias.

valorado, sacados, valorada, devueltos, valorados

Espectacular robo en una tienda de electrodomésticos

Madrid. M.A.

Alrededor de las cinco de la madrugada del _____ domingo, una banda «de, al menos, ocho o nueve individuos» desvalijó el establecimiento de electrodomésticos de la cadena «Expert» _____ en el número 142 de la calle Toledo, recientemente _____ y, según los propietarios, _____ con los más modernos sistemas de seguridad.

Los ladrones retiraron todos los vehículos _____ en batería frente al establecimiento, con el fin de dejar paso libre a los escaparates. Posteriormente, estrellaron uno de los coches en los que se habían _____ contra el cristal antibala, para acceder a la tienda.

Se calcula que las pérdidas, entre sistemas de seguridad _____ y productos _____ – vídeos, cadenas musicales, televisores y otros electrodomésticos pequeños –, se eleven a más de diez millones de pesetas.

«Tenemos la certeza – declaró el encargado del establecimiento – de que se trata de una operación perfectamente _____; tardaron menos de un cuarto de hora en desvalijar la tienda. Los sistemas de seguridad ya no son suficientes. Van a ser necesarias las metralletas...»

estacionados, situado, pasado, sustraídos, destrozados, equipado, desplazado, estudiada, inaugurado

¡Al tanto! nueva edición © Mee Thacker 1996

45 Texto H
Cuatro alumnos consejeros

– Bueno, nosotros cuatro somos representantes de los alumnos del consejo escolar de aquí, del instituto de aquí de Paterna. En primer lugar, decir en qué consiste el consejo escolar – es un grupo de profesores (bueno se coge unos representantes de los profesores), los alumnos, los padres de los alumnos, conserjes y más ... más representantes, y allí tratamos sobre temas que ocurran en el instituto ... por ejemplo pues que alguien haya cometido una falta leve o grave, o que hayan falsificado ...
– Una falta leve que es por ejemplo que un alumno ... se pelee con otro – eso puede ser leve o grave – o que insulte un profesor que haga cosas que no están bien; y grave pues según la gravedad. Si rompe cosas adrede pues ya el de las primeras; si rompe sin querer pues es leve. Se debaten así cosas que ...
– ¿Pero una falta leve se lleva al consejo?
– Leve sí, sí que se lleva ... si es un alumno sí. Se lleva ... el que claro tiene que saberlo todo el mundo, que tal alumno ha hecho esto y que para que lo sepan, y que no se le va ... el director no tiene ... tiene poder pero no debe castigar un alumno ...
– ... él sólo ...
– él sólo; tiene que pedir el consejo de todos los demás, y a ver qué piensan los alumnos, qué piensan los profesores, los padres, qué piensa cada uno ... y así ... se vota lo que se le haría, y tal y cual, ... si se le merece un castigo o si no se lo merece ... y así.
– Y aparte los alumnos tienen derecho a tener quién los represente, y que los defienda, porque si no ... a lo mejor desde el punto de vista del director algo puede parecer una falta grandísima, y nosotros sin embargo verla ... que ... bueno tiene un perdón, tiene un motivo ... y ahí.. para eso estamos; porque si no ... es lo que dice Emilio, si fuera el director el que mandara, por él ... todo sería ... claro, es muy duro el hombre ... y eso.
– Bueno pues ... en el consejo van alumnos porque llevan faltas ¿no? Entonces, hay faltas de tres tipos: las faltas leves, que son las que menos perjudican a los demás, que con tres faltas leves, haces una falta grave ... entonces ... entonces eso es más importante. Una falta leve por ejemplo podría ser ... no sé ... hacer algo, por ejemplo ...
– ... molestar a gente que haya ... que esté dando clase y tú ... ir a molestarlos.
– Perjudicar el material escolar o algo de eso ... no mucho ¿no? Faltas graves pues ... por ejemplo es pelearse, faltarle al respeto a un profesor ... entonces, eso ... las faltas graves te echarían del instituto de dos a siete días. Y luego están las muy graves que ... que ésas ya ... por ejemplo manipulación de notas, o cualquier cosa más grave ... Y eso puede ser que te echan del instituto por un año o que te echen en un periodo de ...
– ... que te quiten la escolaridad ... que te quiten el derecho de hacer exámenes ... y eso te lo pueden hacer pues ... por romper el instituto, por matar a un profesor ...
– ... que hay veces que todos tenemos ganas.
– Sí, muchísimas.
– Si es intencionadamente ... rompes algo intencionadamente pues sí, pues ... es una falta ... grave ... pues eso. Desde quitarte el derecho a hacer exámenes, y hacer sólo o a final de curso hasta pues ... que te echen un mes o que te quiten la evaluación continua. La evaluación continua es ... pues eso – la evaluación continua; que ... con el examen de la siguiente evaluación, te lo recuperan lo anterior. Porque ... no sólo de eso se habla en los consejos escolares; se habla también pues de ... cómo va el instituto económicamente, de ... cualquier problema con los radiadores por ejemplo, que les falta combustible ...
– las jornadas culturales ...
– las jornadas culturales ... de las obras que se tienen que hacer aquí dentro para ... que la gente ... esté mejor; por ejemplo se quiere hacer un muro pero es que no nos llega dinero de la consellería; se quieren poner fuentes, pero hay que arreglarlas y todo ... Pues se habla de todo ... de todo lo que le concierne al instituto. Y se dan opiniones y se habla. Si alguien quiere hacer una pregunta se hace siempre al final porque ... así mejor ... algo que no tenga nada que ver. El consejo escolar consta de tres puntos: primero, se lee el acta anterior; segundo, pues ya se abre el consejo pues con cualquier tema de debate que haga falta ... que éste en ese momento que haga falta ...
– ... los expedientes de gente del instituto ...
– o el caso de los cristales porque en el instituto, gente – que no sabemos quién es – está rompiendo los cristales y se gastan ... 100.000 pesetas cada fin de semana ...
– no, cada mes ...
– ... y cada fin de semana también ...
– y ... o sea no se sabe quién es ... se supone que la solución sería poner un muro detrás porque no hay valla y la que hay está llena de agujeros ... o poner un guardia jurado de noche para que lo vigile ... o sea lo que tenemos que hacer es respetar los derechos y deberes de cada uno y seguirlos, porque si no, no hay forma de hacer cualquier cosa.

Texto J
Una manifestación estudiantil

Students' Book page 90

Primera parte

Fue aquélla una manifestación multitudinaria. Los medios de comunicación calcularon que habían asistido unos doscientos mil estudiantes. Los periodistas que estábamos en la manifestación nos dividimos por zonas desde el principio, porque mucho antes de que los estudiantes llegaran a la calle de Alcalá, donde está el Ministerio de Educación, en la misma puerta del Ministerio, se estaban produciendo graves incidentes. Numerosos grupos de jóvenes ... pues pertenecientes a ... bueno, a esto que se ha dado en llamar las «tribus urbanas» ¿no?, jóvenes pues que no estudian, ni tienen trabajo, que viven al borde de ... bueno, o marginados del todo ¿no? ..., pues estos jóvenes habían estado tirando piedras, no sólo a la policía, sino a cualquier cosa que se les pusiera por delante.

Segunda parte

Fue en esta manifestación donde se hizo famoso «Jon el Cojo». Jon Manteca. Es un joven «punkie» al que le falta una pierna, que vive en la calle, y cuya imagen recogieron las cámaras de televisión mientras rompía farolas y cabinas de teléfono con su muleta ... Aquella fotografía se imprimió en la primera página de la prensa internacional, ¿no? como un símbolo de «una generación frustrada», por lo menos según el título que ponía el New York Times. Desde entonces, este personaje, el Cojo, ha sido detenido media docena de veces en varias ciudades por diversos altercados.

Tercera parte

Aquel día, aquel día de esta manifestación, como decía, la policía disolvió a estos grupos violentos, pero cuando llegó la verdadera manifestación a la puerta del Ministerio, y los líderes estudiantiles desconvocaron la marcha, y subieron a pedir una cita con el Ministro Maravall, cosa que no consiguieron en aquel momento, entonces los incidentes continuaron. La confusión en aquellos momentos y durante bastante tiempo, fue muy grande ¿no?

La policía cargaba contra todos los grupos que permanecían en la calle, fueran estudiantes o provocadores, e incluso también contra los servicios de orden ... Y los grupos de jóvenes violentos, por otra parte, seguían haciendo barricadas y demás. Constantemente se escuchaban disparos de botes de humo, de pelotas de goma y, finalmente, también de balas. Algunos periodistas recogieron casquillos, y junto a la Unidad Móvil de Radio Nacional de España, donde yo estaba, cayeron algunos. Durante casi dos horas se desarrolló una verdadera batalla campal entre cabinas rotas, coches volcados e incendiados y el humo llenándolo todo. Luego hubo ¿no? otras manifestaciones también violentas, pero yo, como aquélla, no recuerdo ninguna.

47 .../... Unidad 6: vocabulario

	a corto/largo plazo	*in the short/long term*
el	acuerdo	*agreement*
	adecuado	*suitable*
el	albañil	*bricklayer*
el	anuncio	*advertisement*
el	apartado	*section (eg. of CV, report)*
el	apartado de correos	*PO box*
el/la	aprendiz/a	*apprentice*
el	aprendizaje	*aprenticeship*
	asalariado	*wage-earning*
el	ascenso	*promotion*
el/la	asesora/a (de imagen)	*(public relations) consultant*
los	astilleros	*shipyards*
la	azafata	*air hostess*
la	baja	*vacancy*
la	banderita	*little flag*
la	beca	*grant*
el	bombero	*fireman*
	bursátil	*of the Stock Exchange*
el/la	camarero/a	*waiter/-tress*
	cambiar de empleo	*to change jobs*
el	camionero	*lorry driver*
	capaz de	*capable of*
el	carnicero	*butcher*
la	carrera	*career; (university) course of studies*
	Ciencias empresariales	*Management Studies*
el	cirujano	*surgeon*
	cobrar	*to earn*
la	colocación	*job*
	colocarse	*to get a job*
la	competencia	*competition*
la	concentración	*concentration; gathering, rally*
la	confección	*the clothing trade*
el	conflicto laboral	*labour dispute*
	congregarse	*to gather together*
	conseguir un empleo	*to obtain/find a job*
el	consejo	*advice*
el	conserje	*caretaker*
la	construcción	*building*
	contratar a alguien	*to take on, engage someone*
el	contrato	*contract*
	convocar una manifestación	*to call a demonstration*
la	crisis	*crisis*
la	cualidad	*quality*
	cualificado	*skilled*
	cumplidor	*reliable*
el	currículum (vitae)	*CV*
la	chapa	*(metal) plate*
los	datos (personales)	*(personal) information, data*
el	delineante	*draughtsman*
	desconvocar	*to call off (a strike)*
	desempleado	*unemployed*
el	despacho	*office*
	despedir	*to sack*
	desplazarse	*to go, travel*
	disfrutar de	*to enjoy*
las	dotes	*gifts, talents*
el/la	dueño/a	*owner*
el	empeño	*resolution*
	empleado	*employed*
el	empleo	*job*
la	empresa	*company*
el	empresario	*employer*
	en (el) paro	*unemployed*
la	entrevista	*interview*
	entrevistarse	*to have an interview*
	escrito a ordenador	*word-processed*
	estar disponible	*to be available*
	estrenarse	*to start work; to be performed for the first time*
	estudiar para (abogado etcétera)	*to study to be (a lawyer etc)*
la	experiencia laboral	*work experience*
	experimentado	*experienced*
la	fábrica	*factory*
el	fabricante	*manufacturer*
el/la	farmacéutico/a	*chemist*
el	fontanero	*plumber*
la	formación	*training*
el	funcionario	*official; civil servant*
los	gastos	*expenses*
el	gerente	*manager*
la	gestión	*management*
el/la	guía	*guide*
el	historial	*CV, record*
la	huelga	*strike*

# Unidad 6: vocabulario (continuación)

	indicado	suitable
el	INEM	Instituto Nacional de Empleo
la	informática	information science
el	informe	report
el	ingeniero	engineer
los	ingresos	income
la	inversión	investment
el/la	jefe/a	boss
la	jornada laboral/ de trabajo	working day
	jubilarse	to retire
el	limpiabotas	bootblack
el	local	premises
los	mandos	leadership, top people
la	manifestación	demonstration
el	maquinista	train driver
la	mano de obra	work force
la	marca	trademark; make
la	mecanógrafa	typist
el	mercado de trabajo	the labour market
la	meta	aim, goal
	meter la pata	to put one's foot in it
la	movilidad	mobility
el	mozo de equipajes	porter
la	multinacional	multinational
los	negocios	business
el/la	obrero/a	worker
la	oferta y la demanda	supply and demand
las	ofertas de trabajo	job vacancies
la	oficina	office
el	oficio	occupation, job
el	panadero	baker
	parado	unemployed
el	paro	unemployment
el	patrón	boss
la	patronal	employers' organisation
el/la	peluquero/a	hairdresser
el	personal	staff
el/la	pescador/a	fisherman/woman
el/la	peluquero/a	hairdresser
el	peón	unskilled workman
	planear	to plan
	plantearse	to think, reflect
	plantear un negocio	to set up a business
la	plantilla	staff
la	plaza	place, vacancy
	ponerse en huelga	to go on strike
las	posibilidades de trabajo	job prospects
la	prensa	the press
	prescindir	to do without
la	prestación social	community service (obligatory)
	presupuestar	to budget
el	presupuesto	budget
el/la	psiquiatra	psychiatrist
el	puesto de trabajo	job
el/la	redactor/a	editor
la	reivindicación	(pay) claim
el	repartidor	delivery man
el	salario	wages, pay
	salir mal	to turn out badly
la	sede	headquarters
el/la	sindicalista	trades unionist
el	sindicato	trade union
el	socio	member
la	solicitud	(job) application
la	subida de salario	pay rise
el	subsidio de paro	unemployment benefit
la	sucursal	branch
el	sueldo	salary
el/la	taquillero/a	ticket clerk
la	tarea	task
	tener enchufe	to have contacts
la	tienda de moda	fashion shop
el	título	qualification, certificate, degree
	trabajador	hard-working
el	trato	dealings, relationships
	triunfar	to be successful
	trocar	to exchange, barter
el	trueque	exchange, barter
el	vacante	vacancy
el/la	vendedor/a	salesman/-woman
el	vigilante	watchman, caretaker
	vincular	to link, bind
el	viticultor	vine grower
el/la	zapatero/a	shoemaker

48 Texto C – Question 1
Una manifestación en contra del Plan de Empleo Juvenil
Students' Book page 95

asuntos
colectivos
concentraciones
económica
grupos
jornada
oficinas
protagonizarán

Entramos ya en temas de Madrid. Estudiantes, jóvenes y funcionarios _____ en esta jornada numerosas movilizaciones, asambleas, actos de protesta y _____ en la Comunidad de Madrid. La política _____ del Gobierno y el Plan de Empleo Juvenil serán los _____ que centrarán las protestas de estos _____ . Los estudiantes comenzarán la _____ con asambleas y movilizaciones, mientras que _____ de jóvenes realizarán concentraciones en las _____ del Instituto Nacional de Empleo situadas en las calles de Atocha, Infanta Mercedes y Lavapies.

49 Texto D
Una reunión para evitar huelgas
Students' Book page 95

Una reunión entre la compañía del Metro y los sindicatos para evitar las huelgas de los días 6 y 7 de abril. ¿Llegarán a un acuerdo?

Mañana también van a continuar las conversaciones entre la compañía metropolitana y los sindicatos con el fin de llegar a un acuerdo que desconvoque los paros de los días 6 y 7 de abril. La semana pasada se produjeron intensas conversaciones que desembocaron en la desconvocatoria de la huelga prevista para el día 30 de marzo. Las diferencias que separan a la compañía metropolitana y las fuerzas sindicales estriban en un punto de subida salarial, creación de nuevos puestos de trabajo, disminución de jornada laboral y aspectos de seguridad e higiene.

Unidad 6: ¿En qué piensas trabajar?

50 Texto D
Una reunión para evitar huelgas
Students' Book page 95

Cuando van a continuar las conversaciones	
Los días de la próxima huelga	
La fecha de la huelga desconvocada	
Los cuatro puntos que separan a la compañía y los obreros	1 2 3 4

51 Texto F – Question 2
Cómo triunfar en una entrevista
Students' Book page 97

El autor del libro aconseja al joven, cuando se presenta a una entrevista, que debiera:

	verdad	mentira	
a hablar mucho para impresionar al interlocutor	☐	☐	
b utilizar cosméticos	☐	☐	
c (mujeres) vestirse de modo elegante	☐	☐	
d confesar francamente que está desempleado	☐	☐	
e buscar un empleo que le satisfaga completamente	☐	☐	
f tomar el fresco antes de la entrevista	☐	☐	
g excluir del historial información que pueda dañar la solicitud	☐	☐	

¡Al tanto! nueva edición © Mee Thacker 1996

52 Texto J – Question 4
Subir, prosperar, llegar
Students' Book page 104

a Consuelo espera que sus padres (ser) _____ orgullosos de su trabajo.

b Consuelo no cree que (poder) _____ continuar soportando este trabajo.

c Es posible que Matty (ir) _____ a vivir en un apartamento con su amiga.

d Cuando (terminar) _____ esta etapa de su vida, Elena llegará a ser una abogada penalista.

e A Elena le gusta que su hija (esté) _____ en la guardería porque puede continuar trabajando.

53 Texto K – Question 2
Un joven empresario
Students' Book page 105

a Después comenzó a pintar camisetas de algodón, y _____ su actual empresa.

b Ahora, diez años después, _____ llevan su marca comercial, «Don Algodón» …

c … lo que sí hay es un momento _____, el momento oportuno …

d … bueno, _____, y convertirme en la primera marca española de moda joven.

e Que luego _____ es distinto pero, por lo menos, le escuchan.

54 .../... Unidad 7: vocabulario

el	aborto	abortion		enfermizo	sickly
	adelgazar	to slim		enganchado	addicted, "hooked"
	agudizar	to sharpen		engordar	to put on weight
la	alergia	allergy		envejecerse	to grow old
	alérgico	allergic	la	epidemia	epidemic
	alimenticio	nutritional	la	espalda	back
el	alma (fem.)	soul	el/la	especialista	specialist
el	alquitrán	tar		estar bien de salud	to be well
	alucinar	to hallucinate		estirarse	to stretch
	amargo	bitter	el	estrés	stress
el	asma (fem.)	asthma		estresado	stressed
el	ataque cardíaco	heart attack	el	estupefaciente	drug
	atolondrado	bewildered, stunned	la	farmacia	chemist's
	aumentar de peso	to put on weight	la	fiebre del heno	hay fever
	boca abajo	face down		fruncir el ceño	to frown
el	caballo	heroin	el/la	fumador/a	smoker
las	caderas	hips	la	grasa	fat
	caer enfermo	to fall ill	la	gripe	'flu
el	camello	drug-pusher		guardar cama	to stay in bed
el	cáncer	cancer		guardar la línea	to keep one's figure
el	cansancio	tiredness	el	hachís	hashish
	cansarse	to get tired		hecho polvo	worn out
la	carne	flesh	la	higiene	hygiene
el	catarro	cold	los	hombros	shoulders
la	ceguera	blindness	el	hongo	fungus
	ciego	blind	el	infarto	heart attack
el	cirujano	surgeon		legalizar	to legalize
	coger	to catch (illness)	la	lesión	injury
la	comilona	spread, feast	la	ley	law
	concienciar	to make aware	la	locura	madness
el	consejo	advice	el	medicamento	medicine (to be taken)
	contagiarse	to be infected with, catch	la	medicina	medicine (profession, etc.)
	crecer	to grow			
el	cuello	neck	el	médico de cabecera	family doctor
	dañar	to harm, damage	el	músculo	muscle
	dañino	harmful		operarse	to have an operation
	delgado	slim		oxidarse	to get rusty
	deprimirse	to get depressed	el	narcotraficante	drug trafficker
	descalzo	barefooted	el/la	paciente	patient
el	descanso	rest		padecer de	to suffer from
	desentumecerse	to loosen up	el	paladar	the palate
la	desnutrición	malnutrition	el	pecho	chest, breast
la	dosis (pl. las dosis)	dose		perjudicar	to damage
la	drogadicción	drug addiction		picarse	to give oneself a shot (drugs)
	drogarse	to take drugs			
	embarazada	pregnant	la	piel	skin
la	enfermedad	illness, disease	la	píldora	pill

54 Unidad 7: vocabulario (continuación)

el	pitillo	cigarette		romperse la pierna	to break one's leg
	ponerse de puntillas	to stand on tiptoe	la	salmonelosis	salmonella
	ponerse malo	to become ill	la	salud	health
el	porro	"pot"	la	sangría	drain, loss of blood
	ponerse un pico	to have a fix			
el	portador	carrier (of virus)	la	sanidad (pública)	(public) health
el	preservativo	condom		sensata	sensible
	probar	to try, taste (food)	el	Sida	Aids
el/la	psicólogo/a	psychologist	el	síntoma	symptom
la	puesta a punto	final preparation	el	sistema inmunitario	immune system
la	raya (de cocaína etc.)	"fix"		sobrio	sober
			el	sorbo	sip
la	receta	prescription		sufrir de	to suffer from
	rechazar	to reject	la	tasa	rate
	recuperarse	to recover	el/la	toxicómano/a	drug-addict
el	régimen	diet	el	trasplante	transplant
	relajado	relaxed	el	tratamiento	treatment
	rentable	profitable	la	vacuna	vaccine
	rescatar	to save, rescue	la	vejiga	bladder
el	resfriado	cold	el	veneno	poison
la	respiración	breathing	el	vientre	belly; bowels
la	riada	flood	el/la	yonqui	junkie

55

Texto B – Question 3

Un psicólogo explica por qué los jóvenes comienzan a fumar

Students' Book page 110

a   Pues yo creo que en el comienzo es por un rito que consiste en la travesía

_____ .

b   ¿El hecho de que en casa prohiben a los chicos el fumar, aumenta el deseo de

_____ ?

c   Toda prohibición _____ .

d   Hay una transición difícil de _____ .

e   El chico que se da con el hachís, lo hace simplemente para no

_____ .

56

Práctica – Question 2
Grammar: The subjunctive (3)
Students' Book page 119

a Después de un ataque cardíaco es importante que los pacientes

_____.

b El médico esperaba que _____.

c ¿Por qué no es posible que los fumadores _____?

d Antes de que _____ ella había salido del hospital.

e No me extraña que los que sufren del SIDA _____.

f Cuando _____ trae mis píldoras.

57

Texto K – Question 3
La salmonelosis (primera parte)
Students' Book page 121

El calor _____ favorece las intoxicaciones alimentarias, sobre todo

por salmonelosis, por lo que la _____ de Salud ha iniciado una

campaña de _____ en los campamentos _____ ,

las residencias de ancianos y en los _____ . Las cartas enviadas

_____ extremar las medidas de higiene y evitar los platos con

_____ crudos para no contagiar la salmonelosis. El consejero Pedro

Sabando ha explicado esta _____ a Orlando Novo.

(a)   aconsejan
(b)   campaña
(c)   Consejería
(d)   cuarteles
(e)   huevos
(f)   juveniles
(g)   mentalización
(h)   veraniego

Unidad 7: Salud y suerte a todos

58 Texto M
¿Se curan las alergias?
Students' Book page 123

– ¿Hay posibilidad de curar una alergia? ¿Se curan las alergias o simplemente se aminoran?
– Bueno, pues en el caso, por ejemplo, del asma infantil que tiene gran repercusión en nuestro país ... sobre todo por la ... porque lleva asociado una serie de problemas de desarrollo del niño, entonces en este caso del asma infantil, con un tratamiento adecuado a base de eso que llama la gente las vacunas o nosotros llamamos extractos hiposensibilizantes se pueden conseguir tasas de curación que algunos autores españoles han estimado hasta en el 90%.
– Dr. Pelta, los remedios ... los remedios ¿son más naturales o tienen que ser de verdad previa consulta al doctor?

– En este tema de las alergias lo fundamental es que el enfermo se ha visto por el especialista y que en base a la historia que plantee el enfermo y a las correspondientes pruebas siempre interpretadas por un especialista se ponga el tratamiento adecuado ¿eh? y sobre todo que aquí la labor la tiene los médicos generales que son los que primero se enfrentan con estos enfermos, ¿no? y los que antes deben de indicar su remisión al alergólogo?
– Las vacunas, ¿sirven para algo?
– Sí, sí las vacunas administradas a las dosis convenientes y durante un período de tiempo prolongado ... tienen un porcentaje importante de éxitos.

59 Texto M – Questions 1, 2
¿Se curan las alergias?
Students' Book page 123

1   verdad   mentira

a Hay muy pocos casos de asma infantil en España. ☐ ☐

b Un 10% de los casos de asma infantil no pueden curarse. ☐ ☐

c Sólo los remedios naturales son eficaces. ☐ ☐

d Las personas alérgicas suelen ir directamente al especialista sin consultar antes al médico de cabecera. ☐ ☐

e Para el mayor resultado hay que dar la vacuna al paciente sólo una vez. ☐ ☐

2

a pues en el caso, _____ , del asma infantil

b lleva asociado una _____ de problemas

c se pueden _____ tasas de curación

d En este tema de las alergias lo _____ es que ...

e tienen un _____ importante de éxitos.

Unidad 8: vocabulario

	agravarse	to get worse
el	agujero	hole
	ahorrar (energía)	to save (energy)
	ambiental	environmental
	amenazar	to threaten
el	anhídrido carbónico	carbon dioxide
	anidar	to nest
el	animal salvaje	wild animal
	arder	to burn
la	arena	sand
	arrasar	to flatten, demolish
	arrojar	to throw (out)
la	atmósfera	atmosphere
el	aumento	increase
el	ave (fem.)	bird
la	baldosa	floor tile
la	ballena	whale
	barrer	to sweep (away)
la	basura	rubbish
el	bosque	wood
el	bote	jar, can
la	caja	box, case
	calentarse	to heat up
la	capa de ozono	the ozone layer
la	catástrofe	catastrophe
la	central nuclear	nuclear power station
el	científico	scientist
la	cigüeña	stork
los	clorofluorocarbonos	CFCs
	cobijar	to cover (up), protect
el	combustible	fuel
	concienciar	to make aware
el	conservacionista	conservationist
el	consumidor	consumer
	consumir	to consume
la	contaminación (acústica etcétera)	(noise etc.) pollution
el	contaminante	pollutant
el	corcho	cork
la	costa	coast
el	crecimiento	growth
	dañar	to harm
	degradarse	decline, worsen
	derrochar	to squander
el	derroche	waste
	derruir	to demolish
	desaparecer	to disappear
el	desastre	disaster
	desechar	to throw out
el	desgaste	waste
los	desperdicios	rubbish
	destrozar	to destroy
	destruir	to destroy
el	detergente	detergent
el	ecologista	ecologist
el	efecto invernadero	the greenhouse syndrome
el	embalaje	packing
	embalar	to pack, parcel up
	embarrancar	to run aground
	empaquetado	packaged
	encallar	to run aground
el	entorno	surroundings
	envasado	wrapped
el	envase	wrapping
el	envoltorio	package
	eólico (adj.)	wind
el	equilibrio	balance
el	equipo de rescate	rescue team
la	especie	species
el	estuche	box, case
la	fábrica	factory
el	fabricante	manufacturer
el	fertilizante	fertiliser
la	flor	flower
el	foco	seal
la	fosa	pit, cavity
el	furtivo	poacher
los	gases de escape	exhaust gases
la	gasolina sin plomo	unleaded petrol
	gastar	to waste
el	halcón	falcon
la	hoguera	bonfire
el	hueco	hole, gap
el	incendio (forestal etcétera)	(forest etc) fire
el	incremento	increase
la	inmundicia	filth, dirt
la	inundación	flood
la	lata	tin
la	lucha	struggle
la	llama	flame
la	lluvia ácida	acid rain
la	madera	wood

60 Unidad 8: Vocabulario (continuación)

la	mancha de petróleo	*oil slick*	los	recursos naturales	*natural resources*
el	manto protector	*protective layer*		rescatar	*rescue*
el	medioambiente	*environment*	los	residuos (naturales)	*(natural) waste*
el	monte	*woodland; mountain*	la	selva	*jungle*
la	naturaleza	*nature*		sembrar	*to sow*
el	oso	*bear*	la	sequía	*drought*
la	pajarera	*aviary*		sobrevivir	*to survive*
el	pantano	*marsh, swamp*	el	suelo	*soil*
el	peligro	*danger*	la	superficie	*surface*
	perjudicial	*harmful*	la	supervivencia	*survival*
el	petrolero	*oil tanker*		talar	*to lop*
el	planeta	*planet*	el	tamaño	*size*
la	protección	*protection*		tirar	*to throw (out)*
	proteger	*to protect*		tomar medidas	*to take steps*
	provechoso	*beneficial*	la	tonelada	*ton*
la	putrefacción	*rotting*	el	tripulante	*crewman*
	quemar	*to burn*	la	urbanización	*residential development*
	químico	*chemical*	el	veneno	*poison*
los	rayos ultravioleta	*ultraviolet rays*	el	vertedero	*tip, dump*
el	reciclaje	*recycling*		verter	*to spill, pour*
el	recipiente	*container*	los	vertidos	*waste*
	recoger	*to collect*		yermo	*uninhabited, waste*
la	recogida	*collection*			

61   Texto C – Question 2
Un problema que empieza a preocupar
Students' Book page 127

Los elefantes de la limpieza

Más historias de esta <u>ciudad</u>. El Ayuntamiento de Madrid ha <u>aprobado</u> hoy el pliego de condiciones <u>para</u> contratar el servicio de limpieza <u>diaria</u> de las calles de la capital. Para esta tarde el Ayuntamiento <u>cuenta</u> ya con una máquina provista de una <u>trompa</u> que a modo de elefante <u>mecánico</u> aspira los residuos acumulados en <u>bordillos</u> y en aceras. Los primeros <u>distritos</u> que contarán con este servicio, con este elefante <u>limpiador</u> son: Arganzuela, Chamartín, Chamberí, Tetuán, Salamanca, Retiro y Moncloa.
Desde la Casa de la Villa nos informa Maite de la Plaza:
En la Comisión de Medio Ambiente del Ayuntamiento de Madrid se han aprobado hoy los pliegos de condiciones técnicas que van a regir en el concurso que se va a presentar en el pleno del próximo viernes con el fin de contratar el servicio de limpieza de residuos varios en calzadas y aceras con máquinas especiales de succión. En este servicio se decidirá la contratación de cuatro vehículos conocidos como elefantes de limpieza. Esperanza Aguirre, consejera de Medio Ambiente, nos explica en que va a consistir este nuevo servicio.
Estos elefantes, entre comillas «elefantes», porque tienen una especie de aspirador que parece una trompa y están funcionando perfectamente en París y se conocen popularmente como elefantes de la limpieza, sirven para retirar los residuos que quedan depositados entre el bordillo de la acera y la rueda de un coche en los casos en que hay aparcamiento en línea.
Estos elefantes se utilizarán a partir de octubre, con un presupuesto de 25 millones en los distritos de Arganzuela, Tetuán, Chamberí, Chamartín, Salamanca, Retiro y Moncloa, y si la experiencia es positiva se extenderá al resto de la capital donde efectúan el servicio de limpieza contratistas privados.

Unidad 8: Hacia el siglo veintiuno

62   Texto C – Question 2
Un problema que empieza a preocupar
Students' Book page 127

Los elefantes de la limpieza

a Más historias de esta _____ . El Ayuntamiento de Madrid ha _____ hoy el pliego de condiciones _____ contratar el servicio de limpieza _____ de las calles de la capital. Para esta tarde el Ayuntamiento _____ ya con una máquina provista de una _____ que a modo de elefante _____ aspira los residuos acumulados en _____ y en aceras. Los primeros _____ que contarán con este servicio, con este elefante _____ son: Arganzuela, Chamartín, Chamberí, Tetuán, Salamanca, Retiro y Moncloa.

b

El día del pleno	_____
El número de vehículos contratados	_____
La razón por la cual se dio el nombre «elefante» a estas máquinas	_____
Los sitios de donde retiran las basuras	_____
El mes en que comienza el servicio	_____
El valor del presupuesto	_____
El número de distritos en que este servicio se ofrece	_____

63 Texto D – Question 1
El *Mar Egeo*
Students' Book page 129

a El nombre de la organización ecologista que denuncia la tragedia _____

b El número de aves rescatadas _____

c La extensión de costa afectada _____

d La cantidad de fianza que el capitán debe pagar _____

Unidad 8: Hacia el siglo veintiuno

64 Texto D
El capitán del petrolero es acusado
Students' Book page 129

Cambiamos de rumbo y también de país y nos remitimos a Washington. El capitán del *Exxon Valdéz*, Joseph Hazelwood, fue acusado hoy de negligencia criminal por mandar el petrolero cuando estaba borracho y haber causado la marea negra más desastrosa de la historia de Estados Unidos. Los fiscales del Estado de Alaska acusaron al marinero de 43 años de edad y pidieron su detención a las autoridades de Nueva York donde el marinero tiene su residencia. Poco después de que el Exxon Valdéz encallara hace ocho días un arrecife del canal del Príncipe Guillermo, el servicio de guardacostas se encontró a Hazelwood dormido y borracho en su camarote mientras el timón estaba en manos del tercer oficial, que no estaba habilitado para dirigir el buque en esas aguas.

orden de los datos a-e:

65 Texto F – Question 4
Hacia el siglo XXI
Students' Book page 130

verbo	sustantivo	adjetivo
calentar		
	crecimiento	
comer		
		escondido
	protección	
		difícil
despedir		
		peligroso
	temor	
nacer		

Unidad 8: Hacia el siglo veintiuno

66 Texto G
En defensa del bosque
Students' Book page 133

1 _____ (*comportarse*) en el bosque como si fuera tu casa. Cuando lo visites o extraigas sus recursos _____ (*tener*) en cuenta los intereses de la población local, que debe ser su principal beneficiaria.

2 Nunca _____ (*hacer*) fuego en el bosque.

3 No _____ (*acampar*) nunca fuera de las zonas indicadas y autorizadas.

4 No _____ (*invadir*) el bosque con vehículos.

5 _____ (*respetar*) las indicaciones de los agentes forestales y colabora con ellos.

6 _____ (*plantar*) árboles e infórmate para que la plantación sea efectiva.

7 _____ (*vigilar*) el comportamiento de las Administraciones.

8 Si eres agricultor o ganadero, _____ (*limitar*) al máximo el uso del fuego

9 Si eres beneficiario de los productos del bosque, _____ (*garantizar*) su continuidad evitando la sobreexplotación.

10 _____ (*proteger*) activamente los bosques, asociándote y colaborando con organizaciones no gubernamentales.

67 Texto I – Question 2
El proyecto Costa Doñana
Students' Book page 134

La lucha contra el _____ urbanístico "Costa Doñana" es una página _____ en la breve pero intensa _____ del ecologismo español. Una lucha con muchas pequeñas batallas que _____ el 18 de marzo en los alrededores del propio Parque. Ese día, el _____ de "Salvemos Doñana" resonó en _____ mundo. Y a _____ se sumaron voces de Brasil, _____, Finlandia o Grecia; de Bulgaria, Rumanía, Estonia o los Estados Unidos ... La _____, dicen quienes la conocen a _____, gusta del silencio y la soledad, pero en momentos como _____ el grito solidario se _____ en las entrañas de la tierra.

Unidad 9: vocabulario

	accionar	to work, drive
	almacenar	to store (information)
el	aparato	machine, appliance
el	archivo	file (computer)
	atascarse	to get clogged, stuck
el	atraco	robbery
el	avance tecnológico	technological progress
la	banda de ondas	waveband
la	base de datos	database
el	baremo	yardstick
la	biotecnología	biotechnology
	bucear	to explore
el	caco	thief
el	cacharro	gadget, junk
la	caja de ahorros	savings bank
la	caja de cambios	gear-box
el	cajero automático	cash dispensing machine
	calcar	to trace, copy
el	canal	(TV) channel
el	cartucho	cartridge, video cassette
el	casco cibernético	cybernetic helmet
la	central nuclear	nuclear power station
el	científico	scientist
las	cifras	figures
la	cinta	tape
la	corriente	current (electric)
	coser a máquina	to sew with a sewing-machine
los	datos	data
el	delito	crime
	desarrollar	to develop
la	diapositiva	slide
el	disco	disk
	diseñar	to draw, design
el	dispositivo	device, appliance
el	disquete	diskette
el	eje	axle
	emitir	to broadcast
la	emisión	programme
la	emisora	radio station
	enchufar	to plug in
	enlazar	to link
la	entidad	concern, company
el	equipo	equipment
la	estación espacial	space station
el	estrago	destruction
	fabricar	to manufacture
el	fichero	file (card index, computer)
la	física	physics
la	fotocopiadora	photocopier
el	fraude	fraud
el	freno	brake
	grabar	to record
la	herramienta	tool
la	imagen	image
la	informática	information technology
la	ingeniería genética	genetic engineering
el	ingeniero	engineer
la	investigación	research
el	ladrón	thief
	lanzar	to launch
el	limpiaparabrisas	windscreen-wiper
el	mando a distancia	remote control
	manejar	to handle, to drive (car)
la	marca puntera	leading make
el	mecanógrafo	typist
	mecer	to rock
la	microonda	microwave
el	molinillo	coffee grinder
la	nave espacial	spaceship
el	ordenador	computer
la	pantalla	screen
la	presintonía	presetting
el	procesador de textos	word processor
el	programa	program
el	programador	programmer
la	química	chemistry
el	rayo láser	laser beam
la	red	network
el	reloj de fichar	time-clock
el	satélite	satellite
el	seguimiento	tracking
la	señal	signal, tone
la	tarjeta de crédito	credit card
el	teclado	keyboard
la	técnica	technique
la	tecnología	technology
el	tecnólogo	tecnologist
el	teléfono móvil	mobile telephone
la	telemática	data transmission
la	televisión parabólica	satellite TV
la	unidad de disco	disk drive
la	velocidad	speed

Unidad 9: El mundo tecnológico

69 Texto F – Question 1
El virus informático
Students' Book page 142

aparición
ilegales
seis
empresas
informático
siendo
días
médicos

Hace unos _____ un ordenador de la Bolsa de Barcelona se vio afectado por el virus _____ que ha atacado ya a distintos ordenadores de _____ y universidades. Cinco de cada _____ programas que se venden en España son _____, lo que provoca la _____ de este virus que sólo afecta a los ordenadores y que está _____ tratado por los llamados _____ informáticos.

70 Práctica – Question 2
Grammar: uses of the infinitive
Students' Book page 143

a Cuando tu padre termine _____ hablar podremos marcharnos.

b Hace mucho tiempo que los científicos sueñan _____ crear máquinas que piensen como el hombre.

c Juan no se atreve _____ salir con nosotros porque su novia va _____ enfadarse.

d Acuérdate _____ cerrar la puerta con llave cuando salgas.

e Carmen no piensa nunca _____ hacer sus deberes.

f La realidad virtual permite al individuo convertirse _____ agente activo de mundos simulados.

g No se interesa nada _____ las redes interactivas.

h ¿Cuánto tiempo tardamos _____ llegar a Soria?

i Cuando su hermano llegó acababa _____ levantarse.

71

Texto H – Question 2
Jugar a matar
Students' Book page 145

Unidad 9: El mundo tecnológico

Los videopiratas

En la ficción de los videojuegos Peter Pan pelea contra el _____ Hook y Mario _____ de policía en una historieta de _____ . Pero la realidad, una vez más, supera la _____ : el Grupo de Investigación Fiscal de la Guardia Civil está _____ los pasos en Madrid de «una importante _____ mafiosa», según fuentes _____ a la investigación, dedicada a la distribución y _____ de videojuegos y consolas falsificadas.

Son los piratas de finales de siglo XX, que _____ todo producto o marca con éxito en el _____ . Antes fueron, y lo siguen _____ , los Rolex de oro o los Cartier, los pañuelos Hermés, las chaquetas Christian Dior, los _____ Chanel, los monederos Gucci, los bolsos Vuiton; luego los _____ , el software informático, los vídeos. Ahora le ha _____ el turno a los videojuegos.

Es el último botín de los bucaneros modernos: _____ 300.000 millones de pesetas al año en el mundo, de _____ que el uno por ciento lo obtienen en España. Estos piratas _____ sus cuarteles generales, sus fábricas más o _____ clandestinas, en Taiwán, Hong Kong, China continental, Singapur y _____ del Sur. Sobre todo en Taiwán. Aquí agentes de Estados Unidos _____ el año pasado que el _____ Gobierno era accionista de una de las empresas piratas.

venta
tras
organización
propio
falsifican
siendo
unos
ladrones
Corea
los
ficción
descubrieron
mercado
perfumes
casetes
tienen
tocado
próximas
menos
hace
pirata

Unidad 9: El mundo tecnológico

72 Texto K
El satélite Hispasat
Students' Book page 147

a   Los tres canales que se encargarán de las emisiones _____

b   El año en que comenzarán las emisiones _____

c   Lo que tienen que hacer los canales dentro de 30 días _____

d   Lo que tiene que hacer la gente para captar las emisiones _____

e   El nombre del satélite _____

f   Lo que tienen que pagar las comunidades de vecinos _____

g   La hora en que terminarán las emisiones de Antena 3 _____

h   Los distintos programas que emitirá Antena 3 _____

73 Texto K
El satélite Hispasat
Students' Book page 147

– El Consejo de Ministros ha adjudicado a Antena 3 Televisión, Canal+ y Tele 5, la gestión al servicio de televisión de los tres canales que ofrece el satélite Hispasat. A principios de 1994 estas emisiones podrán ser captadas tanto por antenas parabólicas como por otras más sencillas y domésticas.

– A partir de hoy las cadenas tienen 30 días para formalizar el contrato con el Ministerio de Obras Públicas. Desde ese momento dispondrán de tres meses para comenzar las emisiones. Estos canales que se emitirán a través del satélite Hispasat se podrán captar en todo el territorio nacional de forma sencilla.

– Y el particular ... las ... la comunidad de vecinos no tiene que hacer ningún coste (sic), simplemente una reorientación de la antena, una modificación de su posición. Pero además de esas antenas, que son antenas de un tamaño mediano ... va a ser posible captar las emisiones de Hispasat con unas antenas mucho más pequeñas.

– Antena 3 emitirá en abierto una programación general lista desde las doce del mediodía hasta la una de la madrugada. La primera franja horaria estará dedicada a las telenovelas, la segunda estará compuesta por programas infantiles y juveniles y en las horas de máxima audiencia se emitirán programas de entretenimiento y cine.

Unidad 10: vocabulario

el	albergue	shelter, youth hostel
	al margen de la sociedad	on the fringes of society
	alquilar	to rent
el	analfabetismo	illiteracy
	apiadarse de	to take pity on
el	argot	slang
el	asilado	refugee
el	asilo	asylum
la	asistencia médica	medical care
el/la	asistente/a social	social worker
la	barriada	(slum) quarter
los	barrios bajos	slums
el	bracero	labourer
el	calé	gypsy
la	cárcel	prison
	carecer de domicilio	to be homeless
la	caridad	charity
la	chabola	shack
la	chatarra	scrap iron
	cobijar	to shelter
	cohabitar	to live together
el	crimen	crime
el	delincuente	delinquent
el	delito	crime, offence
los	derechos humanos	human rights
	desamparado	abandoned
el	desarraigo	uprooting
la	desconfianza	distrust
	desconfiar de	to distrust
la	desigualdad	inequality
la	desnutrición	malnutrition
	detener	to arrest
el	detenido	person under arrest
	dormir al aire libre	to sleep in the open air
el	emigrante	emigrant
	encarcelar	to imprison
la	escasez	want, lack
	expulsar	to expel, eject
el	extranjero	foreigner, alien
la	familia monoparental	one-parent family
	ganarse la vida	to earn one's living
la	gente sin hogar	homeless people
el/la	gitano/a	gypsy
el	gueto	ghetto
el	hambre	hunger, famine
el	hogar	home
el/la	huérfano/a	orphan
el/la	inmigrante	immigrant
la	integración social	social integration
	ir tirando	to keep going, manage
el	jornalero	day labourer
el	juego de manos	conjuring trick
la	ley	law
la	Ley de Extranjería	Law on Aliens
	luchar	to struggle
el	marginado	underprivileged person, social reject
la	mendicidad	begging
el/la	mendigo/a	beggar
	menor de edad	under age
el	mercadillo	street market
	naufragar	to shipwreck
el/la	nómada	nomad
una	oleada de refugiados	a wave of refugees
el	papeleo	red-tape
la	patera	shallow boat
el	payo	non-gypsy
	pelear	to battle
el	peón	unskilled worker
el	permiso de residencia	residence permit
	perseguir	to pursue
el	pícaro	picaro, rogue
la	pobreza	poverty
el	pordiosero	beggar
la	prostituta	prostitute
el	realojamiento	re-housing
el	rechazo	rejection
	reclamar	to demand
	recorrer	to travel, go through
el	refugiado	refugee
	refugiarse	to take refuge, seek asylum
la	reivindicación	claim
la	supervivencia	survival
el	temporero	casual worker
	tercermundista (adj.)	third-world
el/la	trabajador/a social	social worker
el	tramposo	swindler
el	transeúnte	itinerant worker, passer-by
los	tugurios	seedy place
el	vagabundo	tramp, vagrant
el	vendedor ambulante	hawker
la	vivienda	dwelling
la	xenofobia	xenophobia
el/la	yonqui	junkie

75

Texto A – Question 5
Cincuenta mil vagabundos recorren España
Students' Book page 150

actividad	ocupación
la fontanería	
la gerencia	
repartir cartas	
la contabilidad	
la albañilería	
la carpintería	
la abogacía	
el arte	
la música	

76

Práctica – Question 2
Grammar: the gerund
Students' Book page 152

a Llevó dos horas _____ en la estación.

b ¿Por qué sigues _____ por las carreteras?

c Los pañoleros se fueron _____ hacia la calle Alcalá.

d El viejo podía defenderse _____ baratijas.

e Iba _____ lentamente por la calle sin mirar a nadie.

Unidad 10: Los marginados

77 Texto B – Question 3
Éxodo
Students' Book page 153

país	nacionalidad
Grecia	
	holandés
Finlandia	
	ruso
	escocés
Venezuela	
	argentino
Chile	
Puerto Rico	
	húngaro
	suizo
Colombia	
Bélgica	
	chino
Estados Unidos	

79 Texto E – Question 2
Huyendo de la purificación étnica
Students' Book page 156

El entierro de dos gitanos

– Van a venir imágenes de dolor. Se producen en el entierro en Orihuela de dos gitanos que murieron ayer en una reyerta entre calés y payos.
– Hoy es día de luto en el barrio Miguel Hernández de Orihuela donde sus vecinos, la mayoría de ellos de raza gitana, se han desplazado hasta el cementerio municipal de Murcia para decir el último adiós a Jesús y Juan José Moreno, padre e hijo respectivamente, muertos en una reyerta. Todo comenzó en la madrugada de ayer entre una misma familia, apellidados Moreno, los hermanos Wenceslao, Francisco y Bernabé, los tres con amplio historial delictivo la emprendieron a tiros contra el patriarca y su hijo, que resultaron muertos. Los cadáveres ensangrentados quedaron en presencia de todos los vecinos tendidos en el suelo frente a la casa museo de Miguel Hernández. Según fuentes municipales el origen del enfrentamiento es una cuestión de honor. Dos de los agresores se encuentran desaparecidos y el tercero herido. Los familiares de este último ya se han encargado de esconderlo porque el polvorín del ajuste de cuentas puede saltar en cualquier momento.

Unidad 10: Los marginados

78 Medidas para prorrogar la estancia

Texto D – Question 1

Students' Book page 155

Es nuestra intención _____ los últimos momentos de nuestro tiempo a temas que nos _____ muy de cerca a todos, como el de la inmigración. Estos inmigrantes _____ en nuestro país comparten una misma _____ : el conseguir el permiso de trabajo y _____ . En el mes de _____ de 1991 el número de inmigrantes _____ los 360.000. Sobre este tema _____ nuestro reportaje especial, María José Castillo.

residencia
trata
dedicar
toquen
diciembre
una vez
superaba
problemática

2

a el número de meses que lleva Mafute en España _____

b dónde viven Mafute y Eduardo _____

c cuándo salió Eduardo de Cuba _____

d lo que esperan conseguir todos los inmigrantes _____

e el trabajo que hizo Eduardo en Cuba _____

f el número de inmigrantes que legalizaron

su situación el año pasado _____

Al tanto! nueva edición © Mee Thacker 1996

Unidad 10: Los marginados

80 Texto G – Question 2
La realidad de la vida gitana
Students' Book page 159

		verdad	mentira
a	30% de las mujeres gitanas saben leer y escribir.	☐	☐
b	Más de la mitad de los gitanos no sabe manejar un teléfono.	☐	☐
c	La inmensa mayoría de los gitanos realizan un trabajo que consideran honroso.	☐	☐
d	El Estado no les da ninguna ayuda médica.	☐	☐
e	En la sociedad gitana predominan los viejos.	☐	☐
f	Los niños tienen el derecho de ir a las escuelas del Estado.	☐	☐
g	Los gitanos tienen una actitud fatalista ante la vida.	☐	☐

_____
_____
_____
_____
_____
_____

81 Práctica
Grammar: *por* and *para*
Students' Book page 159

a   Echaron a Vicente _____ coger a otro chaval más joven.

b   Manuel compartía la preocupación de los vecinos, aunque no _____ el tema de la seguridad.

c   Estos vagabundos, castigados _____ la vida, tienen poca esperanza.

d   Esperaba en el semáforo _____ mucho tiempo sin recibir nada.

e   Alicia iba a dejar su vida como pañolera _____ ir a trabajar en una zapatería.

f   Los vecinos no habían podido ampliar el colector _____ lo que podrían sufrir inundaciones en el invierno.

g   El viejo no podía quedarse en el albergue _____ la gente que estaba allí.

h   Después de haber pedido bastante dinero _____ la comida, se marchó.

i   Erraban sin cesar _____ toda España.

j   El vagabundo fue detenido _____ la policía.

Texto K
Pacto entre caballeros

Students' Book page 160

No pasaba de los veinte
el mayor de los tres chicos
que vinieron a atracarme el mes pasado.

«Subvenciónanos un pico
y no te hagas el valiente
que me pongo muy nervioso si me enfado.»
Me pillaron diez quinientas
y un peluco marca omega
con un pincho de cocina en la garganta,

pero el bizco se dio cuenta
y me dijo - «oye, colega,
te pareces al Sabina ese que canta».

Era una noche cualquiera,
puede ser que fuera trece,
¿qué más da? pudiera ser que fuera martes.

Sólo sé que algunas veces
cuando menos te lo esperas
el diablo va y se pone de tu parte.

«Este encuentro hay que mojarlo
con jarabe de litrona,
compañeros, antes que cante el gallo»

«tranquilo, tronco, perdona,
y un trago pa celebrarlo»
los tres iban hasta el culo de caballo.

A una barra americana
me llevaron por la cara,
no dejaron que pagara ni una ronda,

controlaban tres fulanas
pero a mí me reservaban
los encantos de «Maruja la cachonda».

Nos pusimos como motos,
con la birra y los canutos
se cortaron de meterse algo más fuerte;

nos hicimos unas fotos
de cabina en tres minutos ...,
parecemos la cuadrilla de la muerte.

Protegidos por la luna
cogieron prestado un coche,
me dejaron en mi queli y se borraron

por las venas de la noche
«enróllate y haznos una
copla guapa de las tuyas» - me gritaron.

Me devolvieron intacto,
con un guiño, mi dinero,
la cartera, la cadena y el reloj;

yo, que siempre cumplo un pacto
cuando es entre caballeros,
les tenía que escribir esta canción.

Hoy venía en el diario
el careto del más alto,
no lo había vuelto a ver desde aquel día;

escapaba del asalto
al chalé de un millonario
y en la puerta lo espera la policía.

Unidad 11: vocabulario

	Spanish	English
	a no ser que ...	unless ...
	abalanzarse	to throw oneself
	abrumadoramente	overwhelmingly
las	acciones	shares
	aguantar	to bear, put up with
	ajustado	close-fitting, tight
la	antorcha	torch
	apretar los dientes	to grit one's teeth
	apurado	embarrassed
	austero	austere
el	autorretrato	self-portrait
	balsámico	soothing
	besuquearse	to kiss (each other) a lot
el	binguero	bingo player
el	bizcocho	sponge (cake)
	bloquear	to shock, surprise
	bromear	to joke
los	carrillos	jowls, cheeks
el	cartaginés	Carthaginian
la	cartilla de ahorros	savings book, deposit book
	chillón	"loud", lurid (of colours)
la	chiripa	lucky break
las	chocolatinas	chocolate bars
las	chucherías	tit-bits, snacks
los	colorines	vivid colours
	condicionar	to determine
	cuajar	to become established
	dado a	given to, accustomed to
el	declive	decline
	desdecirse	to be denied
	desertizarse	to become desert-like, depopulated
la	disciplicencia	indifference
el	embeleso	enchantment, delight
el	empellón	push, shove
la	especia	spice
	estilarse	to be in fashion
la	farola	street lamp, lamp-post
el	forofo	fan
el	gremio	union
	grosero	coarse, vulgar
el	guiño	wink
	hortera	common, vulgar, tasteless
	húmedo	humid, damp
	impensable	unthinkable
	inculto	uneducated
	indeciblemente	indescribably
	ir de higos a brevas	to go once in a blue moon
la	jerga	jargon, slang
la	ludopía	gambling addiction; passion
	madrugar	to get up early
la	mandíbula	jaw
las	medias	tights
el	mito	myth
el	moflete	chubby cheek
el	musulmán	Moslem
la	pauta	standard, norm
la	piltra (coll.)	bed; "kip"
la	pipa	sunflower seed
las	quinielas	football pools
	raudamente	quickly
	recelar de	to fear, to distrust
	reciamente	strongly
el	refrote	brushing
el	remanso	oasis
la	reserva	reserve
	restallar	to "crack"
	rozarse	to rub against each other
	sobrio	sober, restrained
	supuestamente	supposedly
	tachar	to cross out, erase
los	tirantes	straps (on a dress)
el/la	tragaperras	slot machine, fruit machine
el	traje de faralaes	dress with flounces, flamenco dress
la	variante	variation
la	velada	evening in, soirée

Unidad 11: Dos mundos distintos: España e Inglaterra

84 Texto A – Question 3
Maribel y Fernando hablan de la influencia del paisaje y del clima

Students' Book page 162

El clima también es lo que hace que el paisaje sea _____ aunque en España hay casi _____ paisajes como comunidades autónomas; pues está la España húmeda y la España seca; yo diría que _____ Madrid _____ el norte es la España húmeda - sobre todo la zona del norte - y luego a medida que vas hacia el sur, el paisaje va siendo..... pues incluso .... _____, diría yo, por lo menos en la zona mediterránea de Valencia y hacia el sur, y _____ vegetación. En Gran Bretaña creo que es más o menos verde, en todas partes, y llueve mucho y aquí es _____ excepto en el norte de España - el norte y el noroeste.

85 .../... Texto A – Question 6
Isabel y Ana (Maribel y Fernando hablan de la influencia del paisaje y del clima)

Students' Book page 162

Isabel: Bueno una de las cosas que a mí más me afecta cuando estoy en Inglaterra es ... es el cielo ¿no? Es el ... la luminosidad que hay en este país. En invierno sobre todo. En verano, se puede aguantar ¿no? porque la luminosidad es tremenda - quizás no tenga la intensidad que tiene en España, pero dura muchas horas.
Ana: Dura más que en España.
Isabel: Sí, mucho más. Eso de tener ...
Ana: (los días mucho más largos)
Isabel: ... hasta las diez. Pero en invierno por ejemplo a mí ... a mí me resulta muy difícil. Me deprime muchísimo el ver el cielo constantemente gris, y ... no sé ... yo soy de Alicante y en Alicante cuando sales a la calle es que tienes que cerrar los ojos, porque el cielo es tan azul y hay tanta luz que no puedes ... no puedes ver. Tienes que esperar un rato, unos minutos, antes de acostumbrarte a esa luminosidad. Y creo que todo eso, bueno ...
Ana: Pero cuando ... cuando entras en un ... en un sitio que está en sombra estás deslumbrada y no ves nada en un ratillo ¿no?
Isabel: Y todo eso influye en tu ... no sé, en tu ... tu ... forma de ser y ... en tu moral ... no sé.
Ana: A mí personalmente ... personalmente me gusta más aquí, ¿eh?, porque yo esto del calorazo, lo llevo muy mal ¿no? Y por otra parte a mí me sienta bastante bien lo de la lluvia ¿no?
Isabel: ¡Oh, yo no! yo ... me deprime demasiado. Yo necesito el sol y la luz.

¡Al tanto! nueva edición © Mee Thacker 1996

Unidad 11: Dos mundos distintos: España e Inglaterra

Texto A – Question 6 (continuación)
Teresa: (Maribel y Fernando hablan de la influencia del paisaje y del clima)

Students' Book page 162

Teresa: Yo, en este tiempo que he estado en Inglaterra, a no ser que haya tenido alguna fiesta o los fines de semana o así, los días de diario me acuesto a las diez y media o las once, y en España era impensable ... hasta la una o una y media no ... no me metía en la cama. Y... me podía levantar a las siete y media como me ... me levanto aquí, pero no estaba tan cansada como aquí. Entonces se hace como muy pesado llevarte al ritmo de vida ... y así. Y mucha ... mucha culpa yo creo que ... que tiene lo que he mencionado antes de la luz; que necesitamos como que nos venga luz ... de fuera ... que aquí no la tienes. Entonces te falta energía, y tienes que tomar otro tipo de energía o ... chocolatinas, por ejemplo; en España yo no comía chocolatinas y aquí mi cuerpo necesita chocolate y ... no es porque me guste más el chocolate de Inglaterra ¿no? ... es porque necesito energía extra, por ejemplo.

Y luego la moda es muy diferente: entonces vinieron a verme unas amigas y decían: "estos ingleses son realmente horteras porque no saben combinar colores" y ... y así. Entonces ... claro ... digo bueno para mí es como si vivieran en los años sesenta españoles - estos vestidos que llevan las mujeres llenos de colorines y combinan rosas con rojos y marrones o ... amarillos y no importa si la mujer tiene setenta años que te lleva un amarillo chillón o naranja chillón; pero claro yo supongo que esto depende también del ... del clima, porque en España tendemos a vestir en tonos oscuros, o tonos uniformes, porque hay mucha luz en sí en España, entonces no necesitas más luz, por así decirlo. Sin embargo aquí, tienes que alegrarte, llevar tú la alegría, llevar tú el color, porque el tiempo no te lo va a dar; porque aquí igual está lloviendo en ... en invierno durante todo un mes, y anochece a las cuatro de la tarde, entonces eso ... pues afecta mucho la sensibilidad o tu estado de ... del humor. Y ... bueno y luego, cuando empecé a salir por ahí y veía a las ... a la gente joven cómo vestía, en seguida podías distinguir a quien era extranjero y quien era inglés, porque incluso en octubre o en noviembre - un frío horroroso, nevando, muchísimo viento - las ... las chicas llevaban vestidos de tirantes y ... ajustados ... no llevaban medias, sólo llevaban unas botas altas así ... para mí eso era increíble; "se van a morir de frío" ... y entonces te encuentras a los alemanes o los franceses o a los españoles, con los jerseys de cuello alto, de lana, y los abrigos, y en la discoteca, bueno, pues, te quitas el abrigo pero todavía sigues llevando pantalones de pana, y así ... te llama mucho la atención de ... si es que la piel de los ingleses es más fuerte o es que es la moda, siguen la moda o ... bueno es así como lo hacen.

Unidad 11: Dos mundos distintos: España e Inglaterra

86. Texto B – Question 2
Las distancias entre los edificios en España e Inglaterra
Students' Book page 163

a Las distancias son _____ en España que en Inglaterra.

b Al salir a la calle en España, estás muy cerca de _____

c El panorama es más bonito en Inglaterra porque _____.

d La desventaja principal en Inglaterra es que _____.
_____

e La nueva tendencia en España es _____.

87. Tercera parte – Question 1
«Disfrutar del día y fiaros lo menos posible del futuro»
Students' Book page 166

El té

Rellena cada espacio en blanco con una de las palabras que siguen el artículo. Sólo puedes usar cada palabra de la lista una vez, pero ¡ojo!, no se necesitan todas las palabras.

Tomar el té es un arte en _____ mismo, y yo diría que lo principal _____ no tener prisa, pues para hacer y _____ un buen té hace falta un _____ de tiempo. Tal vez por eso, _____ amigos los ingleses tienen esa flema que _____ admiramos; ellos lo toman muy a menudo y con _____. Nosotros, los latinos, que siempre _____ corriendo detrás de quimeras que raramente alcanzamos, todavía lo tomamos como medicina, igual que _____ venecianos del siglo XVI. Pero ahora que estamos en verano y tenemos más tiempo, ¿_____ no _____ tomarnos un té con calma y con gusto?

aquellos   aquéllos
calma   disfruta
disfrutar   él
es   está
estamos   intentan
intentar   nuestros
nosotros   pequeño
poco   por qué
porque   sí
silencio   somos
tan   tanto

Unidad 11: Dos mundos distintos: España e Inglaterra

88 Tercera parte – Question 2
«Disfrutar del día y fiaros lo menos posible del futuro»
Students' Book page 166

Gestos de todos tipos

Isabel: Sí, yo creo que se utilizan muchos más gestos en España ... de todos tipos ...

Ana: Bueno ... quizá la gente sea más expresiva, ¿no?

Isabel: Sí ... más expresiva ... o sea con las manos, y todo ... incluso con la cara ...

Ana: ... porque somos más histéricos, ¿no? ... no sé ... nos estamos moviendo todo el tiempo, ¿no?

Isabel: No, pero, por ejemplo, cuestiones como los guiños y todo eso, que en España se ... se utilizan mucho más y ... y sin doble intención, yo creo ... entre amigos y todo, es más normal. Pero un español está más abierto, a manifestar esas ... esos sentimientos a lo mejor, o ésos de ser ... ¿yo qué sé? ... en España es muy corriente por ejemplo oír a los hombres silbar; pasa una mujer y silba y ... (va siendo menos ¿no?) ... va siendo menos pero por ejemplo los obreros ... es que es prácticamente casi todos los obreros, y la verdad es que no tiene casi ningún significado y las mujeres no se dan por ofendidas cuando oyen eso.

89 Texto I – Question 2
Aquí a las once te echan literalmente
Students' Book page 168

Isabel: Las horas para ir a dormir, por ejemplo: en España, yo no sé ... la una y media, las dos de la mañana ...
De todas formas en Alicante, en verano - y en Alicante que no hace demasiado calor - pero es que ... es tan agradable el poder respirar un poco de aire fresco, por la noche en verano, que es que la gente no se va a la cama; prefiere dormir menos tiempo, pero tener unas horas un poco de alivio, ¿no? Entonces irte a las doce a la cama es como desaprovechar un par de horas de ... de aire fresco, de brisa y de ... de charlar con la gente.

Ana: Pero Isabel ¿no fue ... no fue en Alicante donde hubo una protesta de jóvenes que además fue ... salieron todos a manifestarse porque cerraban los bares a la una, ¿no?

Isabel: Claro ...

Ana: Pero, claro pero es que ... pero es que ... ¿por qué cerraban? Porque los vecinos no podían dormir; o sea que los vecinos querían dormir, maja. Que ... que resulta que cuatro niños que no tienen nada que hacer se puedan estar tomando coca-colas hasta las dos de la mañana, no quiere decir que la gente normal que tiene que trabajar y que tiene que hacer ... cosas, pues no se vaya a la cama antes.

Isabel: No, pero yo ... vamos, yo conozco a gente - a mucha gente - que trabaja pronto por la mañana ... ¡Es normal! Yo en España yo recuerdo, yo tenía diez años y me iba a la cama a las diez, porque yo quería. Mis padres no me mandaban, yo quería a las diez ... y tenía diez años.

Unidad 11: Dos mundos distintos: España e Inglaterra

90

Textos K y L
El horario de las comidas españolas - posibles explicaciones
Students' Book page 170

El sociólogo Amando de Miguel (Texto K) y Maribel, Fernando, Isabel y Ana (Texto L) explican aquí algunos detalles sobre el horario de las comidas españolas. En cada caso, lo que interesa no son simplemente las diferencias en las horas de comer o en las cantidades que se consumen, sino también las razones que dan para estas diferencias o los efectos que tienen en la vida de los habitantes. Completa el cuadro siguiente con los datos apropiados y las razones o efectos ofrecidos.

	Datos mencionados	Razones/efectos
Amando de Miguel		
Fernando		
Maribel		
Isabel		
Ana		

¡Al tanto! nueva edición © Mee Thacker 1996

Unidad 11: Dos mundos distintos: España e Inglaterra

91 Práctica – Question 1
Grammar: Conditional sentences / The subjunctive in main clauses
Students' Book page 172

a Si Isabel no se _____ (haber) ido a Inglaterra, no habría apreciado tanto las diferencias entre los dos países.

b Si _____ (estudiar) la historia española, verás que estos temas no son nuevos.

c ¡Ojalá _____ (saber) yo cocinar una tortilla de patatas!

d Podríamos persuadir a Pedro si nos _____ (dejar) hablar.

e No quiero hacer este estudio si tú no me _____ (prestar) el libro de Ian Gibson.

f Si _____ (viajar) por España en autobús, verías lo seco que es el paisaje.

g ¡Que te _____ (divertir) mañana en Granada!

92 Texto M
Somos muy fuertes en el aspecto de hablar
Students' Book page 173

Dolores: Pedro, me has dicho que vives en Inglaterra. ¿Cuánto tiempo _____ _____?

Pedro: _____ cuatro años.

Dolores: Sí... Y ¿cómo lo ves? ¿Notas muchas diferencias con España .... algún aspecto en concreto?

Pedro: Sí... aparte del clima, el humor: el humor es muy sarcástico ¿eh? El inglés es ..... _____ ser educado ...¿eh?... que a veces los españoles somos _____ en el aspecto de hablar, ¿eh?, y somos muy directos ..... el inglés te trata muy educadamente, ¿eh? .... y trata de ..... no te para la conversación .... _____, aunque digas tonterías, _____ ¿eh? y te para, pero _____, cuando el español .... donde el español te para _____. Si no quiere hablar contigo, te dice: "¡Eh. Oye! No me vales". Y el inglés ... no, el inglés te deja hablar, y si no quiere hablar contigo, te dice: "estoy ocupado; _____".

Dolores: Ya, ya.

93 Texto N
El individualismo del español ...
Students' Book page 173

Fernando: Maribel acaba de hablar de la puntualidad británica: es algo para mí increíble. Recuerdo que fuimos a ver en Salisbury el crómlech de Stonehenge, y al regreso, preguntamos en la estación de ferrocarril de Salisbury: "por favor, el tren a Londres, ¿a qué hora llega?". Y nos dijeron: "a las 16 horas y 27 minutos" ... y fue exacto ¿eh? En España hubieran dicho: "pues llega de 8 a 9 aproximadamente", pero allí llegó a las 8 y 27 ... cosa que a mí me dejó auténticamente asombrado. Bien, la puntualidad es una costumbre inglesa que yo ... que yo alabo, y que me gustaría también que existiera en ... en mi ... en mi país.

Ana: Es que en España el dinero es un tema tabú ...

Isabel: Sí.... es eso ... es eso precisamente lo que ocurre. Aquí por ejemplo ... se hablan de los problemas económicos, y entre los amigos a lo mejor se establece ... desde el principio ... cómo va ... lo que va a ocurrir con el dinero ... a lo mejor si vais a salir ... o cualquier cosa; bueno, y otra cosa que pienso sobre el dinero es que en España existe un poco como un miedo ¿no? a parecer un poco tacaño, o todo eso ... "¿Qué pensarán los demás?". Entonces, por eso, a lo mejor la gente quizá se preocupa menos del dinero o deja entender que le importa menos ...(Yo no sé, además ...) o: "se van a creer que no tengo bastante dinero" - que ése es otra ... otra ... otro de los miedos de los españoles ¿no? ... de mantener un poco su imagen con respecto a los demás.

Teresa: Y siguiendo con la gente, en Inglaterra hay muchísima variedad de razas y de diferentes tipos de gente ... entonces ... en España a no ser que te vayas a ...... en España aunque ... bueno sólo en las grandes ciudades como Madrid o Barcelona o Valencia, Granada ... te puedes encontrar muchos diferentes tipos de gente, pero no hay tantos tipos de razas, por así decirlo. Y todavía llama la atención si alguien viene de fuera, es como algo exótico, mientras que aquí todo el mundo está mezclado, todo el mundo está aceptado, y no lo ven como algo extraño. Y para mí me parece que enriquece muchísimo, porque te puedes sentar en un banco en Liverpool o Manchester, ya sin ... sin mencionar Londres, y puedes estar toda la tarde viendo diferentes tipos de gente, de tendencias, y ... bueno dices, "bueno, si yo hubiera nacido en ... en Londres, ¿cómo hubiera sido? Igual hubiera sido una 'hippy' o 'heavy' o lo que fuera". Y parece que la gente lo ... lo acepta bastante.

Texto N
El individualismo del español ...
Students' Book page 173

Escuchando los tres extractos en la cinta del estudiante, escribe notas sobre los temas mencionados.

	España	**Inglaterra**
Fernando (La puntualidad)		
Isabel (Actitudes al dinero)		
Teresa (Las razas)		

Unidad 12: vocabulario

	a garrotazos	with blows with a stick
	aborrecer	to hate
	aciaga	fateful
	acicalarse	to get dressed up
	adecuado	suitable
	amenazante	threatening
	apalear	to beat
	apiñarse	to crowd together
	aportar	to contribute
	apuntar (bajo)	to aim (low)
	arraigado	deep-rooted, ingrained
	arrastrar	to drag
	arrinconar	to corner
la	arruga	wrinkle
el	ascenso	rise
el	asentamiento	shanty town
el/la	asistente social	social worker
	atiborrado	packed
	atisbar	to discern, to make out
el/la	auxiliar	assistant; auxiliary
el	baño de burbujas	bubble bath
la	bata	dressing-gown; housecoat
la	bellaca	rascal, rogue
el	brote	outbreak
el	cabeza rapada	skinhead
	cabizbaja	downcast
el	cacheo	frisking
la	caña (de cerveza)	glass of (draught) beer
el	canguro	baby-sitter
	cansino	weary
la	chancla	old shoe
la	chapuza	odd job
	cobrar	to earn
	coincidir con	to agree with
	colarse	to sneak in
	comerle el coco a alguien	to pull the wool over someone's eyes
la	conducta	behaviour
	confiar en	to trust
el	contrincante	opponent
la	creencia	belief

	dar con sus huesos en la cárcel	to end up in gaol
	dar un plantón a	to stand someone up (on date)
	delatar	to betray
la	denuncia	report
	depender de	to depend on
	desatar	to unleash
el	descaro	shamelessness
	desconfiar de	to distrust
el	desconocido	unknown (person)
el	desdén	scorn
	desigual	unequal
la	desigualdad	inequality
	desligar	to separate
	desviarse de	to turn away from
la	detención	arrest
	disfrazar	to disguise
	disparar	to cause to increase
el	DIU (= Dispositivo intrauterino)	diaphragm (contraceptive device)
la	dote	dowry
el	empate	draw, tie, dead heat
la	encuesta	survey
el	escalafón	register; promotion ladder
	estancarse	to stagnate
	estar en regla	to be in order
la	etnia	ethnic group
	étnico	ethnic
	exigir	to demand
	expulsar	to expel
la	faena	(hard) work
	fiarse de	to trust
el	físico	physical appearance
	igual	equal
la	igualdad	equality
	imparable	unstoppable
	influir	to influence
	infravalorarse	to undervalue oneself
el	judío	Jew
	juzgar	to judge

Unidad 12: vocabulario (continuación)

los	lares	houses/homes			put pressure on
las	letras (puras)	(pure) arts	el	puchero	cooking-pot
	ligar	to pick up a man / a woman	la	puericultura	paediatrics
			el	puesto (directivo)	(managerial) position
	llamativo	drawing attention	la	puntuación	score, marks
	machacar	to crush, destroy	el	racismo	racism
los	malos tratos	ill treatment	el	rasgo	feature, characteristic
el	marroquí	Morrocan	la	raza	race
	merecer	to deserve		rebasar	to exceed, go beyond
el	miedo	fear	el	recelo	fear, distrust
el	minusválido	handicapped person	el	rechazo	rejection
la	muestra	sample	la	redada	sweep, raid
la	multinacional	multinational company	el	refugiado	refugee
el	musulmán	Moslem		registrar	to search
la	necedad	stupidity		rendir(i)	to produce results, to perform
	necio	stupid			
	nefasto	harmful	el	rugido	roar
	negarse a (ie)	to refuse	la	seguridad	security
el	nocturno	night school; evening classes	la	sinrazón	wrong, injustice
			el	sinsabor	unpleasantness, anxiety
la	oleada	wave		sobreestimarse	to overestimate oneself, one's ability
	oler a (huele a)	to smell of (it smells of)			
la	olla	stew		solapado	underhand, secret
el	operativo	the operation		sospechoso	suspect
las	oposiciones	public entrance (or promotion) examination		subdesarrollado	underdeveloped
			el	súbdito	subject (of a country)
	otorgar	to award, to grant		subestimarse	to underestimate oneself, one's own ability
el	otorrino (laringólogo)	ear, nose and throat specialist			
			el/la	sudaca	South American
	padecer	to suffer		tener buen tipo	to have a good figure
el	patrimonio	inheritance		terciar	to come up, present itself (eg opportunity)
	pedir (i) asilo	to ask for asylum			
	pegar	to beat		tirarse por	to move towards; to throw oneself into
	peinar	to comb			
	pelearse	to fight		trajinar	to bustle about
	perjudicar	to harm	el	trapicheo	(shady) deal(ing)
	pese a	in spite of	el	traspié	blunder
la	piel oscura	dark skin	el	trato	dealings
	plantearse	to think about, reflect		vaticinar	to predict
el	poder adquisitivo	purchasing power	el	viandante	wayfarer, passer-by
los	poderes públicos	public authorities	el	visado	visa
	por encima de todo	above everything else		xenófoba	xenophobic
el	prejuicio	prejudice	la	xenofobia	xenophobia
	prepotente	powerful, domineering		zurrar	to beat, wallop
	presionar	to pressurise;			

Unidad 12: Unos son más iguales que otros

96 Primera parte: las mujeres
Para empezar
Students' Book page 176

¡Cobarde!

No vuelvas a mi casa,
que no te quiero ver;
hoy siento la vergüenza
que yo fui tu mujer.
Yo quiero que tú sepas:
quiero siempre a mi lado
un hombre que sea hombre,
no un cobarde como tú;
un hombre que se juegue,
si llega la ocasión,
la vida en defenderme
y en defender mi honor;
un hombre que sea hombre,
que sepa responder
y no llore, cobarde,
igual que una mujer.

(Estribillo)
¡Cobarde!,
que ante el insulto callaste,
¡Cobarde!,
que por no pelear callaste,
¡Cobarde!,
que sólo te crees valiente
cuando te encuentras borracho
y estás frente a una mujer.

Recuerdo que una noche,
un borracho hablador,
mi nombre que es el tuyo
por el suelo arrastró;
y tú, que de una mesa
escuchabas esta infamia,
bajaste la cabeza
fingiendo no escuchar.
Yo, al verte tan cobarde
con tu aire de matón,
te juro por mi madre
que tengo compasión;
no vuelvas a mi casa,
porque mi corazón
se ha hecho para un hombre
más digno y con valor.

(Estribillo)
¡Cobarde!,
que ante el insulto callaste,
¡Cobarde!,
que por no pelear callaste,
¡Cobarde!,
que sólo te crees valiente
cuando te encuentras borracho
y estás frente a una mujer.

102 Texto K – Question 4
Justicia, sí, racismo, no
Students' Book page 188

Pon la forma correcta del verbo **ser** o del verbo **estar** en las frases siguientes.

a Ayer el pueblo _____ todo lleno de marroquíes.

b El inmigrante que se llamaba Salomón _____ de Nigeria.

c Aunque había poca gente en el bar _____ cerrado para ellos.

d _____ negro en España lleva muchos inconvenientes.

e El policía se negó a creer que la negra _____ británica.

f Si _____ gitana, viajaría por toda España.

g La ley sigue _____ la única manera eficaz de combatir el racismo.

h Si la familia marroquí _____ en Madrid, no habría encontrado trabajo.

i ¿Cómo _____ tu amiga?

Es morena y tiene los ojos marrones.

j Es probable que las actitudes raciales en España _____ cambiando poco a poco.

¡Al tanto! nueva edición © Mee Thacker 1996

Unidad 12: Unos son más iguales que otros

Texto B
La situación de la mujer
Students' Book page 178

Miriam: Bueno, yo soy muy feminista; eso lo tengo muy claro.

María José: Yo, feminista no; yo estoy por la igualdad

Nuria: Yo no es que sea feminista ¿a ver si me entiendes? pero soy de éstas que ... no me gusta el tener que oír eso de la mujer a limpiar ¿me entiendes?

Miriam: Sí.

Nuria: Feminista no, pero que me hiere ... que digan esas cosas me hiere porque yo, como he dicho, al ser ambiciosa, no me gustaría ser la típica mujer que está limpiando. Entonces yo, creo que la mujer tiene que tener igualdad, y es verdad; entonces feminista no sino que me gusta defender los derechos de las mujeres igual de los hombres, y punto. Y es eso ...

Emilio: Sí, no sois iguales, sois más ...

Nuria: Ahí está, claro.

Emilio: Son tres en el consejo; yo sólo soy uno.

María José: Suele pasar que en una empresa en la que están mujeres y hombres, si hay que echar a alguien, se echa primero a la mujer.

Miriam: Sí.

María José: Y no me parece nada justo.

Nuria: A mí tampoco.

Miriam: Y ahora ... he oído yo por la tele que es que ahora ya miran hasta el físico si ... no para la televisión, no hace falta, sino para una empresa ... o sea, si eres feo y eres gordo, no entras; y si eres guapo y flaquito y tienes buen tipo sí que entras.

Nuria: Es que ya estamos en una sociedad que ... consumista pero a base de bien, ¿eh? ...(que averigua)

Miriam: Vale. Pues habrá que ponerse todos a régimen; ser una Kim Basinger ... todos darle ahí, porque si no ...

María José: O sea, estamos en una sociedad idealista, en la que o eres tipo Claudia Schiffer o no vales.

Nuria: No vales.

María José: No vales.

Emilio: Pues, si tengo que ser yo como Claudia Schiffer ...

Miriam: Bueno, pues, Richard Gere o quienquieras …

Emilio: Que no sé ... yo creo que exageran un poco.

Miriam: Hombre no.

Emilio: Ah que sí, a que exageran un poco ... exageráis un poco porque ... ¿yo qué sé? ... no ... no sé. Yo no veo que vayan por la calle pegándonos galletas; "id a casa a limpiar, a ayudar a vuestras madres; no vengáis al instituto".

María José: Los hombres que tienen una mentalidad anticuada, o sea, viven con el refrán ése: "la mujer: puta de noche, criada de día" - con perdón.

Nuria: Nosotros hemos hecho debates en clase y yo me he dado cuenta que compañeros míos piensan de una manera que yo me quedaba mirándoles y decía "pero bueno, ¿qué concepto tienes tú de la mujer?"

María José: Ahora hay gente que me dice a mí: "Tú, tú, cuando seas mayor no llegarás a nada. Tú, a limpiar, a tu casa".

Miriam: A mí me dicen eso: yo ser piloto de aviación militar y me dicen "pero tú tú ¿adónde vas tú, siendo mujer?"

Nuria: Pues yo tengo mi vecina que es pilota así que tranquila que ... puedes.

Texto D – Question 1
La desigualdad entre los sexos en Madrid, Galicia y Andalucía
Students' Book page 181

Escribe unas notas donde puedas según las indicaciones que aparecen aquí abajo. Después compara tus notas con las de tu compañero de clase.

Madrid

Situación anterior:

Situación actual:

Datos personales
mencionados por Pedro:

Galicia

Situación anterior:

Situación actual:

Datos personales mencionados por Dolores:

Andalucía

Situación anterior:

Situación actual:

Datos personales mencionados por Silvia:

Unidad 12: Unos son más iguales que otros

99   Texto F
Tres profesores hablan de la igualdad entre los sexos en las escuelas españolas

Students' Book page 183

1

Después de escuchar a Maribel, Manolo y Pilar, escucha por segunda vez la primera parte donde habla Maribel. Rellena los espacios en la transcripción que sigue:

Bueno, yo creo que hay varios factores que _____ -

lo que pasa que algunos sólo _____. Creo

que hay una mayor conciencia por parte de los padres en las zonas rurales, para dar _____

_____ a las hijas que a los hijos (cosa que

hace muchos años a lo mejor era un poco diferente: siempre _____

_____ si tenían pocos recursos económicos). Luego creo que hay un

mayor _____ - tiene una mayor

capacidad de decisión; puede decidir si quiere _____

_____, como ama de casa, o si quiere _____

_____. Aunque sigue habiendo factores que cuestan mucho de cambiar. _____

_____.

2

Ahora escucha otra vez la segunda parte del texto donde hablan Manolo, Pilar y Maribel. Lo que sigue es un resumen de lo que dice y no una transcripción exacta. Rellena los espacios en este resumen.

A Manolo le _____ que ahora se ha hecho todo lo _____ para asegurar que

_____ igualdad en las _____ y en las _____. Esto es verdad _____

para los estudiantes como _____ _____ profesores. No hay diferencias ahora con respecto

a los _____ de los hombres y mujeres. Efectivamente ahora hay más _____ que

_____ en la educación, especialmente en la educación _____ y

_____. Lo que todavía hay que lograr es que _____

_____. Maribel y Pilar también creen que _____ es inferior

_____ _____ en otras dos áreas, o sea _____ y

_____.

162   ¡Al tanto! nueva edición © Mee Thacker 1996

Unidad 12: Unos son más iguales que otros

100 Texto I
Dos canciones
Students' Book page 185

Cuánto trabajo* (Mercedes Sosa)

La vi quedarse sola,
de par en par abierta
la puerta de los años;
la vi saberse bella,
la vi quedarse sola
con cuatro hijos a cuestas.

(Estribillo)
Cuánto trabajo para una mujer,
saber quedarse sola y envejecer.

La vi doblar despacio
su soledad derecha,
la vi meter el hombro
y bajar la cabeza,
y colocar sudores
con hombres y con pechas.

(Estribillo)
Cuánto trabajo para una mujer,
saber quedarse sola y envejecer.

La vi quemar el agua,
la vi mojar el fuego,
la vi crecer las manos
velando nuestro sueño;
mi madre fue mi padre,
mi voz y mi alimento.

(Estribillo)
Cuánto trabajo para una mujer,
saber quedarse sola y envejecer.

* In early editions of the Students' Book, this song is incorrectly titled, 'La vi quedarse sola'.

Dama Dama (Cecilia)

Puntual cumplidora
del tercer mandamiento;
algún desliz inconexo;
buena madre y esposa,
de educación religiosa.
Y si no fuera por miedo,
sería la novia en la boda,
el niño en el bautizo,
o el muerto en el entierro,
con tal de dejar su sello.

(Estribillo)
Dama, dama,
de alta cuna,
de baja cama,
señora de su señor,
amante de un vividor.
Dama, dama,
que hace lo que
le viene en gana,
esposa de su señor,
mujer por un vividor.

Ardiente admiradora,
de un novelista decadente,
ser pensante y escribiente,
de algún versillo autora,
aunque ya no estén de moda.

Conversadora brillante,
en cocktails de siete a nueve,
hoy nieva, mañana llueve,
quizás pasado truene;
envuelta en seda
y pieles es una

(Estribillo)

Devoradora de esquelas,
partos y demás dolores,
emisora de rumores,
asidua en los sepelios,
de muy negros lutos ellos.
El sábado arte y ensayo,
el domingo los caballos;
en los palcos del Real,
los tés de caridad.
Jugando a remediar es una

(Estribillo)

Unidad 12: Unos son más iguales que otros

Texto J – Question 1
¿Tienes prejuicios raciales?
Students' Book page 187

Calcula tu puntuación personal, dándote 1, 2 o 3 puntos según indique la lista. Después lee la descripción de las actitudes que da tu puntuación. Compara tu puntuación con la de tu compañero de clase y comentad las diferencias.

SOLUCIONES TEST

¿Tienes prejuicios raciales?

NOTA: Cuando al contestar todas las preguntas el resultado se acerque a dos puntuaciones diferentes, significará que tienes características de ambas categorías.

PUNTUACION
1. a-3 b-1 c-2
2. a-1 b-3 c-2
3. a-1 b-3 c-2
4. a-2 b-3 c-1
5. a-3 b-2 c-1
6. a-1 b-3 c-2
7. a-3 b-1 c-2
8. a-3 b-1 c-2
9. a-1 b-3 c-2
10. a-3 b-1 c-2
11. a-3 b-2 c-1
12. a-3 b-1 c-2

HASTA 18 PUNTOS
Eres una de esas personas para quienes sólo cuentan los de tu misma raza. Vives tan cerrada al resto del mundo que, en principio, desconfías de áquellos que no pertenecen a tu propio grupo racial e, incluso, llegas a considerarlos inferiores sin darles ni siquiera una oportunidad para que te puedan demostrar lo contrario. Quizá debieras tratar de tener unos puntos de vista y una mentalidad algo más abierta y tolerante. Al fin y al cabo, el que sean de otra etnia o cultura no significa que sean mejores ni peores. Simplemente tienen un aspecto externo diferente, pero tal vez merezca la pena mirar un poco más adentro. Puede que te sorprendas.

DE 18 A 30 PUNTOS
Vives y dejas vivir, no te metes con nadie y todo te parece bien mientras no te perjudique. Hasta el momento no te habías ni siquiera planteado el tema del racismo. Pero, ahora que lo piensas, crees que sería mejor que cada uno se quedara en su propio entorno, pues la verdad es que ya somos bastantes y tenemos competencias entre nosotros mismos, como para que además vengan contrincantes de fuera, y en muchos casos, mejor preparados que nosotros. Sin embargo, piensas que unos no somos mejores que otros en función de la raza, sino que intervienen una serie de factores mucho más importantes que están dentro de nosotros mismos.

MAS DE 30 PUNTOS
Piensas que todos nos merecemos una oportunidad. Crees que la diferencia de cultura o raza no debe influirnos a la hora de elegir nuestras relaciones. Vas "más allá", te gusta conocer a las personas por lo que son y no por lo que parecen ser, no te dejas influir por las apariencias, quieres comprobarlo por ti misma. Te gusta relacionarte y conocer gente de todo tipo, piensas que de todo el mundo puede aprender algo y especialmente si se trata de gente que pertenece a culturas distintas a la tuya. El mundo sería muy aburrido si todos fuéramos igual y viviéramos de la misma manera. Sabes disfrutar y aprender de las diferencias en general: siempre aportan novedades.

103 Texto L – Question 2
El racismo en España
Students' Book page 190

Yo creo que España es un país que siempre se ha dicho que no era racista pero, _____ ... yo creo que es todo lo contrario, vamos, que es simplemente como el resto de los países, ¿no? Y que si España no _____ más racista, ha sido simplemente porque no ha habido tanta ... tanta _____. Durante muchos años las últimas ... lo ú ... las únicas personas que eran un poco diferentes de ... de la _____ eran los gitanos y siempre han sido marginados. Se diga lo que se _____, siempre lo han sido. Y ahora comienzan a surgir problemas con racismo porque ahora cuando realmente nos vemos _____ con una ... una serie de gentes que vienen de otros sitios, como pueden ser los _____ o los senegaleses, contra los que se están prácticamente _____ una serie de actitudes racistas, incluso con ... gente de Sudamérica, de Latinoamérica, las hermanos latinoamericanos que _____, pero a los que muchos tratan como _____. Existe realmente racismo, a mi parecer.

Unidad 13: vocabulario

el	actor	actor
la	actriz	actress
	actuar	to act
la	acuarela	water-colour
el	afán	desire, urge
	alabar	to praise
	andaluz	Andalusian
el	argumento	plot
el	arte	art
las	artes	arts
el/la	artista	artist
el	autor/la autora	author/authoress
el	bailarín/la bailarina	(professional) dancer
la	biblioteca	library
las	butacas	(theatre) stalls
la	carrera (de Letras etcétera)	university (Arts etc) course
el/la	cantante	singer
el	cantaor/la cantaora	flamenco singer
el	capítulo	chapter
el	carmen	villa (Granada)
el/la	cineasta	film director
	citar	to quote
	componer	to compose
el	compositor	composer
el	cuadro	painting
el	cuento	short story
	dar a luz	to publish
el	decorado	(theatre) set
	desempeñar un papel	to play a part
el	desenlace	outcome, ending
el	dibujo	drawing, sketch
el	discurso	speech
el	diseño	design
el	drama	drama
	dramatizar	to dramatise
el	dramaturgo	dramatist
la	editorial	publisher
el	elogio	tribute
el	ensayo	rehearsal
la	entrada	(theatre etc.) ticket
el	epistolario	(collected) letters
la	escena	scene, stage
el/la	escritor/a	writer
la	escultura	sculpture
	estrenar	to perform for the first time
la	estrofa	stanza
la	exposición	exhibition
la	farsa	farce
el	film(e)	film
la	fuente	source
el	género	genre, type, gender
el	genio	genius
el	(buen/mal) gusto	(good/bad) taste
la	historia	story, history
el	homenaje	homage
la	imagen	image
el	juego de palabras	play on words, pun
el	lector	reader
la	lectura	reading
	leer en alta voz	to read aloud
la	letra	words (of a song)
la	leyenda	legend
	manar	to flow
el	marco	frame
la	melodía	tune
la	metáfora	metaphor
el	músico/la música	musician
la	naturaleza	nature
la	niñez	childhood
el/la	novelista	novelist
la	obra maestra	masterpiece
la	obra teatral	theatrical work
la	orquesta	orchestra
el	paisaje	landscape
el	palco	(theatre) box
el	payaso	clown
la	película	film
el	personaje	character (in play)
la	pieza	play
el	pintor	painter
la	pintura (al óleo)	(oil) painting
el	poema	poem
la	poesía	poetry
el	poeta	poet
	poner (una obra) en escena	to stage (a work)
el	público	audience
la	puesta en escena	production
el	regocijo	joy
la	representación	performance
	representar	to put on
el	retrato	portrait
la	rima	rhyme
el	ritmo	rhythm
	rodar una película	to shoot a film
el	romance	ballad
el	romancero	ballad collection
la	sátira	satire
el	símbolo	symbol
el	surrealismo	Surrealism
la	técnica	technique
el	telón	(stage) curtain
el	tema	theme
el	títere	puppet
	titular	to entitle
el	título	title
	tocar (el piano etcétera)	to play (the piano etc)
el	toreo	bullfighting
la	trama	plot
el	verso	line of poetry
el	villancico	carol
la	zarzuela	Spanish musical comedy

Unidad 13: Federico García Lorca

105 Texto B
Lorca músico
Students' Book page 194

	verdad	mentira
a La principal influencia musical sobre Lorca cuando era niño fue su tía.	☐	☐
b Más tarde tuvo un profesor de música, que le dio un conocimiento más extenso de la música popular de España.	☐	☐
c Lorca se marchó a París en 1914.	☐	☐
d Lorca compuso música andaluza.	☐	☐
e Trabó amistad con Manuel de Falla, compositor de Carmen.	☐	☐

106 Texto F
El Café de Chinitas
Students' Book page 198

En el Café de Chinitas
dijo Paquiro a su hermano
"Soy más valiente que tú,
más torero y más gitano."

Sacó Paquiro el reló
y dijo de esta manera:
"Este toro ha de morir
antes de las cuatro y media."

Al dar las cuatro en la calle
se salieron del café
y era Paquiro en la calle
un torero de cartel.

 **Unidad 14: vocabulario**

el	aborto	abortion		contar con	to rely on
el	aburrimiento	boredom		contundente	powerful
	acarrear	to bring (with it)		convocar	to summon
el	acontecimiento	event	las	Cortes	the Parliament
	acudir a	to go/come to		cotejar	to check, collate
el	acuerdo	agreement		cruento	bloody
	adecuado	fitting, suitable		cumplir	to carry out
	adentrarse	penetrate	la	cúpula	leadership
	agotado	exhausted	el	chantaje	blackmail
el	ahínco	determination	el	deber	duty
	aislar	to isolate	el	decenio	decade
el	ala (fem.)	wing		delatar	to inform against, betray
	alquilatar	to weigh up			
	allanar	to level, flatten	el	delito	crime
	amargo	bitter		derrumbarse	to collapse
	a sus anchas	at one's ease		desarbolar	to dismast
	de/con antelación	in advance		desbordante	overwhelming
el	anticonceptivo	contraceptive		descargar	to unload
el	apartado	section; PO box	el	descuido	carelessness
	apoderarse de	to seize		desdecirse	to go back on
el	apoyo	support		desempeñar	
	apresurarse	to hasten		un papel	to play a part
	aprobar	to approve	el	desencanto	disillusionment
	arrojar	to throw (up), show	el	desenlace	outcome, ending
el	asco	loathsome thing	la	desgracia	misfortune
el	atentado	attack, attempt (eg. on life)		despilfarrar	to squander
			el	desplazamiento	displacement, movement
	aterido de frío	numb with cold			
	atisbar	to spy on		desprenderse	to be deduced from
	atreverse a	to dare		desprovisto de	lacking in
el	auge	increase		destacar	to emphasise
la	bandera	the flag	el	dictador	dictator
el	bombardeo	bombardment	la	dictadura	dictatorship
el	bricolaje	do-it-yourself work	la	dimisión	resignation
el	cabreo	anger; fit of bad temper	el	dirigente	leader
	calificar	to rate	el	discurso	speech
la	calzada	road(way)	las	divisas	foreign exchange
	caudaloso	abundant		echar mano a	to lay hands on
el	caudillo	leader; head of state	el	embarazo	pregnancy
a	ciencia cierta	for sure, for a fact		empecinado	pig-headed
la	cifra	figure		encabezar	to head
el	coche blindado	armoured car		encarcelar	to imprison
	comedido	restrained		ensanchar	to widen
	comprometerse a	to undertake		entrar en vigor	to take effect
	constar de	to consist of	la	envergadura	magnitude
	consuetudinario	habitual	el	escondite	hiding-place
				estallar	to break out

Unidad 14: Vocabulario (continuación)

	Spanish	English
la	estancia media	average stay
la	etapa	stage
el/la	etarra	member of ETA
el	examen de ingreso	entrance examination
el	feto	foetus
	fornido	strapping
la	gestión	management
el	golpe de estado	coup
	hacer frente a	to confront
el	hallazgo	finding
el	heredero	heir
la	huelga	strike
	huir	to flee
	imprescindible	essential
	imprevisto	unexpected
	indagar	to investigate
el	índice	rate
el	informe	report
	ingenuamente	naively
	ingresar en	to enter
los	ingresos	income, earnings
	inquebrantable	unbreakable
	insensibilizarse	to render oneself insensitive
la	inversión	investment
	ir a las urnas	to go to the polls
la	jerarquía	hierarchy
el	lastre	dead weight
el	logro	success
	malograr	to spoil, ruin
	mayoritariamente	for the most part
la	medida	measure
la	meta	goal, objective
	mimar	to spoil (child)
	mirar de refilón	to take a sideways glance
el	mirón	onlooker
la	monarquía	monarchy
la	mortalidad/ mortandad	death-rate
el	mote	nickname
el	mujeriego	womanizer
la	natalidad	birth-rate
	novedoso	novel; new
	orgulloso	proud
el	parto	childbirth
	pegar	to hit; to stick
la	pegatina	sticker
	pelear	to fight
el	perfil	profile
el	perol	saucepan
el	piquete	picket
la	plana mayor	principal staff
	pocho	withered; gloomy
	poner de relieve	to emphasise
	pregonar	to proclaim
	preparar el terreno	to prepare the ground
el	presupuesto	budget
	prevalecer	to prevail
el/la	primerizo/a	novice
	pringados	greasy
	rechazar	to reject
el/la	redactora/a	editor
	refugiarse	to take refuge
el	reinado	reign
la	reivindicación	claim
	resentido	resentful
	reventar	to burst; to die
	rodear	to surround
la	ruptura	break
	sangriento	bloody
el	secuestro	kidnapping
el	sindicato	trades union
la	solapa	lapel
	subdesarrollado	underdeveloped
	sublevarse	to rise up
	superar	to exceed
	tajantemente	sharply
el	talante	mood, disposition
la	tasa	rate
el	tenderete	stall
la	tentativa	attempt
el	títere	puppet
la	trampa	trap, trick
el/la	trasnochador/a	night-bird
	vaciar	to empty
el	vecindario	neighbourhood
	velar por	watch over
el	vínculo	the link
la	violación	rape
en	vísperas de	on the eve of
a la	zaga	in the rear
	zambullir	to dive

108 Cuestionario

Students' Book page 200

1 ¿En qué año se murió el general Franco?

2 ¿Cómo se llama la reina de España?

3 ¿Cuántos hijos tienen el Rey y la Reina?

4 ¿Quién pintó «Guernica»?

5 ¿Quién asesinó al almirante Carrero Blanco y en qué año?

6 ¿En qué fecha ingresó España en el Mercado Común?

7 ¿Cómo se llamaba el primer ministro de España desde 1976 a 1981?

8 ¿En qué año se legalizó el Partido Comunista en España?

9 ¿Cómo se llamaba el coronel que invadió las Cortes el 23 de febrero de 1981?

10 ¿Qué partido político ganó las últimas elecciones generales en España?

11 ¿Cómo se llama el actual Primer Ministro de España?

12 ¿Qué significa la LOGSE?

13 ¿Qué pasó en Sevilla en 1992?

14 ¿Qué significa PSOE? ... y PP?

15 ¿Cómo se llama el examen de ingreso en las universidades españolas?

16 ¿Qué es Herri Batasuna?

17 ¿Qué signfica UGT?

18 ¿En qué año se aprobó la Constitución democrática?

19 En el sistema educativo, ¿cómo se llama la alternativa práctica al Bachillerato?

20 ¿Quién fue el abuelo del Rey Juan Carlos?

Unidad 14: La sociedad española contemporánea

109 Texto D – Question 2
La transición
Students' Book page 206

		verdad	mentira
a	Adolfo Suárez fue un político izquierdista.	☐	☐
b	Al morir Franco Juan Carlos no tenía el apoyo del pueblo español	☐	☐
c	Toda la familia de Juan Carlos tenía las mismas ideas políticas que Franco	☐	☐
d	El 23-F el Congreso fue asaltado por un coronel de derechas	☐	☐
e	Al recibir noticias del golpe la mayoría de los militares se opuso a Tejero.	☐	☐

_____
_____
_____
_____

110 Texto K
La guillotina francesa decapitó a ETA
Students' Book page 215*

a Para arrestar a los terroristas era necesario que la policía _____ con mucha cautela.

b Los líderes de ETA temían que su campaña _____ .

c Si Urrusolo no _____ la cartera, la Guardia Civil no habría podido descubrir el escondite de ETA.

d Antes de que _____ la policía Pakito había recibido una carta inquietante.

e Para Txelis era importante que los comandos _____ matando.

f La policía asaltó la casa y detuvo a los terroristas sin que _____ tiempo para poner resistencia.

g El ministro francés insistió en que Francia le _____ un golpe contundente a ETA.

*This copymaster 110 is incorrectly referenced as 115 in early editions of the Students' Book

Unidad 14: La sociedad española contemporánea

111 Texto E
El 23-F
Students' Book page 207

¿Qué _____ aquella noche del 23 de febrero del año 81? Mi experiencia personal es de pues auténtica _____ . Yo estaba dando clase en mi instituto. A las cinco de la tarde nos _____ que había un golpe de estado en Madrid, que la Guardia Civil había asaltado el Congreso de los Diputados. Se _____ las clases. Yo volví a mi casa, y desde donde yo _____ pues vi como los tanques, los carros blindados invadían Valencia, cortaban los _____ , se prohibía ... se prohibía la circulación de las personas por las calles. Eh, Valencia se quedó muerta, porque curiosamente, mi ciudad Valencia fue la _____ ciudad que apoyó el golpe de estado del coronel Tejero. Bien, la situación fue dramática, el _____ de la guerra civil todavía estaba presente en los españoles, y, bien, afortunadamente, como antes _____ , la actitud valiente del Rey _____ el golpe y a las cuatro de la madrugada _____ desde mi casa como los tanques y los soldados volvían a sus _____ y la situación se restablecía.

112 Texto J
Los mayores efectos de la reforma
Students' Book page 213

– Hasta ahora, en el antiguo sistema de enseñanza, al llegar a los catorce años, había tres caminos para los alumnos. Primer camino, los alumnos que no querían estudiar nada y se quedaban en casa hasta los dieciséis que podían empezar a trabajar. Segundo camino, los alumnos que se dedicaban a hacer los cursos de Formación Profesional durante cuatro años. Y tercer camino, los alumnos que se dedicaban a hacer Bachillerato y venían a nuestros institutos. Bien, a partir de ahora esto no se va a evitar, a partir de ahora, y desde los doce años, todos los alumnos van a estudiar lo mismo hasta los dieciséis. No va a haber esa distinción entre los que van a hacer Formación Profesional y los que van a hacer Bachillerato. La división se producirá a los dieciséis años. A los dieciséis ya unos elegirán continuar haciendo Bachillerato y otros decidirán ir a centro de Formación Profesional. Esto a los profesores de Bachillerato nos va a afectar bastante, porque en realidad ahora en los institutos recibíamos a los alumnos más brillantes. O sea los alumnos, bueno, pues, menos dotados o con mayor capacidad manual marchaban a estudiar a los centros de Formación Profesional y nosotros teóricamente teníamos a los mejores alumnos, ahora ya pues no va a haber esta distinción, entonces en este aspecto sí que nos va a afectar bastante la reforma.

– En cuanto al ... al modo como afecta la reforma a los profesores quizás para mí lo más grave es que no han contado para nada con la opinión de los profesores. Solamente han elegido a algunos profesores que en modo alguno son representativos de ... del resto de los compañeros y los han cogido para elaborar por ejemplo los programas de reforma y otros aspectos. Nos afecta mucho porque no hemos podido opinar y consideramos que ellos nos van a utilizar como meros ejecutores técnicos de los programas. Y que todo lo que hasta ahora por ejemplo hay de iniciativa personal del profesor va a quedar completamente anulado.

113 .../... Unidad 15: vocabulario

el	acoso	(relentless) hounding		creer a pies juntillos	to believe absolutely
	abastecer	to supply	el/la	criollo/a	Creole
	aferrarse	to cling on to		crujir	to crack, grind
	agravarse	to worsen		derrocar	to overthrow
	amortiguar	to deaden, mitigate		desamarrar	to cast off
	anexar, anexionar	to annex		desechar	to reject
la	animadversión	animosity	el	desfile	(military) parade
	aplastar	to crush		destacar	to stand out
	aniquilar	to wipe out		destituir	to remove from office
	apoderarse de	to take possession of		disponerse a	to prepare to
	arañar	to scrape together	las	divisas	foreign exchange
	arraigado	deep-rooted	las	dotes	gifts
	arrebatar	to snatch away	el	ejido	communal land
	a sus anchas	at one's ease		empecinado	pigheaded
	atajar	to cut off, to stop	el	enfrentamiento	confrontation
el	atentado	attempt (on someone's life)		entrar en vigor	to come into force
				entregar	to hand over
	aterrizar	to touch down		envenenar	to poison
el	azar	luck	el	escarmiento	warning, example
la	bancarrota	bankruptcy		escolarizarse	to receive schooling
la	barriada	slum	el	eslabón	link
la	batata	sweet potato	el	estallido	outbreak, explosion
el	batido de chocolate	chocolate milkshake		expulsar	to expel
	bélico	war(like)	el/la	forastero/a	stranger, visitor
el	berro	watercress		festejarse	to celebrate
los	bienes raíces	real estate	el	genocidio	genocide
el	blanqueo (de dinero)	laundering (of money)		gestar	to prepare
el	bochorno	embarrassment; sultry weather	la	gripe	influenza
			el	guardaespaldas	bodyguard
el	cabecilla	ringleader		hacer estragos	to play havoc
la	calzada	avenue, roadway		hacer gala de	to show off
el	capo	drugs baron	el	hundimiento	collapse
el	Caribe	the Caribbean	el	índice	rate
el	caudillo	leader		indígena	native, Indian
	cazar	to hunt	el	informativo	news-programmes
	ceder	to give way		involucrado	involved
una	comilona	feast, "blow-out"	la	jerarquía	hierarchy
las	contribuciones	taxes	la	juerga	good time
el	convenio	agreement	el/la	juerguista	reveller
el	corresponsal	(press) correspondent	el	lujo	luxury
	cosechar	to harvest		masticar	to chew

¡Al tanto! nueva edición © Mee Thacker 1996

113 Unidad 15: vocabulario

	mayoritariamente	for the most part	el	resguardo	safeguard; protection
	mestizo	of mixed race	la	revuelta	revolt
la	metralleta	submachine-gun	el	rodaje	filming
	nocivo	harmful	la	selva	jungle
la	osadía	audacity		sigilosamente	stealthily
	oxidado	rusty		sobornar	to bribe
el	paraje	place, spot	el	sometimiento	submission
	pelear	to fight	la	sublevación	uprising
	perjudicar	to damage	la	tierra firme	mainland
	perseguir	to pursue		tomar el relevo	to take over
la	prepotencia	power, arrogance	la	trascendencia	significance
	prescindir de	to do without		trasladar	to (re)move
	privado	deprived	la	tribu	tribe
el	rasgo	feature		vacilar	to stagger, stumble
la	reclamación	protest		velar por	to look after, watch over
la	recolección	harvest time			
	regar	to water, bathe			

114

Texto B – Question 3
Las dos naciones del Perú
Students' Book page 219

		verdad	mentira
a	La explotación de los indios es de origen reciente.		
b	En Argentina la clase burguesa trató a los indios de manera más bárbara.		
c	En el Perú los indios y la elite viven juntos pero sin entenderse.		
d	El turismo ha tenido mucho éxito recientemente.		
e	La gente siguió al Sendero Luminoso por razones ideológicas.		

115 Texto D
La droga en Bolivia
Students' Book page 219

Estados Unidos destacó los _____ de la policía antidroga de Bolivia mientras que el Gobierno de La Paz _____ a sus similares de Bonn, Londres, Madrid, Roma y Washington por la ayuda que le _____ para someter a los jefes de la cocaína. La posición _____ está contenida en cartas que Robert Martínez, director de la oficina de control de narcóticos de la Casa Blanca y Robert Borner, jefe de la agencia antidroga enviaron a las _____ bolivianas. El hecho fue con motivo del _____ aniversario de la policía de patrullaje _____. Miembros del organismo antidrogas controlan la _____ región de Chapare, el principal centro _____ de coca en Bolivia, donde han obtenido notables _____ en su lucha contra los criminales.

116 Texto F - Question 1
El terremoto de la Ciudad de México
Students' Book page 221

a   Primero el periodista no se dio cuenta del terremoto porque _____
_____.

b   Los cristales se rompieron cuando _____.

c   Cuando el periodista encontró a su hija más pequeña ella no _____
_____.

d   Las niñas se marcharon a la escuela a pesar de que _____
_____.

e   El periodista decidió ir al centro de la ciudad porque _____
_____.

f   El edificio de enfrente se había caído minutos antes de que el Hotel Continental
_____.

Unidad 15: Temas latinoamericanos

Texto J
Los servicios de transporte público en Argentina
Students' Book page 227

También en América Latina, en Argentina, se ajustan al alza los precios de los autobuses y de otros medios de transporte.

En Argentina las autoridades del ministerio de Economía confirmaron el aumento de la tarifa del servicio público de pasajeros. El titular de la cartera de Hacienda dijo que él reconocía que el aumento de la tarifa del servicio de transporte automotor estaba ligado al aumento que los empresarios del sector han determinado para los choferes de las líneas de colectivos. El ministro Domingo Cavalo manifestó así mismo que estas tarifas son las que menos se han incrementado desde el inicio del plan de convertibilidad. El titular de la cartera económica manifestó que los treinta y cinco centavos de peso de la nueva tarifa sigue siendo un tercio de lo que se cobra en otros países y agregó que hay otros servicios urbanos que aun son muy caros. Con este incremento el porcentaje llega al 17 por ciento, es decir que los usuarios deberán pagar esta suma. Los representantes empresarios y los dirigentes gremiales ultiman los detalles de este acuerdo salarial.

Para terminar
¡Ojalá que llueva café!
Students' Book page 229

Ojalá que llueva café en el campo
peinar un alto cerro
en trigo y mapuey
bajar por la colina
de arroz graneado
y continuar el arado con tu querer.
Oh, oh, oh, oh,

Ojalá que llueva café en el campo
que caiga un aguacero de yuca y té
del cielo una jarina de queso blanco
y al sur, una montaña
de berro y miel.
Oh, oh, oh, oh.
ojalá que llueva café.

Ojalá el otoño en vez de hojas secas
vista mi cosecha de pitisalé
sembrar una llanura
de batatas y fresas
ojalá que llueva café.

Ojalá que llueva café en el campo ...